# 문학 번역의 이해

# 문학 번역의 이해

– 한국문학번역원 저 –

북스토리

# | 차례 |

번역은 서로 다른 언어를 가진 문화들이 상호소통하는 데 가장 중요한 역할을 해왔다. 아주 먼 옛날 인류가 모두 같은 언어를 사용하던 시기가 정말로 존재했는지는 모르지만, 바벨탑의 붕괴로 상징되는 언어의 분화와 상호소통의 어려움은 현 인류사회의 본질을 이룬다고 할 수 있다. 이 분열된 언어의 간격을 메우고 서로 다른 언어를 사용하는 사람들 사이의 소통을 가능케 하는 것이 바로 번역이다. 그런 점에서 번역은 인류가 공동의 문화를 함께 이룩해나가는 일에 핵심적인 역할을 한다. 세계화 시대인 지금에 이르러 번역이 더욱 긴요해지는 것은 당연하다. 세계화가 민족간의 경계를 허물고 세계를 하나로 통합해나가는 과정이라고 한다면, 이 통합된 세계가 좀더 자유롭고 평등해지기를 바라는 것이 인류의 소망일 것이다. 번역은 민족 각각의 삶의 방식인 문화를 서로 이해할 수 있게 하는 동시에, 각 민족이 도달한 창조적인 성과를 함께 나누려 한다는 점에서 세계화라는 목적에 봉사한다고 할 수 있다.

2001년 한국문학번역원이 설립된 것도 이같은 세계화의 대세에 올바로 대응하기 위해서 번역이 중요하다는 사회적인 인식이 커졌기 때문이다. 한국문학번역원의 가장 중요한 기능은 한국 문학의 중요한 성과들을 외국어로 번역하여 해외에 소개하는 데 있다. 그동안 한국에서의 번역이 대부분 해외로부터 타문화를 들여오는 데 치중되었고 우리의 문화를 내보내는 데는 크게 소홀했던 현실은 누구도 부정하지 못할 것이다. 문학 부분에서도 이러한 현상이 두드러져서 우리 대부분은 서구를 비롯한 해외 문학의 영향을 받아왔고 지금도 받고 있지만, 우리 문학의 해외 소개는 이에 비해서 너무나 빈약한 것이 사실이다. 이전부터 정부나 민간에서 이런 불균형을 시정하고자 하는 노력이 없지는 않았으나, 그 노력이 본격화되고 쌍방향의 소통을 위한 진전이 눈에 띄게 이루어진 것은 한국문학번역원의 설립 이후라고 해도 좋을 것이다.

그러나 해외번역물이 갈수록 늘어나고 있는 상황에 비하면 여전히 우리 문학이나 문화를 번역해서 해외에 소개하는 작업은 그에 따르지 못한다. 한국 문학이나 문화가 해외에 그리 깊이 있게 알려지지 않았다는 것이 해외 출판을 어렵게 하는 요인이기도 하지만, 무엇보다 근본적인 문제는 우리 것을 외국어로 번역해낼 수 있는 번역가들이 턱없이 부족하다는 것이다. 누구나 알다시피 번역이란 작업은 두 개의 언어에 능통할 뿐만 아니라 두 나라나 민족의 문화에도 익숙해야만 할 수 있는 일이기 때문에, 좋은 번역가를 찾거나 육성하는 일은 시간과 수고를 요하게 마련이다. 한국문학번역원도 번역가 양성에 역점을 두어서 설립 이후 꾸준히 교육 사업을 펼쳐오고 있기도 하다.

　이 책은 한국문학번역원이 번역에 뜻을 둔 내외국인들을 대상으로 지금까지 강의해오던 내용을 반영하고 또 보충해서 일차적으로는 문학 번역에 관심을 둔 예비 번역가들을 위해서, 그리고 넓게는 번역이란 무엇인가 공부하고자 하는 독자들을 위해 엮은 것이다. 한국 문학을 외국어로 번역하는 일은 쉽지 않은 일이지만 외국어 능력이 있는 한국인이나 한국어 능력이 있는 외국인이라면 한번쯤 도전해볼 만한 뜻있는 작업이라고 할 것이다. 특히 한국문학번역원은 올해부터 기존의 번역 강좌를 발전시킨 번역아카데미를 개설하여 체계적이고 전문적인 문학 번역 교육에 임하게 되었다. 이 책은 번역아카데미 수강생들을 위한 교재로도 사용될 예정이다. 그러나 이들만이 아니라 문학 번역을 통해 참된 세계화의 길에 동참하고 싶은 많은 독자들에게도 좋은 동반자가 되었으면 한다.

2007년 4월

윤지관(한국문학번역원장, 덕성여대교수)

*1*

# 문학 번역의 방법론
### – 소설 번역을 중심으로

김윤진

**김윤진**

한국문학번역원 경영지원본부장
이화여자대학교 통역번역대학원 출강
『프랑스 낭만주의』 등 번역

# 1. 들어가는 말

세계가 점점 좁아지고 각 언어권, 문화권 간의 소통이 빈번해진 오늘날, 인간의 언어행위만큼이나 그 기원이 오래된 번역은 그러한 상호소통의 가장 효율적인 수단으로 자리 잡았다. 그럼에도 불구하고 번역을 어떻게 해야 할 것인지, 어떤 번역이 좋은 번역인지에 대한 논의는 아직도 그 해결점에 이르지 못한 것으로 보인다. 고대 이집트에서부터 키케로Cicréon, 생 제롬Saint Jérôme, 자크 아미요Jacques Amyot, 페로 다블랑쿠르, 발레리 라르보, 다니카 셀레스코비치, 앙투안 베르망 등으로 이어지는 번역가·번역이론가들의 계보를 일별해 보면, 예나 지금이나 번역에 대한 논의는 이론적 정교함의 차이는 있다 하더라도 그 견해차가 완전히 해소된 것은 아니라는 것을 알 수 있다. 예컨대 "나는 단어 대 단어로 옮기는 것이 필요하다고 생각하지 않았다. 내가 보존한 것은 전체적인 표현들의 어법과 가치이다. 나는 독자들에게 이 가치를 한

푼 한 푼 세어 지불하기보다는 총액을 한꺼번에 지급해야 한다고 생각했다"[1]라는 키케로의 말과, "번역이란 약호전환transcodage이 아니라 구체적인 맥락 속에서 실현된 의미sens의 전달이 되어야 한다"거나 또는 "형태적 등가성이 아니라 역동적 등가성의 추구가 번역의 목표가 되어야 한다"는 주장 사이의 거리는 그리 멀지 않다는 것이다.

그리고 다른 한편으로 "인간은 다양한 언어들로부터 서로 다른 심적, 심지어는 감각적 구조들을 만들어낼 수밖에 없다. 언어는 특유한 그 인식 양식을 퍼뜨리는 것이다"[2]라는 말에서 짐작할 수 있듯 언어가 인지적, 정서적, 감각적 구조를 이루어내는 것으로 보아 "번역이 단어나 구문 구조까지도 중시해야 한다"는 주장과 "번역은 그 본질에 있어 낯설음을 낯설음으로 자신의 언어 공간에 열어주려는 욕망으로 생명을 얻는다"[3]라는 주장도 크게 다르지 않다.

그러면서도 어떤 합의점을 도출해내기란 결코 쉬운 일이 아니다. 다만 우리가 확인할 수 있는 것은 그러한 주장들의 이면에는 시대적인 분위기, 다시 말해 어느 한 시대의 주조가 되는 사상적 바탕이 깔려 있다는 것이며 — 예컨대 직역을 내세우는 이론은 독일 낭만주의 사조와 유대교 등의 영향을 많이 받은 19세기에 그 힘을 얻었고, 의사소통의 중요성을 강조하고 실용주의가 큰 힘을 발휘하는 현대에는 의역 이론이 주류를 이루고 있다 — 따라서 선뜻 어느 한쪽을 편들기가 어렵다는 것이다.

---

1) 키케로는 Eschine와 Démosthène의 Attiques를 라틴어로 옮기고 그 번역에 대해 자신의 입장을 밝히면서 축어역 대신 의역을 옹호하고 있다. Michel Ballard, *De Cicéron à Benjamin*, Presses Universitaires de Lille, Paris, 1992, p.40에서 재인용.
2) Georges Steiner, *Apres Babel*, Albin Michel, Paris, 1975, p.83.
3) Antoine Berman, <La Traduction et la lettre> in *Les tours de Babel*, Trans-Europ-Repress, Mauvezin, 1985, p.89.

그럼에도 불구하고 우리가 여기서 감히 번역의 이론, 그 중에서도 이론화하기 힘들다는 문학 번역에 관해 이론적으로 접근한다는 것은 무모한 짓일 수도 있다. 사실 몇몇 이론가들은 아예 문학텍스트의 특수성을 들어 문학 번역을 자신의 연구영역에서 제외하기도 하였다. 심지어 최근에는 문학텍스트까지 포함하여 번역 전반에 대한 자신들의 이론의 유효성을 내세우는 〈해석이론théorie de l'interprétation〉[4]조차도 애초에는 문학텍스트의 번역을 연구영역에서 제외시켜 왔고, 최근에 와서야 문학텍스트까지 포함시키고 있는 것이다. 그러한 태도의 변화는 다음 두 글에서 극명하게 드러난다.

텍스트들을 빨리 파악할 수 있도록 하는(또는 어쨌든 심화된 주해의 대상을 이루지 않을) 독서 용이성이 내가 보기에는 번역의 주된 과제이다. 이렇게 단언하는 데에는 설명이 필요한데, 시 번역이나 문학텍스트의 번역, 즉 그 관심이 순수히 개념적인 차원이 아니라 상당 부분 미학적인 차원에 있는 번역은 분명 독서 용이성과는 다른 문제들을 제기한다. 그러나 이 문제들은 내 연구의 테두리 내에 들지 않는다.[5]

그러나 글쓰기란 모든 다른 예술형태와 마찬가지로 침묵, 죽음, 망각에 대한 영원한 싸움이며, 이러한 의무를 스스로에게 부과하고자 하며, 아무리 다양한 대중이라 하더라도 그들을 감동시키고자 하며, 따라서 고상한 의미에 있어서의 의사소통을 이루는 것이다.[6]

---

4) 의미전달이 번역의 목표라고 하는 점에서 〈의미이론théorie du sens〉이라고도 한다.
5) Marianne Lederer, <Implicite et explicite> in *Interpréter pour traduire*, Didier Erudition, Paris, 1984, p.42.
6) Fortunato Israël, <Traduction Littéraire et Théorie du sens> in *Etudes traductologiques en hommage à Danica Séléskovitch*, Minard, Paris, 1990, p.37.

위의 두 글을 비교해보면, 시간의 흐름에 따라 문학텍스트의 번역을 논할 수 있을 만큼 이론이나 연구가 발전한 것이 아니라 단지 관점의 차이에 따라 번역 가능성과 불가능성이 거론됨을 알 수 있다. 다시 말해 문학텍스트의 번역은 '문학이란 무엇인가'라는 해묵은 질문을 스스로에게 던지고, 그 답에 따라 다룰 수 있느냐 없느냐를 가름하는 것이다. 따라서 우리는 이 글을 통해 번역의 관점에서 문학을 어떻게 이해할 것인가, 문학텍스트의 특수성은 무엇인가를 소설을 통해 살펴보고, 번역을 할 때 어떤 것들을 고려의 대상으로 삼아야 하는지를 간략히 짚어보고자 한다.

## 2. 상이한 문학관

예술의 한 장르로서 문학은 음악, 미술 등에 비하면 커다란 차이가 있다. 음과 색이라는 비언어적 질료를 통한 예술은 그것이 언제 어디에서 누구에 의해 창조된 것이건 간에 변질되거나 변형되지 않으며, 그것을 감상하는 사람은 '동일성identité'을 보장받을 수 있다는 장점이 있다. 즉 기법이나 연주 솜씨에 차이가 있을 수는 있지만 바흐의 곡을 연주하는 연주가나 그것을 감상하는 청중이나 모두 '바흐의 곡'이라는 것에 대해서는 아무 이의도 제기하지 않는다. 마찬가지로 고흐의 그림을 사진으로 찍거나 모사를 했을 때 그것이 비록 원화는 아니라 할지라도 원화와 '똑같다' 혹은 '고스란히 베껴냈다'라는 인정을 받는다. 따라서 음악과 미술의 경우 번역이 추구하는 등가성이나 소통 불가능성은 애당초 문제가 되지 않는다.

그러나 문학의 경우는 언어라는 질료를 사용하기 때문에 작가와 독자가 공통된 언어를 사용하지 않는 경우 필히 번역을 통해야 하며 그 과정에서 어쩔 수 없이 '동일성'을 상실하고 만다. 그런데 상이한 언어로 전환되면서 중요한 문제를 건드리지 않을 수 없는데, 그것은 언어의 전환이라는 외양 아래 무엇을 옮기는가 하는 것이다. 음악은 음과 뗄 수 없는 관계이며, 미술은 색과 형태와 분리하여 생각할 수 없다. 그러나 문학이 과연 언어와 뗄 수 없는 관계라고 말할 수 있는가? 만약 뗄 수 없는 관계라고 한다면 애초에 쓰인 언어에서 다른 언어로 전환한다는 것은 불가능한 것이 아닌가? 번역을 거치더라도 문학작품을 문학작품이라고 말할 수 있다면 그것은 언어와 문학의 느슨한 관계를 가리키는 것이며, 언어 이외의 '전달될 수 있는' 그 무엇인가가 있다는 것을 뜻하는 것이 아닐 수 없다. 이러한 질문은 결국 언어와 문학의 상관관계를 묻는 것과 다름없다. 즉 언어가 문학에 있어서 본질적인 요소인가 아니면 언어가 내포하고 있는 비언어적인 무엇인가가 문학의 본질적 요소인가라는 질문이 그것이다. 결론적으로 그리고 현실적인 입장에서 말하자면 언어는 문학의 본질적인 요소이지만 동시에 '느슨한' 관계를 유지하고 있다.

그런데 문학텍스트의 번역에 있어 서로 상반된 방법론 — 다시 말해 출발어(원본언어)의 어휘, 구문 구조, 표현 등에 큰 비중을 두는 소위 직역풍의 번역방법과 도착어(번역언어)의 자연스러운 표현, 도착어 독자의 가독성을 중시하는 의역풍의 번역방법 — 은 바로 문학과 언어와의 상관관계를 어떻게 보느냐 하는 데에서 분기점을 이루게 된다.

출발어의 어휘, 구문 구조, 표현 등을 중시하는 번역자들에게 있어 문학이란 언어예술은 감히 훼손할 수 없는 — 비록 번역을 통해 궁극적으로는 훼손한다 하더라도 — 절대적인 가치를 지닌다. 그것은 독자의 가독성에 — 심지어 출발어 독자의 가독성에조차도 — 크게 좌우되지 않으며, 그 자체로 완결된 심미적 구조를 이루고 있는 것이다. 더구나 일상적인 비문학텍스트에서는 언어가 존재에 의존하는 데에 반해 문학텍스트에서는 존재가 언어에 의존하는 것이기 때문에[7] 언어를 자의적으로 변환하는 것은 존재 그리고 존재 양태까지도 변환하는 것이 된다. 따라서 이런 입장에서는 가능한 한 출발텍스트의 모든 것을 그대로 옮겨주는 것[8]이 가장 바람직한 번역의 방법이 된다. 도착텍스트를 통하여 비록 희미하게 퇴색되어 흔적만 남는다 하더라도 출발텍스트의 모습을 간직하여 전달하려고 하는 것이 이러한 번역방법론의 특징이다.

반대로 문학과 언어란 느슨한 관계이며, 번역을 거친다 하더라도 문학텍스트가 문학텍스트로 기능한다고 하는 입장은 문학의 기능적인 측면에 더 관심을 기울이고 있다고 할 수 있다. 이러한 관점은 문학이란 무엇인가 하는 질문과 문학의 목적은 무엇인가라는 질문을 동일시하는 것이다. 이러한 입장에 있는 번역가들에게 있어 문학은 암암리에 또는 공공연하게 독자의 정서적 반응, 감동, 흥미를 자아내기 위한 것이다.[9]

문학을 심미적 구축물로 여긴다는 점에서는 마찬가지지만 그 심미적

---

7) 비문학텍스트에서는 일반적으로 지시대상이 존재하며, 언어는 그 대상을 지시하여 환기시키면 그 기능을 다하는 것이다. 그러나 문학텍스트에 있어서는 언어가 오히려 지시대상을 창조한다고 할 수 있다. 왜냐하면 문학텍스트에서는 허구의 세계를 다루고 있기 때문에, 비록 현실적인 대상에 기대어 언어가 사용된다고 하더라도 그 기법 자체는 일상언어와는 사뭇 다른 방식으로 사용된다.

8) 물론 이는 도착어의 랑그langue(각 개인의 머리속에 저장된 사회 관습적인 언어의 체계)에서 허용하는 범위 이내에서이다. 만일 그 범위를 넘어선다면 번역을 넘어서는 것이기 때문이다.

9) 1990년 파리의 E.S.I.T.에서 〈번역에 있어서의 자유La liberté en traduction〉라는 주제로 열렸던 심포지엄에서 포르투나토 이스라엘과 프랑수아즈 윌마르가 『스갱 씨의 염소』에서 염소를 다른 짐승으로 번역하는 것이 적절한가 아닌가를 두고 의견 대립을 보일 때, 포르투나토 이스라엘의 태도가 바로 그 전형적인 예가 될 수 있을 것이다. 그는 도착어 독자에게서 염소가 불길한 짐승으로 인식된다면 독자의 정서적 반응과 감동을 고려하여 다른 짐승으로 대체하는 것이 옳다고 주장하면서 은연중 문학의 기능이 독자에게서 얻을 수 있는 정서적 효과에 있음을 지적하고 있다. L'essentiel est moins d'informer que d'émouvoir.

효과를 측정하는 것은 결국 독자의 정서적 반응일 수밖에 없다는 주장에서 이들의 번역방법은 출발어의 언어적 구속에서 다분히 자유로운 양상을 띠게 된다. 문학작품이 독자의 감동·정서적인 반응을 이끌어내기 위한 것이라면, 그것은 극단적으로 말해 동일한 혹은 등가적인 효과를 야기할 수 있기만 하면 되는 것이다. 더구나 앞서 제시한 예문에서 알 수 있듯이 문학언어 역시 의미를 전달하는 것이며 문학 번역이란 고상한 의사소통으로 간주할 수 있기 때문에 굳이 출발어의 구조에 매달리지 않아도 되는 것이다.[10]

그렇다면 이러한 방법론들은 실제 번역에서 어떠한 방식으로 나타나는가, 과연 출발텍스트와의 등가성을 획득하는 데에 있어 어떤 문제들이 있는가를 소설을 예로 들어 살펴보도록 하자.[11]

## 3. 소설 번역의 특성

소설 번역은 문학 번역에서 가장 큰 부분을 차지한다. 그것은 작품

---

10) 흔히 번역은 랑그를 랑그로 전환하는 것이 아니라 파롤parole(특정한 개인에 의하여 특정한 장소에서 실제로 발음되는 언어의 측면)을 파롤로 옮기는 것이라고 한다. 직역을 추구하는 번역자는 출발어의 파롤을 도착어의 랑그 체계가 허용하는 한 고수하려 하는 데에 반해, 의역을 추구하는 번역자는 이를 번역자의 파롤로 전환하기 때문에 훨씬 자유로우며 자연스럽다고 하겠다.

11) 우리가 여기서 소설의 경우를 예로 드는 것은 흔히 시의 번역보다 훨씬 용이하다고 간주되고 있으며 또한 소설 속의 언어와 일상언어와의 변별성이 두드러지지 않기 때문이다. 시의 경우 언어의 형태적 특성 — 소리, 드물게는 언어기호의 형태 — 과 의미의 결합이 분리될 수 없다고 여겨지기 때문에 많은 이론가들이 시를 번역 불가능의 극단적인 예로 제시하고 있다. 의역을 내세우는 번역가들 중에서도 Efim Etkind와 같은 번역자는 심지어 시어들이 가지는 의미를 취사선택하고 리듬을 살리는 것이 중요하다고 하여 형태적인 특성만 살리는 방법을 제시하고 있고, 뛰어난 문학번역가로 알려진 오르테가 이 가세트도 일본 시나 중국 시 등 자신이 모르는 언어의 시를 번역하면서 직역을 통해 얻은 초벌 원고로 재창조하는 방식을 취하기도 했다.

수가 가장 많은 장르라는 양적인 측면에서만 그러한 것이 아니라, 시나 희곡에 비해 상대적으로 번역자들이나 독자들이 선호하는 장르이며, 또한 소설이라는 장르가 지니는 거의 무제한적인 형식적 자유로움 때문일 것이다. 게다가 일상언어와 크게 구별되지 않는 소설언어의 자유로움은 장르의 형식적 자유로움과 결부되면서, 번역작업에 있어 번역가에게 선택의 폭을 넓혀주기도 한다.

그러나 소설이 언어의 형식적 특성에 대한 의존도가 낮다고 해서, 그리고 장르의 특성상 출발텍스트를 구성하는 어휘들이 개별적인 중요성을 덜 가진다고 해서 소설 번역을 쉽게 여길 수만은 없다. 왜냐하면 소설언어는 시어에 비해 개별적인 독립성은 약하지만 각각의 어휘들이 모여 이루는 허구 세계는 매우 다양하고도 복합적인 다면체와도 같은 성격을 지니기 때문이다. 예를 들자면, 일상언어에서 각각의 어휘는 현실적인 대상을 대뜸 전체적으로 환기시키지만, 소설 속에서의 어휘는 차츰차츰 점묘적으로 대상을 구축하여 허구 세계를 창조하며 그 구축과정에서 창조하는 방식 자체까지 드러내기도 한다. 이를테면 소설 속에서 한 인물을 그릴 때 그 인물을 묘사하는 여러 가지 단어들은 그 인물을 구축하는 유기적인 구성요소인 동시에 그 구축과정과 구축하는 주체를 드러내는 것이기도 하다. 그런 까닭에 각 단어의 등가성, 문장구조의 등가성, 문장의 의미적 등가성은 전체 텍스트의 등가성 하에서 조명되어야 할 성질의 것이다.[12]

---

12) 이는 텍스트의 이해와 밀접한 연관이 있다. 우리는 텍스트를 읽을 때 하나의 단어에서 문장, 문장에서 단락으로 읽어가지만, 각각의 단어, 문장, 단락은 그렇게 읽어가면서 얻어지는 전체 텍스트와의 관계 속에서 의미를 획득하게 된다. 따라서 번역의 실제 작업은 텍스트의 가장 작은 단위들, 즉 하나의 단어나 구문으로부터 그보다 큰 단위들로 전개되어가지만, 번역가의 이해는 큰 단위에서 작은 단위로 향하는 역방향으로 전개된다.

그리고 사실 소설 번역에서 더욱 문제가 되는 것은 소설 속의 언어가 얽혀 통합되는 보다 높은 층위, 즉 소설이라는 문학장르의 짜임새를 이루는 이야기récit, 묘사description, 서술narration 층위에서의 등가성이다. 이야기란 사건들과 그 사건들이 이야기되는 방식을 가리키며, 묘사란 사물, 장소, 인물의 제시, 그리고 서술이란 인물들의 말과 생각 그리고 그것들이 알려지는 방식이라 할 수 있다. 그런데 소설 속에서는 이러한 것들이 서로 분리될 수 없을 정도로 겹쳐져서 기능하기 때문에 어느 한 가지만을 번역의 대상으로 삼을 수 없는 것이다.

단편소설처럼 하나의 단일한 사건을 통해 세계의 단면을 드러내든 아니면 수많은 사건들과 인물들이 얽혀 복합적으로 세계의 총체상을 드러내든 간에 소설의 세계를 이루는 언어적 형상체는 표면적인 의미를 넘어서서 다층적인 의미 구성에 참여한다. 동일한 사건이라 할지라도 그것은 시간적인 순서나 인과관계에 의해서만 전개되는 것이 아니라 다양한 구성 방식을 지니며, 그러한 구성 방식 속에서 사건은 각기 다른 의미를 띠고 독자들에게 인지될 수 있는 것이다. 즉 하나의 사건은 그것을 구성하는 여러 작은 에피소드들에 의해 조금씩 그 모습을 드러내지만, 그것을 이루는 에피소드들은 서로 다른 방식, 수평적이고 동시에 수직적인 방식으로 결합되어 마치 모자이크처럼 전체의 의미를 여러 각도에서 조명할 수 있게 해준다고 하겠다. 소설이 이처럼 여러 층위들을 동시에 작동시키는 역동적인 구조를 지니고 있기 때문에, 소설의 번역은 언어적 등가체가 아닌 역동적 구조의 등가체를 추구하는 작업이라 할 수 있다. 물론 형태적으로만 본다면 소설은 문장들의 연속으로 이루어진 하나의 이야기라 할 수 있겠지만, 각 문장의 합에서 의미가 도출되는 것이 아니라 보다 높은 서술의 층위에서 의미를 획득하는 것이다. 따라서 소설의 번역은 심층적인 해석의 결과이어야 한다. 번역가는 자신의 작업에서 하나의 단어, 하나의 문장이 이야기를 구성함과 동시에 서술에 참여하고 있음을 인식하고 그 참여의 몫을 측정하여 등가성을 모색하여야 할 것이다. 그러므로 이야기를 마치 일상적인 텍스트에서의 전언message과 동일시하여 스토리 전개에만 치중한다면 과잉번역이나 결핍번역의 결과를 낳게 된다는 것을 잊어서는 안된다.

이와 같은 소설의 특성들을 생각하면 소설 번역 역시 정도는 덜하다 할지라도 시 번역과 마찬가지로 많은 제약이 있다는 것을 알 수 있다. 소설에서 의미만을 중시하여 독자들에게 등가적인 정서적 효과를 주면 되지 않느냐는 입장에서 보면 그리 큰 문제가 아닐 수도 있다. 그렇지만 과연 소설의 의미를 일정한 것으로 간주할 수 있는지, 독자가 모두 동일한 정서적 반응을 보일 수 있다고 생각할 수 있는지, 또한 소설을 이루는 모든 부분들의 언어적, 문화적, 문학적 전통의 상이성에도 불구하고 번역을 통해 소설이 전체성과 고유성을 유지하며 옮겨질 수 있는지를 돌이켜보면 결코 간단한 문제는 아닐 것이다.[13]

그러나 이와 같이 번역의 난점만을 지적하는 것은 번역에 있어 반성의 계기는 제공하겠지만, 실제 번역작업에 있어서는 크게 도움이 되지 않을 것처럼 보인다. 사실 이론적으로는 소설의 번역이 전혀 불가능할 것 같은데, 실제로는 이를 비웃기라도 하듯 번역이 이루어지고 있는 것을 보면 번역의 이론이 실제 앞에서 얼마나 무력한 것인가를 느낄 수 있

---

13) 〈해석이론〉에서 문학텍스트 번역의 가능성은 '등가적 의미'의 전달을 통한 '유사한 혹은 동일한 정서적 효과'를 산출하는 것에 있다. 그러나 독자들이 어떤 텍스트를 접할 때 모두 유사한 정서적 반응을 보이리라고 생각하는 것은 과거의 독자든 현재의 독자든 인간성은 누구나 다 마찬가지라고 생각하는 것과 같다. 즉 〈해석이론〉은 17세기적 사고의 유산인 인간의 보편성을 바탕에 깔고 있다고 하겠다.

다. 그렇지만 번역에 대한 이론적 연구는 실제 번역에서의 어려움을 분석하여 그 어려움이 어디서 기인하는가를 밝혀줌으로써 번역가가 선택할 수 있는 폭을 넓히는 데 도움이 되도록 하는 것이다. 아무리 어려운 텍스트라 하더라도 번역의 가능성은 있으며 또한 매우 쉽게 옮길 수 있을 것처럼 보이는 텍스트에도 번역이 불가능해 보이는 부분들이 있는 법이다. 다만 번역가들이 염두에 두어야 하는 것은 어떤 점에서 번역이 불가능하며 어떤 점에서 가능한가를 파악하고 손실된 부분을 어떻게 메우는가 하는 것이다. 이때 번역의 엔트로피*를 이루는 것들을 번역가는 텍스트라는 커다란 틀 속에서 재해석하여 보상하는 것이 필요하며, 그 보상은 어떤 절대적인 기준에 의한 것이 아니라 번역가 자신의 직관에 의존한다. 그러나 그때의 직관은 임의적인 것이 아니라 텍스트 전체가 지향하는 바에 부합할 수 있는 해석적 깊이를 지닌 것이어야 한다.

그렇다면 과연 소설 번역에 있어 번역가가 해석과 이해의 틀로 여겨야 할 것은 무엇인지를 간략히 살펴보자. 일차적으로는 모든 유형의 텍스트 번역에 필요한 맥락에서의 이해가 선행되어야 할 것이다. 그것은 곧 언어적 맥락, 인지적 맥락, 상황 맥락, 전반적인 사회·역사적 맥락[14]에서 텍스트에 대한 일반적 이해이다. 비문학텍스트의 번역에 있어서는 이와 같은 이해를 통해 얻어진 내용을 도착어로 제대로 재현하기만 하면 된다. 그러나 소설과 같은 문학텍스트에서는 그와 같은 이해에 덧붙여 텍스트 전체의 층위, 즉 소설을 하나의 소설로 만드는 또 다른 층위에서의 이해가 재현과정에 반영되어야 한다. 다시 말해 논리, 인과관

---

* 어떤 물리계 내에서 일하는 데 사용하였거나 흩어져서 자연 소모되어 더 이상은 사용할 수 없는 에너지의 양.(편집자 주)

14) Amparo Hurtado Albir, *La notion de la fidélité en traduction,* Didier Erudition, Paris, 1990, pp.50~51.

계, 시간의 흐름 등에 따라 벌어지는 사건과 그 사건들이 이야기되는 방식에 관한 층위, 이야기가 전개되는 시간, 공간 그리고 이야기 속의 사건에 관련된 사물과 인물들에 대한 묘사의 층위, 인물들의 말과 생각 그리고 그것이 알려지는 방식인 서술 층위에서 재해석되어야만 비로소 소설에 대한 이해가 이루어진다는 것이다. 그렇기 때문에 한 텍스트 속에서 그리고 한 단락 속에서 한 문장의 이해가 아무리 완벽하다 할지라도 그것은 다시 해석되어야 할 1차적 질료로서의 이해일 뿐이다.

## 4. 나오는 말

문학의 개개 장르는 각각의 텍스트texte-랑그langue라고 할 수 있는 규범체계 속에서 움직인다. 여기서 텍스트-랑그라고 하는 개념은 언어에 있어서의 파롤과 랑그 개념을 텍스트 층위로 옮겨 사용한 것이다. 풀어서 말하자면 우리가 어떤 텍스트는 시라고 하고 어떤 텍스트는 희곡이라고 할 때, 각각의 장르는 나름대로의 규범체계를 가동시키고 있으며, 각각의 규범체계는 개별적인 텍스트에 대해 커다란 테두리로서 작용하고 있다. 이때 어떤 텍스트를 소설이나 시, 희곡 등으로 가름할 수 있는 각각의 독특한 규범체계를 일종의 랑그체계의 기준으로 간주할 수 있다는 것이다. 언어학에서 말하는 파롤-랑그와는 별도로 텍스트에 있어 파롤과 랑그를 논하는 이유는 우리가 흔히 알고 있는 것과는 달리 문학 번역에 있어서의 많은 문제점들이 단순히 언어적인 차이에서 비롯되는 것이 아니라, 각 언어권에서 문학장르를 이루는 규범들 간의 차이에서 비롯되기 때문이다. 이를테면 영어나 불어로 쓰인 시를 한국어로 옮길 때 번역이 어려운 이유는 작시법의 차이 혹은 각 언어권에서 시를 시로 기능하게 하는 규범체계의 차이 때문이다. 로만어 계통에서의 시의 운율이 한국어의 시의 운율과 같을 수는 없다. 따라서 출발어로 쓰인 시는 도착어로 전환되면서 언어 층위에서는 옮겨지지만 운율 층위에서는 거의 전적이라 할 수 있는 손실이 발생한다. 그런 까닭으로 시의 번역은 '번역 불가능'의 영역에 속하게 되고 '재창조récréation'로 간주되는 것이다.

여기서 텍스트-랑그를 거론하는 것은 번역의 어려움을 이론적으로 설명하기 위한 방편만은 아니다. 그것은 때로 우리가 언어 차이에 기인하여 맞닥뜨리는 번역의 난점들을 보다 높은 층위에서 해결하기 위함이기도 하다. 물론 각각의 텍스트-랑그를 구성하는 요소들로서 무엇이 있을 수 있는가 하는 것은 아직도 더 연구되어야 하지만, 소설의 경우 이야기, 묘사, 서술을 큰 단위로 잡고 다시 각 단위에서 세부적으로 들어간다면 그 윤곽을 마련할 수 있을 것으로 보인다. 예컨대 묘사 층위에서 여러 가지 비유법을 소단위로 잡는다면 언어상의 차이는 큰 문제가 되지 않을 수 있다. 가령 'blanc comme un linge(겁에 질려 창백한)'라는 표현에서 un linge를 '백지장'으로 대체할 수 있는가 하는 것을 언어적 층위에서는 정당화하기 힘들지만, 직유법이라는 층위에서 보면 가능해지는 것이다.

문학텍스트의 번역에 있어 중요한 것은 문학작품을 감히 손댈 수 없는 절대적인 것으로 여겨서도 안 되고 그렇다고 독자의 감동을 끌어내기 위해 자의적으로 변형할 수 있는 것으로 여겨서도 안 된다는 것이다. 상이한 문학관에서 상이한 번역 방법론이 나와야 할 것이 아니라 보다 객관적인 관점에서 문학텍스트의 번역 방법론을 논의해야 할 것이다. 즉 순수하게 텍스트를 텍스트로 간주하되, 그 텍스트를 보다 큰 랑그체계 속에서 이해하여 옮긴다면 직역의 강박관념에서도 그리고 자유로운 의역의 죄의식에서도 해방될 수 있을 것이다.

# 2

## 번역과 문화

손지봉

**손지봉**

이화여자대학교 통역번역대학원 부교수
고려대학교 영문과 졸업, 한국학중앙연구원 대학원 어문고전 문학박사
『한국 설화의 중국인물 연구』『한권으로 끝내는 중국어통역』등 저서 다수
『꽃으로도 때리지 말라』(김혜자) 등 번역

# 머리말

21세기의 코드는 문화라고 한다. 문화 연구에 대한 관심은 날로 확대되고 있으며, 문화 콘텐츠는 중요한 산업 아이템으로 부각되고 있다. 번역과 문화의 관계에 대한 다양한 담론이 생성되고 있는 것을 보면, 이런 경향은 번역에 있어서도 예외가 아닌 듯하다.

사실 번역이 이질적인 두 언어간의 소통을 위한 것이요, 언어가 그 나라 문화의 정화임을 생각할 때 번역에 있어서 문화를 중요시하는 일은 당연한 일이다. 그러나 우리는 보이는 대로 보는 것이 아니라 보이는 대로 생각하는 사람이므로 문화 연구가 시작되기 전에는 문화를 고려하지 않았다고 해도 과언이 아니다.

문화를 고려하지 않은 이유는 우리의 좁은 눈에 보이지 않았기 때문이기도 하지만 문화의 범주가 너무 넓어 엄두를 못 낸 것일 수도 있다. 그 결과는 참담했다. 번역 교육의 연륜이 일천하기는 하지만 번역의 꽃인 문학 번역의 경우 오랫동안 제도권 교육의 도움 없이 번역에 종사해 온 번역가가 번역대학원 과정을 마친 번역가보다 우수한 번역물을 내곤 하였다.

이는 오랫동안 문학작품 번역을 통해 익혀온 문화 이해의 힘이라 해도 과언이 아니다. 이런 힘은 한정된 대학원 과정의 학습만으로 극복하기 어려운 요소이다. 외국에 직접 나가 외국생활의 체험을 통해 외국문화를 익히기도 하는데 전문 번역가에게는 외국문화를 자기화할 수 있는 방법으로 꾸준히 문학작품을 읽고 번역하는 일만 한 게 없다고 해도 과언이 아니다.

천부적인 재능과 오랜 기간의 번역 작업, 이는 물론 훌륭한 번역가가 되는 방법의 하나이지만 교육이라는 것이 짧은 기간에 핵심적인 내용을 전달하는 것이라고 할 때 이제 번역 교육의 핵심은 외국의 대표적인 문화요소를 추출하여 교육하는 일이라 해도 과언이 아니다.

그렇다면 문화를 고려한 번역이란 무엇이며, 그 교육은 어떻게 이루어져야 하는지, 그리고 그 실제 내용은 무엇인지, 그 이론과 실제에 대해 함께 살펴보도록 하자.

## 강의목표

번역을 단순히 언어 차이의 해소로 여기던 시기에는 의역과 직역에 대한 논쟁이 번역의 주요 논쟁거리였다. 직역은 저자의 주장을 '충실히' 반영하는 반면에 원어를 모르는 독자에게 생경함을 주고, 의역은 내용을 잘 이해할 수 있으나 저자 본래의 뜻이 왜곡될 가능성이 있다는 의견이 팽팽히 대립하였다. 그러나 문화에 대한 연구가 활발해지면서 언어는 문화적 산물의 하나로 여기게 되었으며, 번역에 있어서 문화가 우선적으로 고려되어야 한다는 인식이 팽배하는데 이러한 면모는 외국어 교육에서 문화의 비중이 높아지는 양상에서도 확인할 수 있다. 문화적 차이에 대한 고려는 언어 이외의 요소, 즉 행간의 의미까지 번역에 적용하여야 함을 의미하며 기존에 제시한 의역 이상의 것이 선행되어야 함을 뜻한다. 이런 면모를 전반적으로 살피고 실제 번역에서 확인해 보는 것이 본 강좌의 목표이다.

## 1. 번역의 방법

### ― 직역(등가)과 의역(수용)

번역이란 원작을 바탕으로 하는 작업이므로 원작을 중시해야 한다는 말은 아무리 강조해도 지나침이 없다. 그러나 번역이란 어차피 원작을 읽을 수 없는 독자를 대상으로 하기 마련이므로 독자의 이해를 중시해야 한다는 말도 무시할 수 없다. 그런데 원작을 읽을 수 없다는 말은 단순히 원작의 언어를 이해할 수 없다는 것만이 아니라 그 속에 담긴 문화적 이질성을 직관해서 이해할 수 없다는 뜻도 포함하므로 독자가 이해할 수 있도록 문화 변용이 필요하다는 말이 된다.

여기서 원작을 중시해서 원작과 등가적인 번역을 해야 한다는 '등가성' 이론, 즉 출발어 중심의 번역이론과 독자를 중시해서 독자에게 수용 가능한 번역을 해야 한다는 '수용성' 이론, 즉 도착어 중심의 번역이론이 산출된다.

## — 조르주 무냉Mounin G.의 채색유리와 투명유리론

무냉은 번역기준을 비유적으로 표현하여 채색유리 번역(=출발어 중심 번역)과 투명유리 번역(=도착어 중심 번역)으로 분류하기도 하였는데 채색유리와 같은 번역은 직역을 통해 출발어의 의미론적, 형태론적, 문체론적 특성을 독자에게 느낄 수 있게 하는 번역을 말하며, 투명유리 번역은 도착어로 직접 쓴 것 같은 착각을 할 정도로 의역한 경우를 가리킨다고 하였다.

그런데 이 채색유리와 투명유리라는 비유 속에서 유리로 가리워진 상대편을 더 잘 볼 수 있는 것이 투명유리라는 점을 생각하면 이 용어의 사용자가 투명유리를 선호한다는 것을 짐작할 수 있다. 즉 무냉은 수용성에 무게를 둔 것으로 평가된다.

## — 앙투안 베르망Antoine Berman의 등가성 이론

앙투안 베르망은 '등가성' 이론을 대표하는 인물로 여겨지는데 '수용성' 이론에 따른 번역에 대해 비판적이었다. 그러므로 합리화la rationalisation, 명료화la clarifictication, 장문화l'allongement, 수사학화la rhétorisation, 질적 빈곤화l'appauvrissement qualitatif, 양적 빈곤화l'appauvrissement quantitatif, 리듬 파괴la destruction des rythemes, 기표망 파괴la destruction des réseaux signifiants sous-jacent, 내적 체계 파괴la destruction des systématismes, 내용상 이국화la destruction des réseaux vernaculaires ouleur exostisation, 형식상 이국화la destruction des locutions et idiotismes, 언어 중첩 삭제l'effacement des superpositions de langues 등 12가지 수용성 이론의 문제점을 제시하였다. 이들을 다시 부연하면, 첫째, 합리화는 도착어 독

자가 이해하기 쉽도록 원본의 문장을 합리적인 순서로 재배열하는 경우이며, 둘째, 명료화는 불분명한 문장에 설명을 덧붙이는 경우이다. 셋째, 장문화는 합리화하고 명료화하는 과정에서 문장이 장문으로 변형되는 경우이다. 넷째, 수사학화는 원문보다 수려한 문장으로 변형시키는 경우이다. 다섯째, 질적 빈곤화는 원문의 어휘, 표현, 어법 등에 담긴 청각적, 의미적, 형태적 풍요함을 제거한 경우이며, 여섯째, 양적 빈곤화는 원문의 어휘가 지닌 의미의 다양성을 살리지 못하는 어휘로 번역하는 경우이다. 일곱째, 리듬 파괴는 원문에 없는 문장부호 등을 첨가함으로써 문맥의 흐름을 껄끄럽게 하는 경우이며, 여덟째, 기표망 파괴는 텍스트 깊이 숨어 있는 기표들을 제대로 번역하지 않는 경우이다. 아홉째, 내적 체계 파괴는 합리화, 명료화의 과정에서 원문에 없는 요소를 첨가하여 텍스트의 내적 체계를 파괴하는 경우이며, 열 번째, 내용상 이국화는 외국 문학작품에 있는 토속적인 요소를 파괴하는 경우이다. 열한 번째, 형식상 이국화는 외국어의 고유어법과 표현, 속담 등을 파괴하는 경우이며, 열두 번째, 언어 중첩 삭제는 표준어에 대한 방언의 역동적인 관계를 없애버리는 경우이다.

앙투안 베르망이 문제점으로 지적한 내용 중에 특히 첫째, 둘째의 합리화와 명료화의 경우는 얼핏 독자의 입장에서 수긍하기 어려울 수도 있다. 그러나 이는 기본적으로 문학의 무상성(無常性), 즉 불가역성에 무게를 두는 번역 태도에서 기인한 비판이다. 즉 문학작품은 시대 및 연령과 계층에 따라 다양한 해석이 가능한 의미체이므로 원작의 형태를 최대한 살려야 한다는 입장이다. 합리화와 명료화를 내세우다 보면 결국 문장의 배열을 바꾸고 설명을 첨가하게 되며 나아가 도착어의 이질적인 어휘로 의미를 한정하게 되어 다양하게 해석될 수 있는 원작의 의미를 훼손하게 된다는 주장인 셈이다.

## ― 루쉰(魯迅)의 중국어 개혁론

루쉰은 번역의 역할을 새로운 내용의 소개뿐 아니라 새로운 어휘와 어법과 표현법을 도입하여 현대 중국어를 창조하는 것이라 생각했다. 그래서 특히 착실한 교육을 받은 독자를 대상으로 한 번역은 역문이 다소 어색하더라도 충실한 직역을 해야 한다고 주장하였다. 어색한 번역은 과도기적 현상이며 새로운 표현이 정착되면 자연스럽게 받아들여지고 그렇지 않은 표현은 도태되기 마련이므로 직역을 통해 새로운 표현을 차근차근 받아들이자고 하였다.

## ― 포르투나토 이스라엘Fortunato Israël의 절충론

포르투나토 이스라엘은 직역과 의역을 모색하여 의미상의 부합, 텍스트들의 시적 등가관계, 문화적 적합성, 독서의 효율성 등 네 가지를 원론적인 평가기준으로 제시하였다. 첫째, 의미상의 부합은 번역물이 원작의 메시지를 정확하게 전달해야 한다는 것이며, 둘째, 텍스트들의 시적 등가관계는 "한 언어형식이 갖는 가치, 즉 작품 전체에서 갖는 의미를 추출해내고 이와 동일한 효과를 낼 수 있는 등가적 표현방식을 다른 언어에서 찾는 작업이라 할 수 있다"라고 정의하였다. 셋째, 문화적 적합성은 문화적 거리감을 살리되 독자가 이해할 수 있게 하는 것을 말한다. 넷째, 독서의 효율성은 번역본 자체만으로 원만하게 읽을 수 있는 '자율성'과 '가독성'을 유지한 상태를 말한다.

포르투나토 이스라엘은 2가지의 등가성 평가기준과 2가지의 수용성 평가기준을 제시하여 등가성과 수용성을 조화롭게 살린 평가기준을 제시한 듯하다. 그런데 등가성에 해당되는 첫째와 둘째의 경우에 해당되는 정확한 메시지 전달과 다른 언어의 등가적 표현방식 찾기 등은 결국 수용자의 입장을 고려하고 있다는 점에서 무게중심은 수용성에 있다고 할 수 있다. 특히 넷째 항목에서 도착어 독본의 '자율성'을 내세운 점은 채색유리보다 투명유리를 보다 선호하고 있음을 확신하게 한다. 또한 포르투나토 이스라엘이 현재 통역번역의 메카라 할 수 있는 프랑스 통역번역대학원의 교수라는 점은 현재 통역번역의 방향을 가늠할 수 있게 한다.

### ― 엄복(嚴復)의 신달아(信達雅)

중국에서는 등가성을 '등치(等値)', 수용성을 '등효(等效)'라고 하는데 번역 기준 설정의 창시자로 엄복을 내세운다. 엄복이 내세운 번역의 기준은 '신(信), 달(達), 아(雅)'인데 '信'은 원문에 충실한 '등가성'을, '達'은 전달에 무게를 두는 '수용성'을 뜻하는 말이며, '雅'는 수사적인 표현으로 '격조 높은 전달'의 뜻을 지녔는데 '雅'를 문학적 문체로, 이른바 시의 운율 같은 문학적 특징을 살려주는 번역으로 해석하기도 한다.


## 2. 번역의 종류
### ― 완역(完譯), 평역(評譯), 초역(抄譯)에 대하여

### 1) 완역 바람
최근 한국에서는 완역 바람이 불고 있다. 『빨간머리 앤』『로빈슨 크루소우』『이상한 나라의 앨리스』『걸리버 여행기』 등 서양의 명작동화를 비롯, 『서유기』 같은 중국 사대기서까지 완역의 대상은 다양하다.

완역은 '전체의 글을 완전히 번역하는 행위나 그로 인한 산출물, 즉 번역작품'을 가리킨다. 이렇게 '완역'이 선전거리가 될 수 있는 이유는 그동안의 번역은 완역이 아니라 '초역'이나 '평역'이었다는 뜻이며, 번역은 당연히 완역이어야 한다는 생각이 담겨 있다.

## 2) 독자의 입장

서양 명작동화 전체를 읽는 동화모임에서 한 독자는 다음과 같이 소감을 말하였다.

"자꾸만 그만 읽고 싶어졌습니다. 정말 완역판인지 아닌지를 가리는 문제는 뒤로 미루고서라도 장편의 글들이 그대로 직역되어 있다 보니 지루한 부분들이 너무 많습니다. 정말 두껍고 장황한 부분들이 너무나 많습니다. 어쩌면 어린이를 대상으로 한 책이 아닌 경우도 많고 요즘의 문화와 다른 점, 그 당시의 문학적 문체 자체가 많이 다르다는, 여러 가지 생각해볼 여지가 많은 것도 사실입니다.
아니면 우리가 너무 다이제스트에 길들여져서 빠른 내용의 전개를 원하며, 이미 알고 있는 내용이라 글을 읽으며 행간에서 느껴지는 의미들을 섣불리 넘겨짚는 경우도 있으리라고 생각됩니다. 다이제스트를 통해 이야기가 벌어지는 상황과 주인공들의 행동에 그럴 만한 이유가 자세하고도 분명하게 담긴 서술과 묘사를 건너뛰고는 그 작품의 의도와 느낌을 충분히 느끼지 못할 것입니다.
하지만!! 무리한 완역본을 강조하다가 아이들에게 오히려 명작들을 통해 책과 멀어지게 한다면 큰일이죠. 아마도 아이들이 성장하며 자연스레 그 명작들의 완역을 읽고 싶어질 때가 있을 듯합니다. 완역본이라고 욕심을 내서 저학년 아이들에게 읽으라고 자꾸 권하는 것보다 지루하고 긴 문장을 이겨내며 읽을 수 있는 독서력을 키우도록 도움을 주는 것이 가장 좋은 방법일 것입니다."

이 글에서 완역을 부정하는 것은 아니지만 완역 작품에 대한 몇 가지 문제점을 제시하고 있는데 그중 하나가 '책이 두껍고 내용이 장황하여 너무 지루해서 그만 읽고 싶어진다'는 것이다. 과제로 읽는 독서가 아니라 자발적인 독서였다면 읽지 않았으리라는 것이다. 위의 글을 텍스트와 독자 그리고 번역의 문제로 나누어보면 다음과 같다.

## 3) 텍스트의 문제

### ① 시대 · 문화차이

중국의 『홍루몽』은 청나라 때 대가족이 몰락해가는 과정에서 청춘남녀의 사랑을 그린 작품이다. 이 작품에는 400명이 넘는 인물이 나오며 중요 인물이 30여 명이나 되는데 이들은 대개 가족관계로 얽혀 있는 경우가 대부분이다. 주인공인 가보옥과 임대옥도 이종사촌간이며, 이들과 삼각관계에 있고 보옥의 반려자가 되는 설보채는 고종사촌간이다. 이렇게 사촌간에 결혼하는 풍습이나 대가족이 모여 사는 모습, 그리고 가보옥의 집안에서 노마님과 그의 친정 쪽 사람들이 실질적 권력을 잡고 있는 양상 등 가족과 혼인풍습이 당대 중국의 정서를 반영하고 있기 때문에 대개 근친을 꺼리고 핵가족화하고 있는 요즘의 세태에서는 이해하기 힘든 문화이다.

다시 말해서 한국의 경우는 사촌관계인 이성에 대해서는 처음부터 배우자나 이성으로 인식하고 있지 않으며 이성으로 인식하는 경우 별종으로 여겨지는 데 반해 당대 중국에서는 이들의 정서가 너무나 당연하다는 점이다.

이외에도 관료가족의 복식이라든가 음식에 대한 용어도 매우 다양한데 이 복식과 음식에 담긴 의미와 특성을 제대로 번역하지 못하고 그대로 직역한다면 지루한 나열이 되기 쉬울 것이다.

요즘에 한국에서는 역사드라마가 큰 호응을 얻고 있다. 조선 태조의 건국과정을 그린 〈용의 눈물〉부터 고려 〈태조 왕건〉, 신라의 거상 〈장보고〉, 임진왜란의 영웅 〈이순신〉, 고구려를 세운 〈주몽〉, 고구려의 마지막 재상 〈연개소문〉 등 영웅을 비롯해서 비천한 신분이었던 의녀 〈대장금〉과 동의보감의 저자 〈허준〉 그리고 조선의 왕비 〈명성황후〉 등 한국의 삼국시대부터 조선시대까지 모든 시대를 다루고 있다.

또한 세칭 '한류'가 불면서 이들에 대한 번역이 활발하게 이루어지고 있다. 한국의 역사성보다는 개인의 인생역정을 주요 주제로 삼고 있는 〈허준〉과 〈대장금〉의 경우 이미 대만에서 번역이 이루어졌으며, 아울러 한국 궁중음식에 대한 관심도 높아지고 있다고 한다.

허준과 대장금은 조선 중종, 선조조 인물들로 조선 중기에 해당하는 시대배경을 가지고 있다. 이 시대 조선은 엄격한 신분제 사회로 사화와 당쟁으로 점철된 시대이다. 의원, 의관이나 의녀는 중인신분으로 이른바 양반 사대부의 아래 계급이었으므로 사대부 환자의 경우 비위를 맞추며 진찰을 해야 했고 특히 남녀유별이 강조되던 시대라 사대부가의 성인여성을 진찰할 때는 실을 연결하여 맥을 짚어야 했다. 게다가 주술성을 띤 민간요법이 널리 퍼져 있던 시대이기도 하였다. 이렇게 당대 사회, 의학, 궁중문화 등에 대한 이해가 선행되어야 하며, 이런 점을 번역에 잘 반영하여야 한다.

[연습] 한국의 복식인 한복에 갖추어야 하는 버선, 마고자, 두루마기, 장옷, 짚신, 한국의 전통음식인 김치, 찌개, 콩나물, 젓갈, 메주, 간장, 누룽지 등을 각국의 언어로 번역해보자.

## ② 문학 문체 차이

조선 성군의 하나로 꼽히는 영조는 아들 사도세자를 뒤주(쌀을 저장하는 나무상자)에 갇혀 죽게 하였다. 이때 사도세자의 부인인 혜경궁 홍씨는 『한중록』이라는 작품을 통해 당시의 정황을 표현하였다. 이 글의 원문 및 영문번역을 소개하면 다음과 같다.

▶ **원문**

내 유시(幼時)에 궐내로 들어와 서찰(書札)왕복이 조석(朝夕)에 있으니 내 집에 내 수적(手迹)이 많이 있을 것이로되 입궐(入闕)후 선인(아버지)께서 경계하시되 외간 서찰이 궁중에 들어가 흘릴 것이 아니요 문후안(問候安) 이외에 사연이 많기가 공경하는 도리에 가(可)치 아니하니 조석 봉서(封書)회답에 소식만 알고 그 종이에 써보내라 하시기 선비(어머니)께서 아침저녁 승후(承候)하시는 봉서에 선인 경계대로 종이머리에 써보내옵고 집에서도 또한 선인 경계를 받자와 다 모아 세초(洗草)하므로 내 필적이 전함직한 것이 없는지라.

▶ **역문1**

I was a mere child when I came to the court, and wrote twice a day to my parents. However, none of this correspondence has survived, because at that time my father warned me not to leave my mother's letters lying about the court, nor to write at too great a length myself, but rather to send back a short greeting appended to each note from my mother. This I did, and once the note, with my few words of greeting, had been read by my parents, the brush stokes were erased.

▶ **역문2**

After taking up my life an Court it was my habit to exchange letters with my family twice daily, once in the morning and once in the evening. In spite of the large number of letters I wrote, however, none has been preserved. Shortly after I entered the Palace, my father issued a warning. "Letters you receive from those outside the Court must not be allowed to circulate freely in the Palace. Neither is it proper for your own letters to violate discretion. Therefore, you must include in your letters nothing more than respectful inquiries after our well being. Return our letters to you. You may keep them only in your memory." In compliance with my father's instruction, I composed my communications in the margins of the morning and evening letters from mother and sent them back. My father's instructions were followed at home. The letters were dipped in water so that the inked characters were rinsed from the paper without a trace. As a result, none of my letters survives.

본래의 『한중록』이 혜경궁 홍씨의 일인칭 시점에서 서술되고 있는데 역문2에서는 대화체로 번역하고 있어 원문의 문체를 제대로 살리고 있지 않다. 즉 원작품이 역사적 사실, 궁중의 상황, 사대부 가문의 법도 등을 오직 서술자의 회고를 통해 간접적으로 전달하고 있는 반면 역문2는 이를 직접적으로 전달하고 있어 그 어감이 제대로 살아나지 못하고 있다.

이와 같은 오류는 한국에서 셰익스피어의 작품을 번역할 때도 종종 일어나던 문제이다. 즉 원래 셰익스피어의 4대비극은 희곡으로 대화체의 문장으로 되어 있으나 한국에서는 소설처럼 서술식으로 번역되는 경우가 많은데 이런 점은 결국 희곡의 극적 요소를 반감하게 되는 것이다.

## 4) 독자의 문제

영화에서 등급은 늘 논란거리가 된다. 즉 선정성과 폭력성 등 자라나는 청소년이나 어린이들의 정서에 심각한 영향을 끼치는 장면이 있을 경우 그 영화는 성인영화로 분류되며 구체적으로 19세 미만에게는 보여줄 수 없게 되어 있다. 이럴 경우 전체관람가에 비해 그만큼 관객수가 줄어들게 된다. 그러기에 영화의 경우 제작 당시부터 대상을 설정하게 된다.

문학작품 역시 예외가 아닌데 그렇게 만들어진 문학작품을 번역할 때 번역 독자에 맞게 한다는 의도로 원작품을 훼손하는 일이 정당하느냐는 것이다. 예를 들어 『걸리버 여행기』의 경우 다이제스트로만 보면 걸리버라는 모험가가 소인국이라는 상상의 공간에서 벌어지는 다양한 모험을 즐기다가 돌아온다는 재미있는 이야기지만, 원작을 보면 당대 궁전의 허례, 왕족의 교만, 고관들의 아첨, 정치의 부패, 정당과 종파의 무의미한 싸움, 학문의 편협성, 재판의 불공평 등등 인간이 만들어낸 모든 제도 · 문물 · 관습을 풍자한 작품으로 평가된다. 특히 제4부 말나라 편은 인간성의 문제까지 지적하고 있는데 동화에서는 대개 생략하는 경우가 많다. 이는 어린이용 책이 아닌 원작품을 어린이용으로 만들다 보니까 생기는 문제이기도 하다.

번역은 시대마다 달라져야 한다는 말이 있는데 이는 독자를 중시한 번역론이다. 그리고 급변하는 문화 속에 살고 있는 우리의 현실을 반영한 말이기도 하다.

한국에서 명작동화가 주로 번역되던 시기인 70~80년대는 아이들의 상상력을 키워주는 동화와 훈계, 계몽 관련 동화가 유행하였다. 사회현실을 직시할 수 있는 '성숙(?)'한 내용은 어린이용이 아니라고 생각했다. 그러므로 영화에서 편집을 하듯이 기존의 유명한 작품 가운데 '성

숙(?)' 한 내용을 편집하는 일을 당연시하였다. '지루하다'는 요소 역시
제거 대상이었다. 최근 서울대학교에서 『서유기』 완역본을 출판하였는
데 여기에는 주인공 손오공이 남다른 재주와 수명을 얻는 과정은 물론
삼장법사의 출생과 구도 과정 등이 자세히 소개되어 있으며, 또 많은 시
가작품이 곳곳에 담겨 있다. 이러한 점들이 '지루'와 '성숙'의 잣대에
걸려 아동용 『서유기』에서는 가차 없이 삭제된다. 예를 들어 삼장법사
의 출생과정을 보면 다음과 같다.

> 본래 삼장법사의 아버지는 관료로 부임하고 있었는데 도적이 침입하여 이 아
> 버지를 죽이고 어머니를 부인으로 삼고 자신이 관료의 역할을 한다. 어머니는
> 당시 삼장법사를 임신하고 있었으므로 자신까지 죽으면 집안의 대가 끊어질
> 것을 걱정하여 굴욕의 나날을 견디며, 마침내 자식을 낳아 절에 보내어 자식
> 의 목숨을 보전하게 한다. 나중에 이런 정황이 밝혀져서 도적은 죽임을 당하
> 는데 어머니 역시 자신의 몸이 더럽혀졌다며 자결한다.

한편 손오공이 태어나는 돌이 있던 화과산을 묘사한 시 번역을 예로
들면 다음과 같다.

> 기세는 광대한 바다를 누르고
> 위세는 아름다운 신선의 바다처럼 신령하다.
> 기세가 광대한 바다를 누르니
> 은산 같은 물결 치솟을 때 물고기들은 구멍으로 숨어들고
> 위세가 아름다운 신선의 바다처럼 시원하니
> 파도가 눈 같은 물결 뒤집을 때 조개는 깊은 못을 떠난다.
> 목화의 방위인 동남쪽에 흙이 높이 쌓이고
> 동해가 있는 곳에 높은 봉우리가 치솟았다.

괴상한 바위 가득한 붉은 바위 벼랑.

기이한 봉우리를 감싼 깎아지른 절벽

붉은 바위 벼랑 위에는

아름다운 봉황이 쌍쌍이 울고

깎아지른 절벽 앞에는

기린이 홀로 누워 있다.

봉우리 꼭대기에선 이따금 금계의 울음소리 들려오고

바위 동굴에는 항상 용이 드나드는 것을 볼 수 있다.

숲속에는 장수하는 사슴과 신선계의 여우가 있고

나무 위에는 신령한 날짐승들과 검은 학이 있다.

신령한 풀과 기이한 꽃들이 시들 때가 없고

푸른 소나무와 잣나무는 영원한 청춘을 누린다.

신선계의 복숭아가 항상 열매를 맺고

기다란 대나무 숲에는 항상 구름이 머문다.

한 줄기 계곡에는 등나무와 담쟁이 넝쿨 빽빽하고

사방의 들판과 제방에는 풀빛이 신선하다.

이야말로 온갖 개천이 모이는 곳에 하늘 받친 기둥처럼 솟아 있으니

만겁의 세월에도 끄떡없을 대지의 뿌리로다.


'목화의 방위' '아름다운 봉황' '기린' '금계' '장수하는 사슴' '신선
계의 여우' '신령한 날짐승들' '검은 학' '신령한 풀' '기이한 꽃' '신
선계의 복숭아' 등 어린이에게 낯선 용어들로 이루어진 이 시는 화과산
의 신령한 모습을 묘사하였지만 어린이들에게는 지루한 서술로 여겨질
뿐이다.

대개 완역은 일반인보다는 '학자'를 대상으로 하는 경우가 많은 듯
하다. 그러기에 한국에서 '완역'을 내세운 출판물을 보면 대부분이 『논

어』『맹자』 등 경서인 경우가 많다. 이들 경서 완역본은 심지어 주자의 주까지 번역하여 번역의 완성도를 높이고 있다.

이 『서유기』의 경우도 〈서울대학교 서유기 번역 연구회〉에서 옮긴 번역본으로 '반고가 혼돈을 깬 일' '서유석액전(西遊釋厄傳)' '오제(五帝)가 윤리와 기강을 정한 일' 등에 대한 주석을 각 장에 미주로 붙이고 있다. 이는 번역을 연구처럼 수행한 결과로 결국 연구를 주업으로 하는 학자를 대상으로 한 번역물인 셈이다.

이와 같은 지루함을 벗어나기 위해 시도되는 번역으로 '평역(評譯)'이 있다. 평역은 번역가가 임의로 내용의 첨삭을 가하는 경우로 한국에서는 이문열의 『삼국지』가 유명하다. 이문열은 평역의 서문에서 다음과 같이 거론하였다.

> 세월이 가면 똑같은 내용이라도 표현하는 방식과 이해하는 태도가 달라진다. 이제 이 땅에서 번역되거나 재구성된 삼국지는 대개가 한 세대(世代) 가까이 오래된 것이 됐다. 삼국지가 이 이상 더 읽혀서는 안 될 책이라면 모르되, 그게 아니라면 이 작업은 이 시대의 누군가가 해야 했다.

이전에 번역되거나 재구성된 『삼국지』가 현대 독자에게 적합하지 않기 때문에 표현방식을 새롭게 하겠다는 뜻이 담겨 있다. 이문열은 한국의 대표적인 작가로 많은 베스트셀러 작품을 창작하였는데 이 평역 『삼국지』가 자신의 작품을 합친 것보다 더 많이 팔렸다고 하니 일반 독자에게는 '완역' 보다는 '평역' 이 적당하다고 할 수 있겠다.

이상에서 살핀 바를 정리하면 번역은 어린이에게 필요한 부분을 발췌하여 번역하는 초역(抄譯), 일반인에게 흥미 있게 읽힐 수 있도록 가감하는 평역(評譯), 학자들이 정확하게 이해할 수 있도록 주석까지 첨부하는 완역(完譯) 등으로 나누어짐을 알 수 있다.

완역은 어린이나 일반인에게 지루할 것이요 초역은 학자들에게 무용할 것이다. 즉 같은 시대에 살더라도 독자의 수준에 따라 필요로 하는 번역은 다른 셈이다.

시대변화에 따른 새로운 번역의 필요성에 대해 논한다면 학자의 경우는 하나의 완역이 있다면 상당히 오랜 시기 동안 이를 통해 원작을 이해할 수 있을 것이다. 그러나 어린이의 경우는 보다 잦은 초역의 개작이 필요하고 일반인은 그 중간에 위치할 것이다. 그러나 훌륭한 초역과 평역을 위해서는 일차적으로 완벽한 완역이 선행되어야 함은 말할 것도 없다.


## 3. 문화의 범주
### — 나이다Eugene A. Nida의 문화범주론

나이다는 일찍부터 번역 문제에서 문화의 중요성을 인식하고 있었다. 그는 1945년 「번역 문제에 있어서의 언어학과 문화인류학 Linguistics and Ethnology in Translation Problems」이란 논문을 쓴 이래 1954년 『풍습과 문화Customs and Culture』, 1957년에 『언어, 문화와 신학Language, Culture and Theology』, 1981년 『문화간의 의미 Meaning Across Cultures』, 1993년 『언어, 문화와 번역Language, Culture and Translating』 등 문화와 번역에 관련된 연구서를 많이 집필하였다. 그는 또한 미국성서공회의 번역분과 책임자로 1970년에서

1980년까지 번역연구분과를 이끈 인물이다. 종교서적의 번역자들이 그렇듯이 나이다 역시 원문을 그대로 번역하는 등가번역을 추구하면서 일찍부터 문화의 차이에 의한 문제에 부딪치게 되었으며, 이것이 그를 문화 중시 번역가로 활동하게 한 듯하다. 여기서 문화의 차이란 예를 들어 이혼이란 제도가 존재하는 사회에서 통용되는 '이혼청구권'이라는 용어를 그런 제도가 없는 사회에서 번역하는 방법에 대한 고민 같은 것이다.

나이다는 이런 문제들을 극복하는 방법에 대해서도 연구를 했지만 기본적으로 문화인류학자들과는 달리 번역이론가로서 독자적으로 문화적 차이를 범주화하는 작업을 수행하였다. 나이다는 문화차이의 범주를 생태학, 물질문화, 사회문화, 종교문화, 언어문화 등 5가지로 분류하였는데 각각의 예를 들어보면 오른쪽 표와 같다(문화인류학자들은 문화의 범주를 경제체계, 사회체계, 관념체계, 언어체계 등 4가지로 나누었다).

나이다가 문화 번역의 범주를 설정할 때 우선적 대상으로 삼은 것은 주로 마야와 같은 고대문화국가였으며, 이들과 서구유럽문화의 차이에 대해 논의하였다. 즉, 주로 문화적 격차가 큰 곳을 대상으로 하였다고 할 수 있다.

이처럼 고대문화족에 주목한 이유는 먼저 당대 문화인류학의 대상이 대개 원시부족이었기 때문이기도 하지만 나이다는 성서가 보급되지 않은 원시부족에게도 성서를 보급하려 하였고 이런 차원에서 기독교가 전파되지 않은 원시부족에게 성서의 내용을 등가적으로 전달하기 위한 방법에 대해 고심하다 보니 특히 원시부족의 언어와 문화에 남다른 관

| 종류 | 내용 | 내용 |
|---|---|---|
| 생태학 | 기후, 강수량, 동식물, 자연 지형 등이 차이 나는 경우 | 아마존 밀림지역 주민에게 '사막'을 설명하는 방법, 30미터 구릉이 전부인 인도, 유카탄반도에서 '산'을 설명하는 방법, '강'이나 '호수'를 본 적이 없는 지역 사람들에게 이를 설명하는 방법 등 |
| 물질문화 | 옷, 음식 등의 명칭 차이 | 프로방스지방에 있는 재료, 효모 성분, 무게, 굽는 정도 등에 따라 다른 'la baguette' 'le boulot' 'la chenille' 'le chemin de fer' 등 50여 가지의 '빵'이름 |
| 사회문화 | 사회적 명칭 차이 | 동일한 하층민을 갖지 않은 사회에서의 계층 지칭. 'avunculus' 'patruus' 등 |
| 종교문화 | 이념적 경험세계가 다른 경우 | 기독교 종교용어인 'Saintete' 'possession par l'esprit prophetique' 'Esprit-Saint' 등을 아즈텍어로 번역하는 방법 |
| 언어문화 | 언어에는 언어구조에 따라 다른 사고 구조가 존재 | |

심을 가졌을 것으로 추정된다. 그러기에 『종교텍스트의 번역The Translation of Religious Texts』(1963), 『라틴아메리카에서의 종교적 삶에 끼친 아프리카의 영향African Influence in the Religious Life of Latin America』(1966), 『헤브라이어 1을 남 링구아어로 번역하는 어려움Difficulties in Translating Hebrews 1 into Southern Lengua』(1967), 『신약을 Haitian Creole로 번역하기Translating the New Testament into Haitian Creole』(1967) 등 성서 번역에 대한 글을 많이 남겼다.

나이다에게는 이런 종교적 편향성이 있어서 문화 범주를 명명하는

데 있어서 문화인류학자들이 '관념문화'로 분류한 부분을 '종교문화'로 축소하고 종교 외의 인식 분야를 배제하였다. 이런 점이 나이다의 한계이지만 그래도 번역에서 문화의 중요성을 일깨워주었으며, 번역을 할 때는 원어권과 역어권 사이에 '물질문화'에서 '정신문화'까지 문화 전반에서 나타나는 차별성에 주목하게 하였고 번역가에게 늘 이런 문제를 어떻게 해결할 것인가에 대해 경각심을 가져야 함을 환기시켜준 점은 높게 평가할 만하다.

나이다가 구분한 5가지 문화 범주는 문화인류학자들이 나눈 4종류보다 1종류가 증가되었는데, 이는 '생태학'으로 문화인류학자들이 '경제체제'에 포함시켜 다루었던 부분을 독자 범주로 독립시킨 셈이다. '생태학'이란 인위적으로 조작하지 않은 자연에 해당되므로 인간이 사회를 이루면서 인위적으로 만들어낸 각종 문화와는 대별된다. 일견 이 생태학은 문화와 대립적이므로 문화의 범주로 다루는 것이 적절하지 않은 듯하다. 그러나 자연환경은 인류가 처음으로 세계관을 형성할 때 영향을 미친 존재이므로 문화의 차이를 발생시킨 대표적인 문화소라 할 수 있다. 저자는 생태학과 관련해서는 다음과 같은 문제들이 제기된다고 하였다.

> 건기와 우기로 나누어진 기후를 가진 마야에서 기후, 강수량, 식물의 성장 사이클이 아주 다른 4계절의 존재를 어떻게 번역할 것인가? 열매도 맺지 못하고 야생으로 자라며 종류도 하나밖에 없는 지역의 '무화과나무'를 마야어로 어떻게 번역할 것인가? 식물학적으로 포도나무와 닮았지만 열매도 맺지 않고 야생에서 자라는 식물을 가리키는 단어의 개념을 '포도나무'로 번역할 수 있을까?

여기서 제기한 의문은 한마디로 생태적으로 다른 자연환경에 있는 역어권 사람들이 어떻게 경험한 적이 없는 환경에 대한 어휘를 이해할 수 있겠느냐는 것이다. 그런데 이렇게 인간이 만든 것은 아니지만 인간의 경험을 통해 동일한 경험을 한 같은 민족 구성원에게는 전달이 쉽지만 같은 경험을 갖지 못한 역어권 사람들에게는 이해시키기 어렵다. 그런 점에서 저자가 말하는 생태학적 환경은 인간 경험에 반영된 자연문화소로서 그 중요성을 인정할 필요가 있다. 그러므로 나이다가 '생태학'을 문화 범주의 한 종류로 독립시킨 점은 높이 평가할 만하다.

생태학을 제외하고 인간이 만들어낸 네 개의 문화는 모두 사회를 형성하면서 만들어낸 문화라는 점에서 공통점이 있다. '물질문화'와 '사회문화'가 형태가 보이는 외면적 문화라면 '언어문화'와 '종교문화'는 정신생활과 연관된 내면적 문화이다. 그런데 나이다는 기독교적 관점과 번역학적 관점에서 논의하였으므로 내면적 문화를 '종교문화'와 '언어문화'로 양대별하였다. 또한 그 예로 'Saintete' 'possession par l'esprit prophetique' 'Esprit-Saint' 등과 같은 종교 관련 용어를 아즈텍어로 번역하는 것이 언어학적으로 어려운 문제라고 하였는데 여기서 우리는 성서를 모든 언어로 번역하고자 했던 나이다의 고민을 엿볼 수 있다.

문화인류학자들이 '관념체계'라고 한 부분을 '종교문화'라는 용어로 축소시킨 것도 그가 지닌 관심의 방향을 보여주며, '종교문화'라는 용어는 자기 세계의 종교를 타문화권에 전달·이식하려 한 종교우월주의를 보여주는 배타적인 용어라고까지 할 수 있다. 이처럼 이 용어는 정치적 이데올로기나 철학, 종교라고 할 수 없는 민속신앙 등을 포괄할 수 없는 협소한 용어이므로 문화인류학자들이 쓴 '관념체계'라는 용어로 환원할 필요가 있다. 다만 '관념'이라는 용어는 실제와 동떨어진 공상적 의미를 다분히 내포하고 있으므로 필자의 소견으로는 '정신문화' 라는 용어가 더 적합할 듯하다(여기서 '관념' 이란 말보다 '정신' 이란 말을 선택한 이유는 대개 '관념' 은 현실에서의 실천을 고려하지 않은 용어로 인식되기 때문이다).

이상에서 거론한 나이다 문화 범주의 특징을 정리하면, '물질문화' 와 '사회문화' 는 문화인류학자들이 분류한 '경제체계' 와 '사회체계' 에 해당된다. 경제체계에서는 '산업' 과 '생산과 분배' 등 생산활동을 중시한 반면 '물질문화' 에서는 인간 생활에서 기본적인 '옷' 과 '음식' 의 요소를 중시하였다. 사실 문화차이 면에서 본다면 생산양식보다는 의식(衣食)생활에 민족 고유의 성격이 잘 드러나며, 그만큼 문화차이가 잘 드러나는 분야이므로 '경제' 라는 용어보다는 '물질' 이 보다 적절한 용어라 할 수 있다. 다만 '물질문화' 의 경우 내용에 있어서 옷, 음식 외에도 주거생활이라든가 현대의 문명이기(文明利器)들을 포괄해야 할 것이다. 나이다가 주거생활이나 문명이기들에 대해 별도로 거론하지 않은 이유는 성서 속의 유대인들의 생활 자체가 유목민적 성격을 띠고 있어 간단하며, 문명이기는 현대의 산물로 당대에는 없는 요소이기 때문이다. 그러나 번역학자들의 번역 텍스트는 보다 포괄적이므로 세계적으로 보급되어 보편성을 얻어가고 있지만 아직도 현대화의 차이에 의해 문화소의 역할을 하고 있는 문명이기나 다양한 주거 형태를 적절하게 번역해야 하는 문제도 아울러 고민해야 한다.

'물질문화' 는 5종류의 문화 중에 다른 어느 것보다 중요하다. 민족마다 물질생활에 차이가 있으며, 물질생활의 친근성 때문에 이 차이는 누구나 확연히 느낄 수 있다. 물질문화는 문화차이를 변별할 수 있는 대표적인 문화소로 평가되기 때문이다. '사회문화' 는 인간이 집단을 이루고 살아가면서 생긴 공동생활의 규율과 같은 것으로 유·무형의 문화가 함께 존재한다. 그리고 이 사회문화 역시 가족제도에 있어서 일부일처 제인 사회와 일부다처제인 사회가 존재하듯이 사회마다 다양한 양상을 보인다. 아울러 자신들에게 익숙한지 여부에 따라 선호하는 경우와 기피하는 경우가 분명하므로 사회문화를 제대로 이해하기 위해서는 현상적 모습뿐 아니라 이를 향유하는 민족의 내면 정서까지 습득해야 한다. 이런 사회문화소를 습득한 번역가만이 제대로 된 번역을 할 수 있다고 해도 과언이 아니다.

나이다의 문화 범주는 문화인류학자들의 문화 범주를 번역의 중요성에 따라 재설정한 대표적인 시도로 평가할 만하다. 일부 누락된 부분과 포괄성의 한계를 보이기는 했지만 이는 나이다가 기독교의 관점에서 성서를 여타 언어로 번역해야 한다는 사명감을 바탕으로 '종교문화'와 '언어문화'에 대해 남다른 애착을 갖고 있었기 때문에 용어 선택과 범주 선택에 있어서 약간의 결점을 보인 것으로 여겨진다.

한편으로 이런 한계는 서구우월주의의 산물이기도 하다. 예를 들어 '정신문화'에서 종교와 민간신앙은 '믿음'을 매개로 한 대등한 신앙 형태로 인식되지만 '종교문화'에서 민간신앙은 종교가 지닌 보편성이 결여된 특수신앙으로 보편화 이전의 '미개' 상태를 연상하게 한다. 특히 한국처럼 유교가 보급되면서 이른바 '미신'이라는 이름으로 많은 민간 신앙들이 사라지고 기독교가 보급되면서 근대 계몽이라는 이름으로 그나마 남아 있던 민간신앙들이 수난을 겪었던 국가에서 '종교'라는 용어의 의미는 단순하지 않다.

한국의 전통문화를 정리한 『우리문화 길라잡이』에서는 음식, 복식, 주생활, 일생과 세시풍속, 민속신앙, 멋, 상징과 특산물 등을 분류기준으로 삼았다. 이 중에 음식, 복식, 주생활, 풍속, 멋(멋에는 음악, 미술, 무용, 놀이 등 예술과 놀이 관련 문화가 속해 있다), 특산물 등은 모두 물질문화에 속하는 것으로 실생활과 연관된 물질문화가 가장 기본적인 문화임을 알 수 있다.


## 4. 외국어 교육에서의 문화 중시

운전을 잘하려면 실제 차를 능숙하게 다루는 기술도 중요하지만 목적지까지의 교통상황을 잘 아는 것도 중요하다. 이와 마찬가지로 외국어를 잘하려면 어휘를 많이 알고 어법에 맞게 말하는 것도 중요하지만 그 말에 담긴 문화적 의미를 이해하는 것이 중요하다.

중국에서 대외한어교학에 다년간 종사했던 정당(程棠)은 문화어의 필요성에 대해 다음과 같이 말했다.

> 총괄하면, 외국어 전공은 언어를 기초로 하되 문화와 문학으로 받쳐줘야 한다. 언어 학습과 문화 학습은 상호 보완적 관계이지 상호 모순적인 관계가 아니다.

이런 인식을 바탕으로 중국의 대외한어 교과과정에는 문화에 대한 다양한 강의를 개설하고 있는데 중국의 대외한어교학을 위해 중국언어문화전업(中國語言文化專業)에 설치한 과목을 보면 다음과 같다.

**〈필수과목〉**
어문학전공과목 — 中國現代文學, 中國當代文學, 中國古代文學

지역 및 문화론 — 中國槪況, 中國文化槪說, 當代中國社會政治, 中國
　　　　　　　　近代歷史, 中國古代歷史, 中外文化交流史, 中國文
　　　　　　　　化和藝術, 漢語和中國文化, 中國主要哲學思想流波,
　　　　　　　　體育(中華武術)

〈선택과목〉

어문학전공과목 — 中國文學專題研究, 漢字的歷史和現狀
지역 및 문화론 — 中國旅遊文化, 中國民俗文化, 中國社會與生活,
　　　　　　　　中國少數民族槪況, 中國人生理論和價値觀, 中國文
　　　　　　　　化傳統思想, 中國婦女生活, 道敎佛敎與中國文化,
　　　　　　　　中國宗敎, 中國經濟和經濟政策, 中國法律制度,
　　　　　　　　中國對外經濟關係, 中國對外政策和對外關係, 中國
　　　　　　　　歷史專題研究, 中國文化史專題研究, 中外比較文化
　　　　　　　　專題研究

　이 과목들은 기본적인 언어습득이 이루어진 외국인을 대상으로 선정
된 중급 과목으로 지역 및 문화론에 대한 과목이 압도적으로 많다. 이를
문화인류학의 문화 범주로 나누면 다음과 같다.

－ 경제체계 : 中國經濟和經濟政策, 中國對外經濟關係, 中國對外政策和
　　　　　　對外關係
－ 사회체계 : 當代中國社會政治, 中國近代歷史, 中國古代歷史, 體育(中
　　　　　　華武術), 中國民俗文化, 中國社會與生活, 中國婦女生活,
　　　　　　中國歷史專題研究, 中國文化史專題研究, 中外比較文化專

　　　　題研究, 中國法律制度

- 관념체계 : 中國文化和藝術, 中國主要哲學思想流波, 中國人生理論和
　　　　　　價値觀, 中國文 化傳統思想, 道敎佛敎與中國文化, 中國宗
　　　　　　敎
- 언어체계 : 漢語和中國文化
- 종합체계 : 中國槪況, 中國文化槪說, 中外文化交流史, 中國旅遊文化


　　위에서 설정한 종합체계의 문화 전반에 대한 강좌나 사회체계에 소
속시킨 역사 관련 강좌 등은 모두 경제, 사회, 관념, 언어에 두루 걸치는
내용을 다룬다고 할 수 있다. 다만 역사강좌의 경우 대개는 정치 위주로
기술되므로 사회체계에 소속시켰을 뿐이다.

　　타일러Sir E. B. Tylor가 『원시문화』에서 지적한 것처럼 문화란, “인
간이 사회의 일원으로서 습득한 지식, 믿음, 예술, 도덕, 법률, 풍습, 그
리고 다른 능력들과 습관을 포괄하는 복합체”라 할 수 있고 그만큼 각
체계가 연결되어 있어 엄격히 분별하기는 어렵다. 그러나 ‘언어’는 한
과목밖에 설정되어 있지 않은 위의 체계에서 보듯이 언어 외적인 문화
요소의 습득이 진정한 외국 언어 이해의 관건임을 알 수 있다.


## 번역의 실제

　　본 장에서는 문화를 고려한 번역의 실례로 최근에 한국에서 유행하
는 문학작품을 예로 들어 살펴보았다.

## 1) 성석제의 「딸기」

**강의목표**: 본 강의는 문학 번역의 심화 과정으로 외국인 번역사에게 한국 문화의 특성을 이해시켜 문화의 차이에서 오는 오역을 축소시키는 데 목적이 있다. 이 소설은 단순히 저자의 경험을 통해 한국에서의 딸기를 비롯한 과채류 생산과 유통에 대한 문제점을 지적하고 있는 듯하다. 그러나 이 작품의 배경이 되는 1980년 5월은 바로 한국 현대사의 비극인 5·18 광주민주항쟁이 있었던 시기로 이 소설은 그런 시대적 상황과 관련이 있다. 본 강의에서는 이런 시대적 상황을 저자가 원예농업의 생산과 유통 문제와 관련시키는 양상에 대해 논의함으로써 한국 문화의 이해를 심화시킨다.

**강의교재** : 성석제 단편소설 「딸기」

**강의방법** : 본 강의에서는 수업 전에 학생들에게 교재를 나누어주고 번역을 해오게 하여 학생들이 번역 과정에서 느끼는 문제점을 단어, 구, 문장, 전체 내용 순으로 점검한다. 문면에 나타나지 않는 행간 이해 여부를 중점적으로 점검하여 심화 학습을 하며, 이런 행간의 내용을 적절히 파악하고 번역하는 방법에 대해 논의한다.

**강의내용** : 본 교재의 내용은 광주민주항쟁 시기에 원예농업의 생산과 유통에 참여하게 된 한 청년의 경험을 배경으로 하고 있다. 내용의 이해를 위해 몇 가지 배경 설명을 하면 다음과 같다.

## 5 · 18 광주민주화항쟁

- 유신체제의 붕괴와 신군부의 등장: 1979년 10 · 26 사태로 박정희 전 대통령이 피살된 후 전두환 전 대통령을 중심으로 한 하나회 신군부가 정권을 장악하게 됨.
- 서울의 봄과 5 · 15 서울역 시위: 1980년 해직 교수 복귀, 교수 평의회 및 총학생회 부활 등을 통해 학원 민주화와 노동조합 활성화로 5월 15일 20만 학생 · 시민이 계엄 철폐와 민주화 요구 시위를 벌임.
- 5 · 17 내란과 계엄군의 광주 투입: 신군부는 계엄을 전국에 확대하고 광주에 있는 대학들에 계엄군을 투입함.
- 계엄군의 무력행위와 시민군의 대항: 계엄군은 총격 및 무력으로 광주 학생 · 시민을 제압하였고 광주 학생 · 시민은 시민군을 결성하여 대항하였으나 결국은 5월 27일에 계엄군에 의해 진압되었고 관련 인물들은 체포됨.
- 그 후: 1988년 5월 '5공(전두환 대통령) 비리 특위' '광주 청문회' 등을 통해 전두환 전 대통령과 노태우 전 대통령은 심판을 받았으며 '5 · 18 광주사태'의 명칭도 '5 · 18 광주민주화운동' '5 · 18 광주민주화항쟁'으로 바뀜.

이 소설은 일차적으로 계엄 사태로 대학이 폐쇄되어 학생들이 학생 아닌 생활을 해야 하는 상황을 비판하고 있다. 그리고 왜곡되어 있는 딸기 유통 과정을 통해 당대 사회의 왜곡된 인식을 비유하고 있다. 즉 소비자(백성)를 죽이는 딸기상은 대접을 받고 그렇지 않은 딸기상은 고통을 당하는 부조리한 상황을 통해 당대 광주민주화운동에 대한 왜곡된 인식을 비판하고 있는 것이다.

**번역하기 어려운 용어 및 문장**

1. 함초롬히 이슬에 젖은 딸기,

2. 말도 안 되는 소리를 밤새 지치지도 않고 지껄이다가,

3. 함지,

4. 자꾸 말해서 미안한데(서술자 개입),

5. 어찌나 가격을 후려치는지,

6. 셀 것도 없는 돈,

7. 딸기와 힘들게 사귀었다.

8. 내 친구의 초등학교 동창 고모의 사촌동생의 아랫집에 살던 사람의 사돈,

9. 가차 없이 보여주는 것이었다.

10. "멀리 기적이 우네" — 이은하의 〈밤차〉의 첫 소절,

11. 수상쩍은 물통,

12. 무좀 걱정은 안 하게 되었을 것이다.

13. 그건 기본이니까.


### 2) 성석제의 「군대 라면」

**강의목표** : 본 강의는 문학 번역의 심화 과정으로 외국인 번역사에게 한국 문화의 특징을 이해시켜 문화의 차이에서 오는 오역을 축소시키는 데 목적이 있다. 한국은 세계 유일의 분단국가로서 아직도 이데올로기의 대립에 놓여 있으며 이를 대표하는 문화의 하나가 군대문화이다. 본 강의에서는 이 군대문화를 다룬 단편을 통해 외국인 번역사에게 한국 문화의 이

해를 심화시킨다.

**강의교재** : 성석제 단편소설 「군대 라면」

**강의방법** : 본 강의에서는 수업 전에 학생들에게 교재를 나누어주어 번역을 해오게 하여 학생들이 번역 과정에서 느끼는 문제점을 단어, 구, 문장, 전체 내용 순으로 점검한다. 문면에 나타나지 않는 행간 이해 여부를 중점적으로 점검하여 심화 학습을 하며, 이런 행간의 내용을 적절하게 번역하는 방법에 대해 논의한다.

**강의내용** : 본 교재의 내용은 한국 군대의 훈련소 생활을 배경으로 하고 있다. 내용의 이해를 위해 몇 가지 배경 설명을 하면 다음과 같다.

## 한국의 군대 개괄

- 성인 남성은 모두 입대해야 하는 국민개병제로 징병검사를 통해 입대여부가 결정된다. 입대를 하게 되면 4주간의 신병훈련을 받으며, 훈련을 마친 후 근무할 부대에 배속되어 병역기간(현재 2년 3개월) 동안 군생활을 하게 된다.

## 신병훈련소

- 신병훈련소에서는 기초군사훈련을 받는데 일과 시간에는 각개전투, 사격, 행군, 유격, 정신교육 등이 있다. 일과 시간 이후에는 휴식을 취하기도 하지만 사역에 동원되곤 한다. 연병장에 쌓인 눈 치우기나 화장실 청소 등 모든 일을 훈련병이 하게 된다. 주말에는 종교생활을 하는데 규모가 큰 훈련소는 자체 종교시설을 갖추고 있으며, 필요한 경우에는 인근 종교시설에 가도록 하고 있다.

**훈련소 급식**

－ 훈련소에서는 대개 단번에 수많은 병사를 급식해야 하기 때문에 대형 취사도구가 설치되어 있으며, 밥을 찌는 기계가 보급되어 있다.

**번역하기 어려운 용어 및 문장**

1. 이를 간다,
2. 작대기 계급장,
3. 자빠져서 잠을 자는 건 죽음을 청하는 것이었다,
4. 신의 자식,
5. 콩을 볶는 듯,
6. 두팔을 씩씩하게 흔들며 식당으로 행진해가니,
7. 하품을 해도 사형,
8. 엄마찌찌,
9. 장성급 병사,
10. 공깃돌을 놀리듯 경쾌하게,
11. 아무런 표시가 되어 있지 않은 다섯 개들이 비닐봉지,
12. 신부처럼 순결한 라면,
13. 그 라면 때문에라도 다시 군대에 가고 싶을 정도다.

# 3

# 번역가의 윤리와 의무

## 구연상

**구연상**

한국항공대학교 기초학문연구소 연구교수
한국외국어대학교 독일어과 졸업, 동대학원 철학박사
「존재와 시간 용어해설」「감각의 대화」등 저서 다수
「사르트르」「철학의 거장 4」 등 다수 번역

# 들어가기

윤리에 대한 철학적 개념이 어떻든지 간에 '번역가의 윤리' 라는 주제는 번역가의 책임 또는 의무를 말한다. 번역가가 번역(飜譯)의 일을 떠맡은 사람이라면, 번역가의 책임은 분명 '올바른 번역' 을 하는 데 있고, 올바른 번역에 대한 규정에 따라 번역가의 책임 범위가 결정된다. 윤리의 기초가 양심 또는 자율성에 놓이는 한, 번역가의 윤리 또한 번역가 자신이 양심적이고 자율적으로 설정하는 것일 수밖에 없다. 그러나 번역이라는 일 자체가 이미 공동체적 행위이기 때문에 번역가의 윤리에는 사회성이 배제될 수도 없다.

번역은 근본적으로 언어와 관련된 일로서 언어적 차이로 말미암은 의사소통의 장애를 극복하기 위한 시도이고, 번역가는 이러한 장벽을 앞서 극복한 선구자라고 할 수 있다. 번역은 세계소통의 필요에 따른 산물이긴 하지만, 번역의 가치는 상호소통을 넘어 각 개별 언어 자체의 발전을 촉발시키는 데까지 확장된다. 언어가 개인과 공동체의 정체성과 역사성 그리고 지식의 차원에서 핵심적 위치를 점하고 있는 이상 번역은 인간의 삶 전체와 관계되고, 따라서 번역가는 번역을 통해 올바른 삶에 기여해야 할 책무를 짊어지는 셈이다.

윤리에 관한 학설은 의무와 공리라는 두 개념을 중심으로 펼쳐진다. 의무론적 윤리론은 "이성적으로 생각할 줄 아는 사람이면 마땅히 따라야 할, 달리 말해, 반드시 따라야 할 행위의 보편원칙이 있다"는 전제에 기초한다. 예를 들어 "거짓말을 하지 말라!"와 같은 명령은 합리적인 모든 사람에게 보편적으로 강제될 수 있다는 것이다. 이러한 명령이 수용되는 공동체 내에서 만일 누군가 이러한 명령을 어긴다면, 그는 모든 사람에게 비난이나 지탄을 받게 마련이고, 법적으로는 그에 상응한 처벌을 받게 될 것이다. 만일 우리가 번역과 관련하여 어떤 보편적 명령을 내릴 수 있다면, 번역가는 마땅히 그 명령을 따라야 할 것이다.

반면 공리주의적 윤리론은 "사람의 행위의 원칙은 공리의 기준에 따라 상대적이다"라고 본다. 예를 들어 "경우에 따라서는 거짓말을 해도 된다!"는 예외규범은 누군가의 거짓말이 아무에게 아무런 피해도 끼치지 않은 채 공공의 이익을 증대시킬 수 있을 때 윤리적으로 정당화될 수 있다. 번역이 공공의 이익을 증대시킬 때 번역은 윤리적으로 긍정되지만, 불이익을 초래할 때는 윤리적으로 비난을 받게 된다. 만일 우리가 번역의 일과 관련하여 어떤 공리에 대한 판단을 내릴 수 있다면, 번역가는 마땅히 그 판단에 따라야 할 것이다.

그런데 번역은 창작의 영역에 속하기도 한다. 따라서 번역에는 자유가 선행되어야 한다. 표현의 자유, 출판의 자유는 그 어떤 윤리적 당위에 못지않은 핵심 가치임에 틀림없지만, 그렇기 때문에 번역의 윤리가 더욱 요청된다. 번역이 인간의 자율적 행위인 이상, 번역가의 윤리는 번역 자체의 본질로부터 길어내지 않으면 안 된다. 예를 들어 어떤 번역가가 그 번역의 품질에 비해 과도한 번역료를 받았다손 치더라도 그것은 '번역가의 윤리'와 거의 무관할 것이다. 하지만 오역의 문제는 전적으로 번역가 자신이 책임져야 할 '윤리적 문제'라고 할 수 있다. 오역의 문제가 윤리적 문제가 되는 상황은 번역과 관련해서이다.

번역가의 윤리는 실제의 번역에서 요구되는 윤리를 말한다. 이런 의미에서 번역가의 윤리는 직업윤리에 속한다. 군인(軍人/serviceperson)의 의무가 군대의 일과 관련해서 강제되고, 경찰관(警察官/policeman)의 의무 또한 범죄를 예방하고 범죄자를 잡아야 할 경찰 업무와 관련해서만 부과되듯, 번역가의 의무도 번역의 일에 대한 책임과 관련해서, 즉 번역의 올바름과 관련해서만 요구된다. 번역의 목표가 좋은 번역서(飜譯書)를 만드는 데 있다면, 번역가의 윤리는 이러한 목표에 대한 충실성에 놓이는 셈이다. 그러나 좋은 번역서란 어떠한 번역서를 말하는 것이며, 번역의 목표에 대한 충실성 여부는 어떠한 방식으로 판단될 수 있는가? 번역가의 윤리 문제는 이러한 문제들에 대한 대답을 통해 해결될 수 있을 것이다. 그런데 이러한 문제들의 밑바탕에는 번역과 관련한 가장 근본적인 문제인 "번역이란 무엇인가?"라는 난제가 깔려 있다.

번역가의 윤리가 번역의 본질부터만 요구되어 강제될 수 있을 따름이라면, 번역의 본질에 대한 해명은 윤리 문제보다 앞선 과제가 된다. 나는 먼저 번역의 본질을 한국어 '옮김'과 '뒤침'이라는 두 낱말을 통해 규정할 것이다. 이러한 규정은 흔히 말하는 '언어 번역'보다 '해석 번역'에 더 많은 무게를 두는 번역이론에 가깝지만, 그렇다고 전적으로 해석 번역을 지지하는 것만은 아니다. 다음으로 번역의 본질에 대한 논의에서 빼놓을 수 없는 '직역 또는 의역'의 문제를 검토해볼 것이다. 그런 뒤 번역에서 양자택일로 간주되는 번역 방식에 대한 문제가 사실은 번역 작품이 갖는 존재론적 이중적 성격에서 발원한다는 점을 밝혀볼 것이다. 그리고 마지막으로 번역의 본질과 번역 작품의 존재론적 성격의 기초 위에서 번역가가 갖춰야 할 윤리의 핵심을 제기할 것이다.

## 풀어내기

'번역(飜譯)'은 적어도 두 가지 이상의 말이 있을 때 요구되고, 그 말을 알고 있는 사람이 있을 때 요청되지만, 무엇보다 번역의 필요성이 생겨날 때 시도된다. 이때 말과 사람 그리고 필요성 모두 다양할 수 있다. 낯선 말을 만나기 위해서는 먼저 어머니말(모국어)을 배웠어야 하고, 번역을 위해서는 글도 이미 알고 있어야 한다. 말과 글을 배운다는 것은 사람의 삶 속에서만 가능하다.

그런데 다음의 그림을 비교해보라. 부석사 무량수전의 배흘림기둥을 등지고 바다를 본 적이 있는 사람은 절이 왜 거기에 세워져 있는지를 비로소 알게 된다. 그런 그가 아크로폴리스의 파르테논 신전을 위로 올려다보았다고 하자. 그는 그 '곳'에 세워진 기둥을 무엇이라 말하겠는가? 그는 'entasis'*와 '배흘림기둥', 이 두 낱말의 뜻이 같다고 생각할 것인가, 아니면 다르다고 생각할 것인가? 만일 그가 건축사가이고, 한 학생이 'entasis'에 대한 우리말 번역어를 묻는다면, 그는 무엇이라 대답할 것인가?

---

\* 엔타시스. 고대 그리스·로마에서 볼 수 있는 기둥 중간의 불룩 나온 부분.(편집자 주)

부석사 무량수전

아크로폴리스의 파르테논 신전

　일주문, 인왕문(사천왕문), 탑과 석등 그리고 대웅전 등의 순서로 된 절의 구조를 직접 답사해본 사람이라면, 그는 성당의 현관문, 본당문, 지성소문 그리고 제단을 지날 때 그 설계 의미를 깊이 숙고해보지 않겠는가? 새벽 3시. 사중사물(寺中四物:소가죽으로 만든 법고, 쇠로 만든 운판, 나무로 만든 목어, 쇠로 만든 종)의 '둥근 소리(원음)' 가 시방세계(十方世界)**로 울려퍼질 때 그 소리의 근본 뜻을 알고 있는 사람과 그렇지 않은 사람에게는 어떤 차이가 생겨나는가? 땅 위의 짐승과 허공을 나는 새, 물에 사는 고기와 지옥에서 고통받는 중생에 이르는 모든 것들을 빠짐없이 잠에서 깨워 사람과 더불어 법당 한자리에서 한마음으로 예불을 드리기 위한 소리라는 것을 알고 있는 사람은 새벽 3시의 '둥근 소리' 를 들을 때의 감동을 무엇이라 부를 것인가? 황홀(恍惚)? 그런데 만일 이러한 감동 속에서 쓰인 '황홀' 이라는 낱말을, 새벽 사찰을 전혀 경험해보지 못한 사람이 'ecstasy' 로 번역했다면, 그 번역에서는 무슨 일이 일어나고 있는 것인가?

　무엇이 문제인가? 이 번역자는 분명 단어 수준에서는 틀리지 않았다.

---

** 온 세계.(편집자 주)

어쩌면 그는 자신이 원저자가 마주했던 사건 속으로 결코 들어가본 적이 없음을 잘 알고 있음에도 자신의 번역이 틀렸다고는 결코 생각하지 않을 것이다. 반면 본딧글이 열어 밝혀주는 '황홀하게 빛나는 사태'에 공감하면서도 그 사태를 옮길 적당한 말을 찾지 못하고 있는 번역가를 상상해보라. 이제 그는 무엇을 해야 하는가? 창작? 그렇다면 번역은 아닌가? 만일 그가 '사건 속의 번역'을 위해 어쩔 수 없이 'round ecstasy'라는 말을 만들어냈다면, 그는 번역을 한 것인가?

## 1. 옮김인가 뒤침인가?

이 문제를 위해 이렇게 물어보자. 번역(飜譯)은 옮김인가 뒤침인가? 둘 가운데 하나를 선택하는 이러한 물음 앞에서 우리는 가끔 쩔쩔매곤 한다. 무엇보다 '번역'이란 말 자체의 의미를 정확히 모르기 때문이기도 하거니와 선택지에 해당되는 '옮김'과 '뒤침'에 대해서도 마찬가지 사정이기 때문이다. 먼저 '옮김'과 '뒤침'의 의미를 생각해보자.

### 하나. 옮김

'옮김'은 '이사(移徙)'이다. '이사'는 '살던 집을 떠나 다른 집으로 옮겨가는 것'을 말한다. '말-옮김'은 '집-옮김'과 같이 **말 자체를 바꾸는 것**일 뿐 아니라, 대개의 경우 말의 주인까지 바꾸는 것을 의미한다. 물론 한 사람이 여러 집을 소유할 수 있듯 여러 말의 주인이 될 수 있지만, 번역이 원래 본딧말을 자유롭게 쓸 수 없는 사람들을 위한 것인 한, 말이 바뀌면 그것을 사용하는 주인도 바뀐다고 할 수 있다. 그리고 이사는 살던 집은 그대로 둔 채 살림살이[이삿짐]만을 **빼**내어 다른 집에 들이는 것이듯 '말-옮김'은 본딧글[원서] 속에 깃들여 있는 모든 것들[글의 살림살이]을 꾸려내어 옮김말로 다시 풀어 쓰는 것이다. 여기서 중요한 바는 '말이 바뀐다'는 사실이다.[1]

원서(原書/본딧글)는 그것이 아무리 수많은 말로 옮겨질지라도 그 자체로는 아무런 손상을 입지 않는다. 본딧글은 옮긴글(飜譯書)에 대해 독립적이다. 반면 옮긴글은 '다시옮긴글(再飜譯書)'의 수가 늘어날수록 다양한 영향을 받게 마련이다. 경쟁하는 옮긴글들이 생겨날 수 있고, 그 옮긴글들에 대한 사람들의 평가가 서로 엇갈릴 수 있다. 즉 옮긴글은, 그것이 유일한 것일지라도, 본딧글에 대해 **완전히 독립적일 수 없다.**

우리말 '소문을 옮긴다'는 말은 소문 자체를 이 사람 저 사람에게 퍼뜨려 말한다는 것을 뜻한다. 여기서는 말이 아니라 '듣는 사람들'이 바뀐다. 누군가 '소문'을 이 사람 저 사람에게로 가져간다. 이때 말 자체는 바뀌지 않는다. 이러한 옮김은 번역이 아니다. 번역은 원저자[지은이]의 글이나 말을, 소문을 옮기듯 그렇게 그 말이나 글을 말해지거나 쓰인 그대로 가져가는 것이 아니다. 번역은 인용(引用)이 아니다. 인용은 베낌이다. 쓰여 있는 모양 그대로 똑같이 쓰는 것을 말한다. 베낌은 '부분 출판'에 빗댈 수 있다. 즉 베낌을 위해서는 '출판의 기술'만 있으면 그만이다. 베낌은 심지어 본딧말이나 옮김말에 대한 아무런 이해 없이도 가능하다. 베낌에는 '해석의 노력'이 필요치 않다.

"컴퓨터는 편리하다"라는 옮긴말에서 '컴퓨터'는 'computer'의 소

---

1) '원어(原語)'를 '본딧말'이라고 할 수 있다면, 번역어(飜譯語)는 '옮길말' 또는 '옮김말'이라 할 수 있다. 이러한 묶음틀에 따라, '원문(原文)'은 '본딧글'로, '원서(原書)'는 '본딧책(─册)'으로, '번역문(飜譯文)'은 '옮긴글'로, '번역서(飜譯書)'는 '옮긴책'으로 새길 수 있다. 또 '번역자(飜譯者)' 또는 '번역가(翻譯家)'는 '옮긴이' 또는 '옮기미'로 새길 수 있다. '옮기미'와 같은 방식의 말 만들기에 대해서는 구연상, 『공포와 두려움 그리고 불안』, 청계, 2002의 '들어가기에 앞선 글' 살핌.

리를 옮긴 것, 즉 '소리 나는 대로 적은 것' 이다. 이 경우는 '소리 베낌' 이라 할 수 있다. 조선조 최세진은 말소리를 바꾸어 적는 것을 '반역(反譯)' 이라고도 하였다. 여기에서의 '반역' 은 '번역' 과 같은 의미로 쓰인 것이고, 적어도 최세진의 『노걸대』 『박통사』에서만은 '번역' 이나 '반역' 은 한어의 발음을 훈민정음 식으로 옮겨 적는 문제를 의미한 것이었다. 그렇지만 조선조에도 번역이란 낱말은 오늘날과 크게 달리 쓰이지는 않은 것 같다. 실제로 『조선왕조실록』을 검색해보면 '번역' 은 245개의 기사에 등장할 정도로 보편적으로 쓰였다.[2]

우리말 번역에 들어맞는[해당(該當)하는] 라틴어 **trans+ducere** 는 '너머로 이끌어가다' 는 낱말뜻을 갖는다. 'translation' 은 '한 언어의 장벽을 넘어서 다른 언어로 의미를 옮겨놓는 일' 이 된다. 이때 옮겨질 의미는 '원천 언어source language로 쓰인 원문의 의미' 이다.[3] 옮김의 여러 가지 장벽을 넘어 본딧글[텍스트] 속에 담긴 뜻 또는 글쓴이가 뜻하고자 하는 바를 옮김말로 그대로 말해주는 것[전달(傳達)]이 곧 'translation' 의 뜻인 셈이다.

그러나 말만 바꿔주는 데 그치지 않고 의미까지 옮겨주기 위해서는 해석이 반드시 요구된다. 훈민정음 창제 후 한문을 이른바 언문(諺文)[쉬운 글]으로 풀이한 것을 '번역' 이라 하지 않고 '언해(諺解)' 라 했

---

2) 「번역노걸대박통사범례」는 '국음(國音)', '한음(漢音)', '언음(諺音)', '방점(旁點)', '비(非)ㅸ봉(奉)ㅹ미(微)ㅱ삼모(三母)', '청탁성세지변(淸濁聲勢之辨)' 등 8개 조로 되어 있는데 이는 모두 발음에 관한 것으로, 뜻을 옮기는 문제에 대해서 언급한 것은 하나도 없다. 이렇게 말소리를 바꾸어 적는 것을 이 범례의 방점조(旁點條)에서는 다음과 같이 말하고 있다. '……其呼與國音去聲相似, 故反譯則亦一點, ……其呼勢同國音平聲之呼, 故反譯則無點, ……其聲勢同國音上聲之呼, 故反譯則亦二點……' (……그 소리가 우리나라 음의 거성과 흡사하기 때문에 반역에서도 역시 점 하나를 찍고, ……그 발음이 우리나라 음의 평성과 같기 때문에 반역에서는 점을 찍지 않았으며, ……그 소리의 기세가 우리나라 음의 상성과 같기 때문에 반역에서도 역시 점 둘을 찍었다.) 여기서는 강식진/부산대학교 중어중문학과 교수, 「최세진의 번역활동」, 『새국어생활』, 제9권 제3호, 국립국어연구원, 1999, p.36 재인용.
3) 윤성우, 「번역학과 해석학은 어디서 그리고 어떻게 만날 수 있을까?」, 폴 리쾨르, 『번역론-번역에 관한 철학적 성찰』, 윤성우, 이향 옮김, 철학과현실사, 2006, pp.29~30 살핌.

는데, 그것은 '쉬운 글로 풀어썼다' 는 낱말뜻을 갖는다. 당대 지식인들에게 한문은 번역할 필요가 없을 만큼 일상적인 문자였기 때문에 '한문 번역' 은 말하자면 '풀어쓰기'[여기서는 알아듣기 쉬운 말로 바꿔 쓴다는 뜻]에 다름 아닌 셈이었다. 반면 한문이 아닌 말을 번역할 경우에는 '신번(新飜)' 혹은 '신역(新譯)' 이라 했다.[4]

'소리 옮기기' 는 '본딧말의 소리를 소리 나는 그대로 옮김말로 적기' 가 되고, '뜻 옮기기' 는 '본딧말의 뜻을 풀어 다른 뜻이 되지 않도록 옮김말로 바꿔 쓰기' 가 된다. 말옮김에서는 말의 바뀜이 반드시 일어나야 한다. **'말의 옮김' 으로서의 번역은 본딧말로 쓰인 낱말 자체와, 그것의 소리와 뜻 그리고 그와 관련된 경험이나 이해 등의 갖가지 요소들이 한데 어우러져 만들어내는 '의미의 짜임새' 를 풀어 옮김말로써 그대로 바꿔 쓰는 것을 말한다.**

옮긴이는 본딧말의 짜임새를 파악해 옮김말로 다시 풀어쓴 뒤 그 풀어쓴 옮김말로부터 다시 본딧말로 되돌아가 자신이 직접 지은 옮긴글이 본딧글에 잘 들어맞는지를 확인한다. 이 들어맞음에 큰 문제가 없는 한 옮긴이는 자신이 풀어쓴 글을 '본딧글의 옮긴글' 로 확정한다. 이 확정은 본딧글과 옮긴글이 **'그 뜻에서 서로 다르지 않음'** 을 선언하는 것에 다름 아니다. 물론 이러한 확정은 옮긴이마다 다를 수 있다.[5]

옮긴글[번역문]이 본딧글[원문]에 잘 들어맞을 때, 즉 그 둘의 뜻이 서로 다르지 않을 때, 옮긴글은 본딧글을 '대신(代身)할 수 있는 지위' 를 얻게 되고, 이러한 **'대리(代理) 가능성'** 에 기초하여 옮긴글은 본딧글이 다루는 사안에 대한 전권(全權)을 위임받게 된다. 그런데 누군가 옮긴글

---

4) 강식진, p.35 살핌.
5) 리쾨르는 이러한 사태 — '사람에 따라 다르게 읽힐 수 있다' — 를 '텍스트의 의미론적 자율성' 이라 부른다. 윤성우, p.31.

의 '대리 가능성'에 의심을 품거나 이의를 제기하면, 그 옮긴글이 가져야 할 '전권의 권위'는 크게 떨어질 수 있고, 따라서 번역의 가치마저 잃어버릴 수 있다.

## 둘. 뒤침

번역은 하나의 말로써 다른 말을 대리할 수 있다는 전제 아래 일어난다. 부회장이 회장을 대리할 수 있고, 아들이 아버지를 대신할 수 있듯이 잉글리시를 한국어로 대체할 수 있다. 그러나 '대리 가능성'에는 이미 그 둘의 다름이 전제되어 있다. 그렇기 때문에 아버지를 대신하는 아들이 아버지만 못할 수도 있고, 그 반대일 수도 있다. 번역의 경우도 마찬가지이다. 본딧글이 옮긴글보다 뛰어날 수도 있지만, 반대로 옮긴글이 청출어람(靑出於藍)을 보일 수도 있다. 다만 옮긴이는 본딧글을 그 뜻하는 바가 달라지지 않도록 옮겨야 한다. 만일 본딧글의 뜻이 그 문체나 소리 또는 특정한 화법 등에 크게 의존해 있다면, 옮긴이는 뜻을 받쳐주는 그러한 것들[뜻받침]까지도 가능한 한 그대로 옮겨주어야 할 것이다.

번역은 말 자체는 바꾸지만 그 뜻은 달라지지 않도록 옮기는 일을 말한다. 여기서 문제는 '뜻의 다르지 않음'이 어떻게 이해되어야 하는가이다. '아 다르고 어 다르다'는 우리말은 이 문제의 심각성을 잘 말해준다. 낱말 하나만 바뀌어도 그 뜻이 달라지기 십상인데, 말 자체가 바뀌는 경우라면 두말할 나위도 없을 것이다.

**'다르지 않음'**은 '같음'을 뜻할 수 없다. 같음은 겉으로 드러날 수 있는 것들에 대해서만 적용될 수 있다. 'I love you'는 '나는 당신을 사랑합니다'와 똑같은 말이 아니다. 만일 똑같다면 특별한 경우에 한해서 그 뜻이 같다고 말할 수 있을 것이다. 특별한 경우란 사전적 정의에 의해 '사랑'이 'love'의 옮길말로 명시되어 있는 것과 같은 경우일 것이다. 이때 이 두 낱말은 '그 뜻이 서로 다르지 않은 것'으로 간주된다.

'다르지 않음'은 접근 통로[말 자체]는 다르지만 그 도달하는 곳[의미]이 같다는 것을 뜻한다. 즉 비록 말마다 그 대상이나 사태에 대해 말하는 방식[마름질 방식]은 서로 다를지라도, 우리는 그 서로 다른 말들로써 말해진 대상이나 사태를 함께 가질[공유] 수 있고, 더 나아가 이러한 '함께 가짐'의 능력을 바탕으로 하여 그 뜻을 '함께 나눌 수' 있다. 말해진 낱말 자체의 뜻도 함께 나눌 수 있을 뿐 아니라, 그 말을 말하는 까닭이나 뜻까지도 더불어 깨달을 수 있다.[6]

**말옮김은 이러한 '함께-가짐'과 '함께-나눔'의 바탕 위에서 본딧말에 맞춰 옮김말을 마름질하여 새 옷을 지어 입히는 것과 같다.[7]**

옷을 지을 때 몸의 치수를 재듯이 번역을 할 때 옮긴이는 본딧글의 치수를 재고, 옮김말이라는 옷감으로 마름질을 하여 새로운 옮긴글을 짓는다. 이때 옮긴이는 본딧말의 뜻을 잘 드러낼 수 있는 적절한 옮길말을 찾느라 이 낱말 저 낱말을 뒤적거리면서 본딧글의 뜻과 다르지 않을 옮길말을 선택해나간다. 번역은 본딧글에 담긴 뜻과 '다르지 않을' 옮길말을 선택해나가는 기나긴 과정의 산물이다.

말을 옮긴다는 것은, 그 속에 담긴 뜻이 사전적으로 또는 기계적으로 옮겨질 수 없는 한, **뒤침**으로 이해되어야 한다. 뒤침은 아기가 몸을 엎치듯 그 방향성을 달리하는 것을 말한다. 뒤침은 마치 꿀벌의 작업에 빗

---

6) 말의 '마름질 방식'에 대해서는 구연상, 「말의 얼개와 특징」, 속: 『하이데거연구』(제11집), 세림M&B, 2005 살핌.

7) 여기서의 옷은 리쾨르의 구분법에 따르자면 '신체에 외재적인 하나의 (겉)옷(vêtement)'이기보다 '의미(Bedeutung, sens)의 비물질적 영혼'에 가깝다. 폴 리쾨르, 『번역론−번역에 관한 철학적 성찰』, 철학과현실사, 2006, p.155 살핌.

댈 수 있다. 본딧글을 읽고 그 뜻을 푼 뒤 그 뜻이 달라지지 않도록 옮김말로써 말을 하거나 새 글을 짓는 것이다. 물론 뜻보다 소리나 문체와 같은 것이 보다 옮길 만한 가치가 있다고 여겨질 때는 뜻을 희생할 수도 있다. 본딧글에서 옮길 만한 가치가 무엇인지는 다양한 기준에 의해 선택될 수 있다.

번역에서의 뒤침은 서로 다른 두 말이 어딘가 잘 맞지 않아 그 말의 얼개[구조(構造)]가 잘 맞도록 이리저리 돌려 맞추는 행위를 뜻한다. 뒤침은 같은 말 안에서도 일어난다. 보기를 들어 '달리 말하면' '다른 말로 하면' '풀어 말하면' 등의 말은 '같은 사태'를 '그 말하는 방식'이 다른 말로 바꿔 드러내줌으로써 사태에 대한 이해를 높이려는 것이다. 뒤침은 이해의 편리를 위한 것이다. **뒤침은 '말하는 방식[마름질 방식] 자체'를 바꿔줌으로써 그 바뀐 방식에 익숙해 있는 사람들에게 일종의 '이해 통로'를 열어주는 것이다.**

그러나 '번역이 곧 이해'인 것은 아니다. 번역했다는 사실이 곧 본딧글을 이해했다는 것을 뜻할 수는 없다. 말만 옮기는 것도 분명 번역임에 틀림없지만, 거기에 번역되고 있는 것에 대한 이해가 빠져 있을 경우, 그 번역은 본딧글이 말하려고 하는 바에 대한 이해를 전달해주기가 어려울 것이다. 왜냐하면 뒤침이 빠졌기 때문이다. 뒤침은 말의 다름을 존중하는 태도에 기초한 옮김일 뿐만 아니라, 무엇보다 본딧글이 말하고자 하는 바 — 뜻일 수도 있고, 문체일 수도 있고, 더 나아가 그밖의 어떤 다른 것일 수도 있지만 — 를 존중하는 말옮김이다. '다른 나라 말'로 되어 있는 '짜인글[텍스트]'을 '제 나라 말'로 바꾸는 경우 바로 이 '말하는 방식 자체의 다름'이 가장 큰 걸림돌이 된다. 번역은 그 짜임새에서 서로 일치하지 않는 말들의 만남을 주선할 뿐만 아니라, 그 둘 사이에 일종의 강제 협약을 맺게끔 하는 행위이다.

번역이 비록 다양한 목적에서 발생하긴 하지만, **번역 자체는 근본적으로 알림을 목적으로 한다.** 옮긴글[번역문]은 본딧글이 있다는 사실을 알릴 뿐 아니라, 그 글이 옮겨질 필요가 어디에 있는지, 그리고 그 글 속에 담긴 다양한 내용들을 사람들에게 알린다. 알림은 알도록 해줌, 즉 앎에 대한 일종의 허락이나 허용만을 뜻할 뿐이다. 알림에서 무엇보다 먼저 갖춰져야 할 사항은 알림 형식에 대한 공유이다. 알림의 기호체계 자체를 함께하지 못한다면 알림은 없다. 암호는 그것을 공유할 수 있는 사람들에게만 무엇인가를 알릴 수 있다. 이런 의미에서 **번역은 낯선 기호체계를 익숙한 기호체계로 변환해주는 작업을 통해 이루어진다.**

그런데 말이란 '기호 너머의 기호'이다. 말이란 약속에 의해 만들어진 기호라기보다 그러한 기호를 가능케 하는 것이다. 말은 기호들 사이의 '약속 체계'와 같은 닫힌 체계가 아니라, 어떤 것 — 세계 또는 마음 — 의 얽히고설킨 관계를 상징적으로 마름질하는 옷이다. 말은 거울처럼 세계를 대칭(對稱)적으로 비추는 것도 아니고('꽃잎'이란 말은 '❀'이 거울에 비친 모습이 아니다), 세계의 지도(地圖)도 아니며('온천(溫泉)'은 '♨'과 달리 어떤 장소를 나타내는 표시가 아니다), 세계로 나아가는 유리창(琉璃窓)도 아니다. 마름질된 옷으로서의 말은 '말-거리[말해지고 있는 것/대상]'에게 나름의 꼴[형태]을 입히고, 그로써 그것[말거리]이 구체적인 모습으로 드러날 수 있게 해주는 반면, 동시에 그것 자체의 본모습을 숨기거나 가리기도 한다. 말은 문명의 상징이다. 사람들은 말을 통해 이 세상을 규정된 범주화 방식들, 즉 상징들의 체계로 만난다.

옷이 여러 구성요소들로 지어지듯 말 또한 다양한 요소들로써 이루진다. 이러한 요소들의 결합을 '말의 얼개'라 부르기로 하자. 말은 벌거 벗은 임금님이 입었던 '투명–옷' 같은 것이 아니라, 역사적 특이성을 갖는 옷이다. '둥근 사각형'처럼 실제로는 없는 것에 대한 말도, 그 말 자체가 발생하는 순간 마치 그러한 사각형이 어딘가 있을 것만 같다는 착각을 불러일으킬 수조차 있다. 말마다 생겨나 자라온 역사가 다르듯 말이 말할 수 있는 능력[낱말의 수, 범주화의 범위 등]이나 방식[문법적 형식들]에도 많은 차이가 있다.

말을 바꾼다는 것은 옷을 바꿔 입는 것에 빗댈 수 있다. 말하는 사람 의 신분이나 그 마음가짐만이 아니라 그 말해진 내용까지 바뀔 수 있고, 무엇보다 '말의 얼개 자체'가 바뀐다. 이 얼개는 그대로 옮겨질 수 없는 것이다. 마치 『햄릿』이라는 문학작품은 옮길 수 있어도 문학 자체는 옮 길 수 없듯이 말이다. 문화 또한 마찬가지이다. '문화 번역'이라는 말은 '문화 옮김'일 수는 없고, 다만 '문화의 한 작품을 옮김으로써 그 작품 속에 깃들어 있는 문화를 맛보게 하는 것'일 수는 있다.

말이 만들어지는 가장 기본적인 방식은 '줄–짓기'인데, 이로써 만들 어질 수 있는 줄의 수는 거듭제곱의 원리를 따른다. 하지만 말의 사슬은 숫자와 같은 기호의 수열과는 다르다. 모든 수열이 하나의 의미 있는 숫 자이지만, 말의 가능한 모든 사슬이 다 의미를 갖고 있지는 않다.[8] 즉 말에는 사용되지 않은 채 남아 있는 '빈 사슬들'이 있고, 그 사슬들은 경험을 통해 구체적으로 형상화되며, 경험은 거꾸로 말로써 범주화되 어 분류된다. 말의 성립은 사건적으로 일어난다. 말의 성립 사건에는 말 자체, 공동체성 또는 시대성, 사태성 그리고 말하미 자신 등이 속한다.

---

8) 조지 밀러, 『언어의 과학The Science of Words』, 강범모, 김성도 옮김, 민음사, 1998, p.40 : "언어적 신호들은 숫자와는 다르다. 모든 수열은 하나의 의미 있는 숫자이지만, 모든 음성의 직선렬이 의미 있는 메 시지를 담고 있는 것은 아니다."

즉 하나의 낱말이나 문장이 실제의 것으로 성립되고 발효되기 위해서는 다양한 요소들이 한데 어우러지는 사건이 발생해야 한다.

**번역은 단순히 말의 짜임새만을 바꾸는 것이 아니라 '말을 성립시키는 사건'이기도 하며, 따라서 경험이나 생각의 방식에까지 영향을 미칠 수 있다.** 우리는 번역을 통해 말 자체의 연결 가능성을 풍요롭게 할 수 있을 뿐더러, 경험이나 생각의 다양성을 키울 수 있지만, 반면 말의 혼란을 불러들일 수도 있고, 역사적으로 형성되어 온 범주화의 틀을 뒤흔들 수도 있다.

번역의 본질은 **'뒤쳐 옮김'**이라고 할 수 있다. 번역은 '본딧글의 뜻하는 바를 뒤쳐 그 뜻에서 다르지 않은 옮길말로 바꿔 옮기는 일'을 말한다.


## 2. 직역인가 의역인가

이제 옮김의 구체적 방법들에 대해 생각해보자. 번역(飜譯)은 반역(半譯)밖에 안 된다든지, 필연적으로 반역(反逆)일 수밖에 없다든지 하는 말이 있다.[9] 이러한 사태를 표현하는 다음의 도이치말[독일어]을 보라.

> 번역은 여자와 같다. 곧으면 아름답지 않고 아름다우면 곧지 않다.
> Übersetzungen gleichen den Frauen: sind sie treu, so sind sie nicht schön,
> und sind sie schön, so sind sie nicht treu.[10]

---

9) '번역자는 반역자Traduttore tradittore'라는 이탈리아의 경구를 말함.

안삼환은 보통 '충실(忠實)하다'와 '절개(節槪)가 있다'로 옮겨지는 도이치 형용사 '트로이treu'를 '이래 저래 썩 만족스럽지가 않다'는 이유를 들어 '곧다'는 말로 뒤치면서 이 비유가 문학작품의 번역이 필연적으로 떠안을 수밖에 없는 갈등, 즉 원문에의 충실성과 도착언어(到着言語, Zielsprache)로 옮겨진 짜인글[텍스트]의 아름다움이란 두 지표간의 갈등을 잘 적시해준다고 말한다. 안삼환의 뒤침을 따라 말하자면, 본딧말의 뜻을 곧이곧대로 살리기 위해 옮김말의 아름다움을 버린 옮긴글(飜譯書)은 '곧은 추녀(醜女)[정숙한 추녀]'가 되고, 반대로 본딧말의 뜻을 버리고 옮김말의 아름다움을 살린 옮긴글은 '꺾인 미녀(美女)[부정한 미녀]'가 되며, 본딧말의 뜻과 옮김말의 아름다움 모두를 살린 옮긴글은 '곧은 미녀[정숙한 미녀]'가 된다.

번역의 갈등을 복고(復古, Restauration)와 혁명(革命, Revolution)으로 파악했던 마틴 루터[10] 자신은 이 갈등에서 벗어나지 못했다. 그는 말을 옮길 이는 라틴말 철자에 상응하는 도이치어 단어를 찾지 말고 "민중들이 뭐라고 말하고 있는가"[12]를 잘 관찰해서 그런 낱말과 관용구들을 성경 번역에 써야 한다고 말한다. 그렇다고 그가 깊은 종교적 뜻을 담고 있는 라틴어 개념들까지 금했던 것은 결코 아니다. 그가 비록 전통적 단어들을 새로운 의미로 사용하려 하긴 했지만, 하느님의 말씀의 권위를 지키기 위해서는 문맥의 어색함을 감수하면서까지 전통적 낱말들을 고수하기도 했다. 헤르더Johann Gottfried Herder(1744~1803)는

---

10) 안삼환, 「한 도이치문학도의 시각에서 본 문학작품 번역」, 『인문과학연구』, 성신여자대학교 인문과학연구소, 18(1998), p.33 살핌. 원래는 프랑스인 Nicolas Perrot d'Ablancourt(1606~1664)가 프랑스말로 했던 말로 추정된다.

11) 루터가 성경을 도이치말로 완역한 것이 1534년이었다.

12) Martin Luther: Sendbrief vom Dolmetschen(1530). Hier zitert nach Friedmar Apel: Literarische Übersetzung, Stuttgart 1983, S. 40: "man müsse nicht die lateinischen Buchstaben nach dem Deutsch fragen, sondern dem Volke, auf das Maul sehen." 여기서는 안삼환의 글에서 뽑음.

민족마다 서로 다르게 분화된 상이성이 곧 변혁의 인자이며 긍정적 역사 발전의 원동력이라고 믿었다. 그는 "그 어떤 번역도 다른 나라 말로 옮겨놓으면 더 이상 동일한 것을 말하는 것이 아니고 그 자체로서 항상 어떤 다른 것을 만들어냄으로써 역사의 운동을 볼 수 있도록 해준다"[13] 고 생각했으며, 따라서 번역은 한 문화가 다른 문화의 상이성과 다양성을 받아들여 자신을 변혁시킬 수 있도록 해준다고 믿었다. 번역은 혁명의 원동력이 된다.

이러한 도이칠란트의 번역 전통을 따른 슐라이어마허는 번역의 관계를 그의 논문 「번역함의 상이한 방법들에 대하여Über die verschiedenen Methoden des Übersetzens」(1813)에서 다음과 같이 말했다.

> 옮긴이는 지은이를 가능한 그대로 둔 채 독자로 하여금 지은이에게 가까이 다가가도록 하든지, 아니면 독자를 가능한 그대로 둔 채 지은이로 하여금 독자에게 가까이 다가가도록 하든지 한다.
>
> Entweder der Übersetzer läßt den Schriftsteller möglichst in Ruhe und bewegt den Leser ihm entgegen; oder er läßt den Leser möglichst in Ruhe und bewegt den Schriftsteller ihm entgegen.[14]

'독자를 움직이게 하는 번역 방법'이 본딧글에 대한 곧음[충실성]을 강조하는, 즉 난해성도 불사하는 옮긴이의 태도라면, '지은이를 움직이게 하는 방법'은 독자의 평이한 이해를 중시하는 옮긴이의 태도이다.

---

13) Zitiert nach Fr. Apel: Literarische Übersetzung, S. 48: "Keine Übersetzung sagt nun mehr dasselbe in einer anderen Sprache, sondern bringt selber immer ein Anderes hervor, macht die Bewegung der Geschichte sichtbar." 여기서는 안삼환의 글에서 뽑음.

14) Zitiert nach Friedmar Apel: Literarische Übersetzung, Stuttgart 1983, S. 48. 여기서는 안삼환의 글에서 뽑음, 구연상이 다시 뒤침.

슐라이어마허 자신은 그의 플라톤 옮기기(번역)에서 원전(原典/본딧책)의 이질감이 도이치어에 그대로 남아 있도록 의도적으로 난해하게 옮겼다. 그의 옮긴글이 너무 인위적인 번역이라 하여 많은 사람들이 비웃고 비판하였으나, 이 번역판은 그 비판자들보다 오래 살아남아 아직까지도 널리 읽히고 있다.

번역학을 학문적으로 정립한 나이다E. A. Nida에 따를 때, 번역 행위는 "우선 의미의 관점에서, 그런 다음 문체의 관점에서 원본 언어 메시지에 가장 근접한 자연스런 등가를 수신자 언어에서 재생산하는 일[15]이다." 나이다의 번역 개념을 쉽게 풀어보면, 번역은 본딧글[원본 텍스트]과 옮긴글[번역 텍스트] 사이에 등가성(等價性, Äquivalenz)을 찾는 지난한 작업으로 이해될 수 있다. 물론 여기서 등가성의 의미는, 앞에 붙은 '자연스런'이라는 형용사가 암시하듯이, 동일성의 의미라기보다는 상황과 문맥에 맞는 소통 가능성이라고 할 수 있다. '자연스런 등가'를 찾는 작업의 과정을 구분해보면, 우선 본딧글[출발텍스트]에 대한 분석과 이해가 필요하고, 다음으로 이 이해를 바탕으로 본딧글을 옮김말[목표언어 또는 도착언어]로 다시 재구성하는 일이 요구된다.

이때 직역과 의역, '충실한' 번역과 '자유로운' 번역Kloepfer, '형식적인 등가formale Äquivalenz'와 '역동적인 등가dynamische Äquivalenz'(Nida), '착각을 막는 방법론antiillusionistische Methoden'과 '착각을 일으키는 방법론illusionistische Methoden'(Levý) 등의 방법들 가운데 어떤 방법을 선택할 것인가는 무엇보다 그 '짜인글[텍스트]'의 종류에 따라 달라질 수밖에 없다.[16] 라이스

---

15) Werner Koller, *Einführung in die Übersetzungswissenschaft*, 『번역학이란 무엇인가』, 박용삼 옮김, 숭실대학교출판부, p.144.

Katharina Reiss는 번역에서 중요하게 고려되어야 할 짜인글 유형을 크게 3가지 기본유형으로 구분하고 있다.[17]

- 정보적 짜인글(informative Texte)

  뉴스와 사실 등 정보를 전달하는 글.

- 표현적 짜인글(expressive Texte)

  예술적으로 형상화된 내용을 전달하는 글.

- 기능적 짜인글(operative Texte)

  광고와 설교와 같이 호소나 설득을 목적으로 하는 글.

물론 어떠한 방식의 번역(옮김)이 됐든 거기에는 참됨과 아름다움이 동시에 추구되어야 하지만(J. Levý),[18] 본딧글 자체에 대해 곧은[충실한] 것이 최상의 법칙이다.[19]

본딧글(Ausgangstext, 출발텍스트) 속에 담긴 생각과 지은이가 추구하는 의도가 왜곡되어서는 안 된다. 그러나 이것은 본딧글이 글자 그대로 하나도 변형되지 않은 채 옮긴글(Zieltext, 목표텍스트)의 언어로 전환되어야 한다는 것을 의미하는 것은 아니다. 보통 본딧글의 독자에게 오해의 여지가 있을 경우에는 자유롭게 번역될 수 있다.

그런데 앙리 메쇼닉Henri Meschonnic은 의미에 중점을 두는 번역 이론에 반대하는 '상호텍스트적 번역'을 주장한다. 옮긴글 속에 본딧글의 힘이 담기도록 하려면, 번역할 때 단어들의 의미에 매달리지 말고 그

---

16) 물론 직역과 의역을 결정하는 데 짜인글[텍스트]의 종류도 중요 변수가 되겠지만, '무엇이 직역이고, 무엇이 의역인지'를 결정하는 문화적 차이도 중요하다. 『번역의 방법』, p.155 살핌.

17) Zit. nach Ulrich Kautz: *Handbuch Didaktik des Übersetzens und Dolmetschens*, München 2000, S. 76.

18) Werner Koller: *Einführung in die Übersetzungswissenschaft*, 『번역학이란 무엇인가』, 박용삼 옮김, 숭실대학교출판부, p.92.

19) José Rodríguez Richart: Theorie und Praxis der Übersetzung von Bühnenstücken, in: Angelika Lauer u. a. (Hrsg.): *Übersetzungswissenschaft im* Ümbruch, Tübingen 1996, S. 85.

단어들이 만들어내는 의미작용의 연쇄chain를 먼저 인식해야 한다. 그 연쇄는 모든 단어 속에 들어 있는 자음과 모음의 음성적 조직체들이 만들어내는 새로운 '의미망'인데, 이 연쇄가 바로 하나의 언술을 형성하는 방식이자 힘이다. 이 힘이 텍스트들 사이에 차이를 만들어내고 하나의 '언술 주체'가 들어 있는 텍스트가 되게 해준다. 그러한 번역은 리듬을 번역하는 것을 말한다. 여기서 리듬은 '시적 리듬'만을 뜻하는 게 아니라 모든 언어활동 속에 들어 있는 의미의 움직임을 말한다.[20] 여기에서는 "단어들 사이의 울림, 맛, 리듬, 간격, 침묵, 운율과 운(韻)이 중요한 문제로 등장한다."[21]

번역은 결국 말의 사태에 속한다. 말 자체가 '마름질의 작품'이고, 이 작품은 다시금 말로써 이루어지기 때문에, 말이 없으면 '작품화된 것'도 존립할 수 없게 되고, 말이 바뀌면 그 '마름질의 방식'도 사뭇 달라질 수밖에 없다. 그러므로 말을 옮긴다는 것은 '이미 특정 작품 속에 깃들인 말의 사태(사실, 사상, 의도, 지식 등)'를 다른 방식의 마름질 방식을 통해 '다시 정립하는 것'을 뜻한다. 이러한 뒤침에서 옮겨지는 것은 하나의 낱말이나 그 낱말의 뜻 또는 '책 속에 담긴 앎(지식/정보)'만이 아니다. 본딧글을 뒤친다는 것은 그 글이 쓰인 말의 사태 전체를 '다른 말'의 사태에 맞춰 '다른 말'로 새롭게 쓴다는 것을 뜻한다. 뒤침에서는 본딧글의 익힘 또는 자기화가 요구된다. 달리 말해, '문장 해석이나 의미 해석을 통한 이해'가 요구된다. 뒤침은 이러한 이해를 옮김말로써 작품화하는 것, 또는 완결짓는 것이다.[22]

---

20) 동아닷컴, [출판] 앙리 메쇼닉 "번역은 리듬을 옮기는 것"(2000.8.28일자) 살핌.
21) 폴 리쾨르, 『번역론-번역에 관한 철학적 성찰』, 윤성우, 이향 옮김, 철학과현실사, 2006, pp.154~155 살핌.
22) 가다머는 이러한 사태를 '해석의 완성'l'accomplissement de l'interprétation'이라 불렀다. 윤성우, p.35 살핌.

번역에 대한 이러한 이해에서 '직역과 의역'의 대립은 허물어진다.


## 3. 번역 작품의 이중적 성격

번역(옮김)이 정보를 공유(共有)하기 위한 한 방법이라면, 옮김(번역)
의 거부는 지식인 계층의 정보 독점(獨占)을 낳는다. 백성들에게 말할
[고소할] 권리를 되찾아주고자 했을 뿐 아니라, 국법과 윤리 그리고 불
교에 관한 정확한 정보를 알기 쉽게 전달하고자 했던 훈민정음의 창제
목적이 인권(人權)과 연결되는 것은 너무도 당연하다. 말할 권리(權利)
와 알 권리는 사람에게는 결코 빼앗길 수 없는 것이다. 한글 창제는 지
식인에게는 "孟子ㅣ 見梁惠王하신대"와 같이 토를 달아 읽을 수 있게
해주었을 뿐 아니라, "맹자가 양나라의 혜왕을 만났다"처럼 서민들을
위한 옮김도 가능하게 했다. 토를 다는 것과 옮기는 것은 전혀 다르다.
토를 다는 목적은 한문과 같은 외국어를 문법적 오류 없이 직접 읽히기
위한 것이다. 이때 쓰이는 개념어들의 말법과 삶의 맥락이 '옮긴글 읽
는이[번역 독자]'에게는 낯설 뿐이고, 따라서 그 옮긴글(飜譯書)을 이해
하고 해석하기 위해서는 그 낯선 세계 속으로 직접 들어가야 한다. 반면
번역(옮김)은 우리말 자체에는 없는 주요한 갈말[개념어]들을 단순히
'낯선 외래어'로 빌려 쓰는 것이 아니라 그 갈말[개념어]들을 우리의 말
틀[문법]과 삶마당[맥락] 속으로 뒤치어 받아들이는 것이다. 뒤침은 본
딧글의 내용(알속)과 얼개를 마주하면서 그것을 옮김말의 말틀과 삶마
당에 맞춰 '다시 말한다'는 것을 뜻한다.

'뒤치는 다시 말하기'로서의 번역은 직역일 수 없다! 물론 직역만이

유일한 번역 가능성인 경우는 분명 있다. 이때 우리는 사실은 번역을 포기하고 있는 셈이다. 포기의 유혹에 맞서는 뒤치미[뒤치는 사람]는 말을 옮기는 과정에서 문이 너무 좁거나 길이 없어 옮겨지거나 바뀌길 거부하는 수많은 낱말들과 문장구조 그리고 유의미한 형태소들과 그 속에 담겨진 의미구조 때문에 고통을 받게 마련이다. 이때 우리는 흔히 '뭐라고 옮길 말이 없다'는 고백을 하곤 한다. 이러한 고백을 하는 가운데 물어보자. **본딧글과 옮긴글은 같은 글인가? 아니면 다른 글인가?** 예니오Jain!* 그 두 개의 글은 표지는 물론 편집, 활자, 장정, 종이의 질뿐 아니라 그 쓰인 글자 자체까지 완전히 다르다! 그럼에도 그 둘 사이에는 '다시 말하기'의 관계가 성립한다. 여기서 '다시'란 '같은 말 되풀이(反復)'를 뜻하지 않고, '다르지 않음'을 뜻한다. 서로 다른 이 두 개의 글을 이러한 '다르지 않음'의 관계로 연결해주는 것이 바로 '옮김(번역)의 차원'이다. 본딧글과 옮긴글의 다르지 않음의 관계를 비유를 통해 생각해보자.

## ㉠ 영토(領土/territory)와 지도(地圖/map)

영토란 본딧글을 일컫고, 지도는 옮긴글을 뜻한다. 이때 옮긴글은 본딧글의 추상적 복사물이 된다. 그 둘은 나오게 된 시간적 순서에 따라 '앞섬과 뒤섬'의 관계를 갖고, 공간적 배열에서도 가능한 한 일치해야 하며, 게다가 그 둘 사이에는 어쨌든 '일대일 대응관계'가 성립해야 한다. 이는 '극단적 원문 존중주의'를 나타낸다. 옮긴글은 본딧글의 의미뿐만 아니라, 그 쓰인 순서, 쉼표나 마침표의 수, 그리고 가락[리듬] 등

---

* '예니오'는 우리말 '예'와 '아니오'가 합쳐진 말, 'Jain'은 독일어 Ja(예)와 Nein(아니오)이 합쳐진 말. (편집자 주)

을 그대로 전달해야 한다. 그러나 이러한 번역은 옮긴글 자체를 읽기 어렵게 만들 뿐 아니라, 본딧글의 의미와 느낌 그리고 세계를 오히려 가로막을 뿐이다.[23]

> "polis는 존재의 진리와 근거 위에 토대를 하고 있으며, 이것으로부터 모든 존재자들이 규정된다는 것이다. 그러나 이러한 연관성이 우선적으로 polis에 적용되는 것은, polis가 그 안에서 모든 존재자와 존재자에 대한 모든 관계들이 모여지는 장소들이기 때문이다. polis는 자신의 존재 안에 있는 모든 존재자 안의 '극점'이며, 모든 존재자를 위한 '극점'이다. 그러나 존재는 그리스인에겐 pelein을 뜻한다."[24]

위의 옮긴이는 원전의 몇몇 낱말을 번역하지 않은 채 그대로 두었다. 그것은, 엄밀히 말하자면, 번역이 아니라 '원전 인용(引用)'이다. 만일 로마자 표기나 고대 그리스어를 모르는 독자라면 갑자기 노출된 '낯선 본딧말(原語)' 때문에 활자가 깨지는 듯한 당혹감을 느꼈을 것이다. 게다가 이러한 일이 지속적으로 일어난다면 당혹감에 빠진 독자에게는 그 옮긴글(飜譯書)을 이해하는 것 자체가 어려워질 것이다. 이 옮긴글(飜譯書)은, 보들리아르J. Baudriallard의 『시뮬라시옹Simulacres et Simulation』의 갈말을 빌리자면, 독자에게 그것이 영토(領土/territory)가 아닌 지도(地圖/map)임을 각인시켜주고 있다. 이 옮긴글은 '자체 성격'을 크게 잃어버리는 대신 상대적으로 '원전 지시의 성격'을 크게 돋을새기고 있다. 이로써 독자는 옮긴글 자체에 집중할 수 없게 되고, 본딧글(원전)을 참조해야 할 것만 같은 압박을 받게 된다.

---

23) 야마나카 게이이치, 『번역의 방법』, 이현기 옮김, 고려대학교출판부, 2001. p.156 살핌.
24) 마르틴 하이데거, 『횔덜린의 송가 〈이스터〉』, 최상욱 옮김, 동문선, 2005. p.135 살핌.

다음의 보기는 '지도 그리기'의 흔한 보기이다.

"Hab ich dich je zurückgesetzt?" (내가 언제 너를 돌려놨어?)[25]

여기서 동사 'zurücksetzen'은 경멸한다는 뜻으로 읽혀야 한다. 또 "Manchmal platzt mir der Kragen, ich weiß, ich bin ungerecht." (내 태도가 가끔 단정하지 못한 것은 나도 알고 있다, 내가 잘못이지.)(289) 여기서는 '화가 나다' '자제심을 잃다'라는 숙어의 가능성을 검토하지 않은 채 단어 그 자체의 의미에 따라 기계적[일대일 대응식]으로 오역한 것이다. 번역을 이렇게 '지도 그리기'로 여길 경우, 옮긴글은 본딧글 없이는 제대로 이해될 수 없게 된다.

## ⓛ 본디 예술품(原本/original work)과 옮겨진 예술품(譯本/translated work)

'본디 예술품'은 본딧글을 일컫고, '옮겨진 예술품'은 옮긴글을 뜻한다. 이때 옮긴글은 본딧글의 '진리 감동'을 다른 재료로 전달해줄 목적으로 창작된 독립된 새로운 예술품이다.[26] 물론 그 둘 사이에는 '먼저와 나중'의 관계가 성립할 뿐 아니라, 옮긴글은 그것이 옮기는 것인 한 본딧글 속에 담긴 모든 것을 그대로 전달하려 해야 한다. 즉 원본을 무시한 창작이어서는 안 된다. 옮긴이 임의에 의해 원문 삭제나 원문에 없는 문장을 삽입하는 방식의 번안(飜案)은 넓은 의미의 의역에 포함시킬 수 있지만, 엄밀한 의미에서는 번역이 아니다. '옮겨진 예술품'으로서의

---

25) 손재준 옮김, 「안도라」, 실린 곳: 손재준 옮김, 『외더란트 백작』, 프리쉬, 민음사, 1984, p.288. Max Frisch, *Andorra*, in: ders.: Stücke 2, Ffm. 1973, S. 216.

26) '번역은 미술작품의 복제를 만드는 것과 같은 작업'에 빗대어질 수 있다. "오리지널 브론즈상(像)에서 레프리카replica의 목상(木像)을 만드는 것 같은 것이겠지요. 우선 첫 번째로 원작을 차분하게 관찰합니다. 크기, 모양, 무게 표정…….  무엇이 핵심인가…….  그리고 나서 다른 소재로 같은 인상을 띤 상(像)을 만듭니다. 나무에는 나무 특유의 맛이 있으니까 그것도 소중하게, 라는 것이 번역의 이상상(理想像)입니다."「번역의 방법」, p.170 살핌.

옮긴글은 '본디 예술품'으로서의 본딧글의 모양이나 크기, 표정이나 느낌 그리고 그 의미 등을 잘 관찰한 뒤 거기에서 받은 전체적 파악에 기초하여 다른 소재의 말로써 일종의 복제품을 만드는 것이다. 이렇게 만들어진 작품은 원본과 같은 것도 아니지만 그렇다고 다른 것도 아닌 것이 된다.

> "Noch in dieser Nacht, ehe der Hahn kräht, wirst du mich dreimal verleugnen."
> (오늘밤 닭 울기 전에 네가 세 번 나를 부인하리라.)[27]

이 두 문장은 마치 직역된 듯한 착각마저 들 정도이다. 그런데 '부인하리라'는 말은 해라체 종결어미로, 예스러운 말투를 내보임으로써 지난 시대에 윗사람이 아랫사람에게 어떤 예언을 베풀고 있다는 사태를 잘 나타내고 있다. 이는 우리말의 독특함을 한껏 살린 번역어라 할 수 있다. 이 번역어 독자들은 문체의 힘에 이끌려 존경의 마음을 갖게 되기 십상이다. '이 밤'이라 직역될 수 있는 것을 '오늘밤'이라 바꾼 것도, 그리고 그 어순 등도 우리말의 고유성을 잘 살렸다 하겠다.

### ㉢ 3차원 숨은그림찾기 '월리를 찾아라'

옮긴이는 본딧글을 읽을 줄 알아야 한다. 즉 그 글의 뜻과 줄거리 그리고 다양한 함축들을 파악하여 그 글의 전체적 그림을 머릿속에 그려야만 한다. '전체 그림'을 잘못 그리면 '조각 그림'들로서의 낱말이나 문장에 대한 이해가 어려워진다. 본딧글은 그것이 어떠한 말로 쓰인 글

---

27) 「마태복음」, Matthäus 26, 34.

이든 저러한 '파악의 시간'을 통해 이해된다. 즉 그 글의 '전체 그림'은 마치 3차원 숨은그림처럼 그 글 자체 속에 숨겨져 있고, 그것을 볼 줄 아는 눈에게만 다양한 선명도로 떠오른다. 그것은 실제의 예술작품처럼 직접 지각될 수 있는 게 아니라 이해되어 파악되는 것이다. 그렇기 때문에 본딧글 속의 전체 그림을 파악하기 위해 옮긴이는 읽고 또 읽는 것이다.

번역은 이렇게 어렵게 파악한 '전체 그림'을 '다른 말'로써 보게 해 주는 것이다. 하지만 말마다 고유한 특이성을 가지므로 오조준(誤照準)과 같은 일이 반드시 일어나는 법이다. 소재의 차이, 문화의 차이, 역사의 차이 등과 같은 것이 제대로 반영되지 않으면, 보이고자 하는 '전체 그림'은 보여지기 어렵게 된다. 즉 번역 독자들은 그 옮긴글(飜譯書)을 아무리 눈을 씻고 들여다 봐도 본딧글 속에 담겨진 '3차원 숨은그림'을 찾을 길이 없게 된다.

> "der Gehilfe Oskars, ein Riese mit blutigen Händen und ebensolcher Schürze, erscheint in der Tür der Fleischhauerei."
> 오스칼의 조수로서 거인인데 피 묻은 손에다 똑같은 앞치마를 두르고서 식육점의 문에 나타난다.[28]

이 장면의 앞 장면에 그려진 정육점 주인 오스카의 모습을 보면, 그는 '하얀 앞치마를 두르고' '주머니칼로 손톱을 다듬으면서' 왈츠 소리에 귀를 기울이고 있다. 그리고 방금 인용된 장면에서 오스카의 조수 하블리첵은 '두 손에 피가 묻은, 그리고 피 묻은 앞치마를 두른 거구'이면

---

28) 외덴 폰 호르바트, 『비엔나 숲속의 이야기』, 박상배 옮김, 열음사, 1986, p.19. Ödön von Horváth, *Geschichten aus dem Wiener Wald*, Ffm. 1986, S. 110.

서 소시지의 품질을 불평하는 소녀에게 정육점용 '긴 칼'을 들이대는 야만성을 나타낸다. 그런데 위의 옮긴이는 '똑같은 앞치마'라고 번역했다. 본딧글 속에 숨겨진 '오스카와 하블리첵 사이의 대립 구도'를 보지 못했기 때문에 생겨난 '미흡한 번역'이라 할 수 있다. 번역이란 '본디의 짜인글' 속에 담긴 '3차원 숨은그림'을 찾은 뒤 그것을 '다른 말로 짜인글' 속으로 뒤쳐 옮기는 것이다.

옮긴글[번역작품]은 본딧글[원본]에 대해서 '영토와 지도' '본디 예술품과 옮겨진 예술품' '월리를 찾아라' 등과 같은 '옮김의 관계'를 맺는다. 옮긴글은 분명 그 자체로 '독립된 개체성[작품성]'을 갖춰야 하지만, 그것이 옮김의 방식을 통해 태어난 이상, 어떤 방식으로든 본딧글에 의지해 있어야 한다. 번역의 문제는 바로 번역 작품의 이러한 이중적 존재 성격에서 비롯된다. 이러한 이중성을 충족시키기란 사실상 불가능하기 때문이다. 우리가 흔히 '오역의 문제'라 부르는 것이 이에 대한 증거가 될 것이다.

오역은 '본딧글와 옮긴글 사이의 다름' 때문에 발생한다. 이 문제가 본질적인 까닭은 말이란 것이 옮겨질수록 미끄러진다는 데 있다. 같은 말을 쓰는 사람들 사이에서도 '의미의 미끄러짐'은 피할 길이 없다. 하물며 서로 다른 언어 사이의 번역에서 성취해야 할 '다르지 않음'에 대한 객관적 증명이란 아마 불가능할 것이다. 그렇다면 옮긴이는 이 '다르지 않음'을 어떠한 방식으로 확신할 수 있는가? 이러한 확신을 어렵게 하는 오역의 문제가 너무나 자주 일어난다는 사실은 '다르지 않음'의 확신에 대한 불신을 증명하는 듯하다.

번역의 오류는 본딧글과 옮긴글 사이의 '자연스런 등가'가 깨진 것, 또는 본딧글의 뜻이 옮긴글을 통해 함께 나눠지지 못하는 것이라고 할 수 있다. 오역의 가장 큰 원인은 본딧글 자체에 대한 잘못된 이해에 있다. 이는 '뒤틀린[완전히 잘못된] 번역'으로 이어질 수밖에 없다. 짜인글에 대한 정확한 이해는 뒤침의 처음이자 마지막이다. 반면 이해는 했지만, 그것을 전달하는 데 실패하는 경우, 우리는 흔히 번역의 기술이 부족하다고 한다. 이러한 '어긋난[미흡한] 번역'은 '완전히 잘못된 번역'은 아니지만, '자연스런 등가'를 찾지 못했다는 점에서 '잘못된 번역'이라 할 수 있다.

크고 작은 오역이 발생하는 것은 짜인글[텍스트]의 종류, 지은이의 의도, 독자의 기대치 그리고 번역의 목적 등 여러 요인에 좌우된다. 노르트C. Nord는 번역의 잘못을 크게 3가지 주요 유형으로 구분한다.[29] '실천적 잘못pragmatische Fehler'은 옮김말의 쓰임법[화용론]을 제대로 고려하지 못해서 발생하고, '문화적 잘못kulturelle Fehler'은 본딧글을 해당 규범과 관습체계로부터 이해하지 못해서 발생하며, 그리고 '형식적인 잘못formale Fehler'은 어휘나 통사 또는 문법 등과 같은 형식적 범주를 바르게 구분하지 못해서 발생한다.

더 나아가 이러한 일반적 오역을 피했음에도 불구하고 저 '다르지 않음'에 대한 확신은 늘 흔들릴 수밖에 없다. 그것은 번역의 문제가 사람들 사이의 문제일 뿐 아니라, 하나의 말과 다른 말 사이의 문제이며, 더 나아가 예술적 창작과 삶 자체의 문제이기 때문이다. 번역은 삶의 요구로부터 비롯되고, 삶이란 본디 '자라나감'과 '펼쳐나감', 그리고 '지어나감'과 같은 '살아나감'의 길을 걷는 것에 다름 아니기에, 번역의 올바름에 대한 확신은 잠정적일 수밖에 없다.

그런데 번역은 바로 이러한 잠정성을 극복하려는 시도이다. 즉 수많

---

29) Zit. nach U. Kautz: a.a.O., S. 281.

은 번역 가능성 가운데 하나를 선택하는 작업이다. 예술가가 어느 순간 고통으로 작품을 완성하듯 옮긴이도 가능한 번역들 가운데 하나만을 골라 글짓기를 한다. 즉 작품을 완성한다. 옮긴글에 대한 평가는 그 글의 작품성에 대한 평가를 말한다. 옮긴이는 이미 글쓴이다. 다만 그의 글 자체는 하나의 작품으로서 본디작품에 대한 일종의 지시(指示)를 간직하고 있다. 옮긴글은 본딧글을 다시 쓰는 방식으로 이루어진 것이지만, 그 자체로 이미 하나의 작품이다. 예술작품의 본질이 도구성에 있지 않고 독립성(그 자체로 존립함)에 있다면, 모든 옮긴글(飜譯書) 또한 나름의 고유한 가치를 갖는다고 해야 할 것이다. 다만 번역 작품은 '그 자체로 독립된 작품'이긴 하지만 그 '존재 특성상' 자체 안에 '본딧글(원본 지시성)'을 갖는다.

## 4. 번역가의 윤리

번역 작품은 자체성과 지시성이라는 이중적 성격을 갖는다. 올바른 번역이란 번역 작품의 이중성을 충족시키는 번역을 말한다. 번역은 '원문을 다른 언어로 고치기만 하면 되는 것', 따라서 '그 이상 깊이 생각할 필요가 없는 것'으로 평가절하되기도 한다.[30] 그러나 '번역의 사태'를 깊이 생각할 때, 저 '고침'의 의미는 매우 특별하다는 것을 알 수 있다. 고친다는 말의 의미에 따라 말해보자면, 옮김(飜譯/translation, Übersetzung)은 하나의 체계적 신호(原文/text)를 풀이하여, 그 신호 속에 체계적으로 담긴 모든 것을 다른 체계의 신호로 창작적으로 뒤치거

---

30) 야마나카 게이이치, 『번역의 방법』, 이현기 옮김, 고려대학교출판부, 2001, p.141. 살핌.

나 바꾸는 변환 일을 말한다. 여기서 '창작의 방법'이란 아리스토텔레스가 세운 탐구 방식 가운데 하나를 뜻한다. 번역의 경우, 하나의 문장을 번역할 수 있는 가능한 사례들의 수는 셀 수 없이 많지만, 실제 번역에서는 그 가운데 하나만을 선택할 수밖에 없다. 그러므로 옮긴이는 '선택한 번역 문장'을 통해 '선택되지 못한 채 숨겨져 있는 가능한 다른 번역 사례들'을 나름대로 함께 표현해야 한다. 창작의 방법은 '유한의 표현 수단으로 무한의 직관을 주는' 표현법을 말한다.[31]

다양한 번역 가능성 가운데 하나가 누군가에 의해 주창되고 그것이 굳어지면 다음부터 그 옮길말(번역어)에는 일종의 길이 난다. 즉 기계적으로 대응적으로 옮겨진다. 낱말들마다 거기에 대응되는 '옮길 낱말'들의 목록이 만들어진다. '낱말 옮김'의 방식으로 수행되는 번역은 옮김의 오랜 관행의 결과이다. 이러한 옮김을 위해 필요한 것은 사전과 같은 것이다. 낱말의 옮김만으로도 본딧글에 대한 번역을 수행할 수 있다. **그러나 이때 옮긴이는 자기 번역의 올바름에 대해 스스로 책임질 수 없다.** 그의 번역이 비록 '낱말 옮김'의 의미에서는 맞을지라도, 달리 말해, 사전적 또는 관행적으로는 틀리지 않았을지라도, 그러한 방식의 옮김만으로는 결코 번역의 올바름을 확신할 수 없다.

반면 뒤침은 그러한 '자연스러운 낱말 옮김'에 문제가 생길 때 일어나는 '번역 지체'와 관련되어 있다. '무슨 말로 옮겨야 할지 결정할 수

---

31) A. J. 토인비, 『역사의 연구 I』, 원창화 옮김, 홍신문화사, 2003, p.59~60 살핌. 아리스토텔레스는 '역사와 과학과 창작의 방법'을 구별했다. 이 셋은 '서로 다른 양의 자료를 취급할 때의 적합성'이라는 관점에서 구분된 것이다. 자료가 적은 연구 분야는 '특정 사실의 확인과 기록의 방법'을 사용하는 게 좋고(역사학/문명연구), 자료의 양이 '전체를 한눈에 훑어볼 수 없을 정도로 많은 것이 아닐 경우'에는 '법칙의 해명과 정식화'의 방식을 사용하는 게 적합하며(과학), '자료가 무수히 있을 경우에는 창작이라 불리는 예술적 창조와 표현의 형식'을 사용할 수밖에 없다(傳記).

없어 망설이는 가운데 자신이 이해한 바에 적당하다고 생각되는 낱말들과 문체와 의미들을 이리저리 뒤집고 헤집어가면서 거기에 딱 들어맞는 옮김말을 발견 내지 창안하려는 시도'를 뒤침이라 하자. 옮긴이는 이때 자신이 이해한 바가 숨겨지거나 왜곡되거나 제대로 드러나지 못할까 염려한다. 뒤칠 때 문제가 되는 바는 사태와 말의 관계이다. 본딧글에 대한 이해를 통해 드러난 사태와, 본딧글의 옮길말이 말해주는 사태 사이의 '다르지 않음'에 대한 확신이 문제이다. 뒤침을 위해 요구되는 바는 사태에 대한 정확한 이해와 해석이다. **본디의 사태에 대한 정확한 이해가 생겨났을 때 옮긴이는 비로소 자신의 번역의 올바름에 대해 확신할 수 있게 된다.** 물론 다른 옮긴이는 똑같은 확신을 갖고 다르게 번역할 수 있다. 그러나 어쨌든 옮긴이(번역가)는 반드시 **'본딧글의 이해에 대한 확신'**을 가져야만 한다. 이는 **'옮긴이가 마땅히 해야 할 첫 번째 일[당위(當爲)]'**이다. 이로부터 본딧글이 쓰인 **본딧말[원어]**에 대한 정확한 이해능력 내지 해독능력이 필수적으로 요구된다.

해독의 무능력으로 말미암은 몰이해 때문에 '전달해야 할 뜻'을 모르거나 놓치거나 빼먹거나 하는 '번역 행위'는 일종의 '반역 행위'로서 본딧글(본딧말)이 말하고 있는 바에 대해 거짓말을 하는 것일 뿐 아니라, '번역 독자'를 속이는(기만하는) 비윤리적 행위이다. 다만 무능력에 의한 왜곡은 '의도적 기만행위'라고 보기 어렵고, 도서 시장에서 '독자의 선택(심판)'을 받아야 한다는 점에서 그 '비윤리성의 정도'가 낮다고 할 수 있지만, 그러나 '원전의 뜻을 잘못 전달해서는 안 된다'는 옮긴이의 윤리를 벗어나는 행위이다. 또한 '창조적 오역(誤譯)'이나 번안(飜案/adaptation)의 경우도, 그것들이 비록 '윤리의 문제'를 초월한 '진리의 문제' 또는 '수용자 문제'에 속할지라도, 궁극적으로는 '번역의 윤리'

를 고려해야 한다.

　번역가의 윤리와 관련해 고려해야 할 두 번째 사항은 뒤쳐 옮김으로서의 번역이 '함께 나누기(傳達/communication)'를 목적으로 한다는 점이다. 번역은 단순한 '말−옮김'이나 '말−바꿈'이 아니라 '말얼개를 뒤치어 사태를 그대로 옮기는 일', 즉 사태에 대한 이해를 함께 나누는 것을 말한다. 서로 다른 말이 서로 소통할 수 있도록 '서로의 고유한 얼개'를 짜맞춰 주는 일, 그것이 바로 옮긴이의 책무라 할 수 있다. 따라서 옮긴이는 언어권과 언어권 사이의 의사소통을 가능케 해주어야 할 뿐 아니라, 그로써 그 말 속에 담긴 세계를 알게 해주어야 하며, 더 나아가 본딧글의 글쓴이가 말하고자 한 바까지 '함께 나눌(소통할) 수 있도록' 해주어야 한다.

　'뒤치면서 다시 말하는 옮김(번역)'은 말의 한 형식(形式/form)으로서 막힘없는 의사소통을 목표로 한다. 어머니말(모국어)이 사람이 태어나면서부터 익힌 가장 자연스럽고 자유롭게 쓸 줄 아는 말을 뜻한다면, 옮김은 '익히지 못한 말(낯선말/외국어)' 자체에서 막히거나 걸려 그 뜻에까지 통하거나 다다를 수 없는 상태를 해소하도록 해주는 것, 그로써 통하게 해주는 것, 즉 본딧글 속에 담겨진 뜻을 서로 함께 나눌 수 있게 해주는 것을 말한다. 그러므로 옮긴이는 무엇보다 원전(바꿀말)의 뜻을 서로 함께 나눌 수 있게 해주어야 한다. 이를 위해 옮긴이는 **반드시 자신의 독자들이 이해할 수 있는 올바른 옮김말을 구사해야** 한다. 이는 '옮긴이가 마땅히 해야 할 두 번째 일[당위(當爲)]'이다. 이때 '예상 독자'에 따라 옮김말의 수준이나 차원을 달리할 수는 있지만, 옮긴글이 저 '예상 독자들'에게 너무 난해하거나 거의 이해될 수 없는 방식으로 쓰였다면, 그것은 옮긴이의 책무를 제대로 다하지 못한 게으름[태만(怠

慢)]이며 비난을 받아 마땅한 일이다.

이해와 관련된 이 두 가지 일 — 본딧글에 대한 옮긴이 자신의 정확한 이해와 독자들의 이해를 위한 올바른 표현법 사용 — 은 번역의 본질로부터 강제되는 '보편적 명령'이라 할 수 있다. 그런데 번역가에게는 이두 가지 외에 번역의 공동체성과 관련된, 즉 공리주의적 차원에서의 윤리도 적용될 수 있다. 예를 들어 옮긴이가 본딧글을 정확히 이해했고, 자신의 이해를 옮김글로 올바로 표현할 수 있을지라도, '예상 독자들'의 수용 능력을 감안하여, 바꿔 말해, 문화격차를 감안하여 본딧글(원전)에 없는 표현들을 덧붙이거나, 아니면 반대로 독자의 혼란을 야기할 본딧글의 문장들을 삭제하거나, 본딧글의 비유나 독특한 표현들을 완전히 새로운 표현들로 변경하는 일 등은 공리주의적 관점에서 어느 정도 정당화될 수 있다. 이는 **'번역을 통한 공익의 극대화에 기여'** 하기 때문이다.[32]

그런데 모든 번역서가 대중적이지도, 또 반드시 그럴 필요도 없으므로 '번역의 공익성'에 대해서는 다양한 평가가 가능하다. 뿐만 아니라 번역은 '창조의 자유'의 영역에 속하기도 한다. 따라서 번역자의 자율성은 가능한 한 보장되어야 한다. 게다가 재번역서들 가운데 어느 번역서가 공적 이익에 보다 많이 기여했는지를 평가하기도 쉽지 않다. 또 번역의 필요성은 더할 나위 없이 많지만 여러 사정으로 인해 번역되지 않고 있던 어떤 원전을 누군가 능력의 부족에도 불구하고 부족한 대로 번역서를 출판했을 경우 그의 행위는 윤리적으로 칭찬받을 만하다. 우리가 번역의 올바름과 번역가의 올바름을 구분할 수 있다면, 번역가는 자

---

32) 물론 이에 대한 문제는 번역관에 따라 크게 다른 평가를 받게 마련이다. '원전 충실성'을 번역자의 의무로 보는 입장에서는 번역 독자의 이해와 가독성을 위한 배려는 '배반의 유혹'으로 평가될 수 있다. 이에 대해서는 박상익의 『번역은 반역인가』(p.129부터), 이재호의 『문화의 오역』(p.227부터) 등을 참조.

신의 번역이 번역 독자 공동체에게 끼칠 영향에 대해 깊이 숙고해보아야 할 것이다. 번역가는 '공동체에 보다 유익이 될 수 있는 작품'을 선정해야 하고, '공적 이익이 극대화될 수 있는 방식'으로 번역을 해야 한다. 다만 번역이 '자유로운 창조 행위'에 기초한 것인 한, 보다 유익이 될 수 있는 작품이 어떠한 것이고, 또 공적 이익의 극대화 방식이 어떠해야 하는지는 거의 전적으로 번역자 자신의 판단에 맡길 수밖에 없다.

## 끝맺기

'올바른 번역'을 위해서는 언어마다의 특이성으로 말미암은 일종의 오조준(誤照準)이 요구된다. 오조준에 대한 두려움 때문에 흔히 말하는 직역을 선택했을 경우 오히려 원전의 뜻을 잘못 전달하거나 아예 전달할 수 없게 되는 경우가 많다. 만일 어떤 옮긴이가 극단적으로 원문을 존중한 나머지 원문의 음조(音調)까지 옮기려 할 뿐 아니라, 쉼표나 마침표의 개수까지 맞추어 번역했다면, 언어의 특이성을 전혀 고려하지 않은 그 번역문은 읽기조차 힘들 뿐 아니라 그로써 원문이 전하고자 하는 바를 제대로 전할 수 없게 된다. 이는 말(언어)의 특이성과 고유성을 무시하는 처사이다. 말은 특정의 형태와 발음 그리고 리듬과 관념 등이 어우러진 '특이성 복합체'일 뿐 아니라, 각각의 말은 자신들만의 독특한 범주체계나 분절방식을 갖추고 있으며, 비록 범주와 분절의 방법이 유사하거나 일치한다 해도, 의미의 분화와 기호화의 방식은 거의 일치하지 않는다. 즉 '하나의 말과 다른 말'의 사이에는 '비대칭(非對稱/asymmetry or dissymmetry)의 관계'가 성립한다.[33]

반대로 의역의 자유를 지나치게 허용하는 경우도 문제가 발생할 수 있다.[34] 보기를 들면 하이데거의『존재와 시간Sein und Zeit』에 나오는 Sorge(조르게)라는 낱말은 '염려(念慮)' '마음씀' '마음 졸임' '관심(觀心)' 등으로 번역된다. 이 가운데 가장 일반적으로 받아들여지고 있는 '염려'라는 낱말은 일본에서도 Sorge의 번역어로 쓰이고 있을 뿐 아니라 독한사전의 설명에도 가장 가깝기 때문에 직역이라고 할 수 있다. 반면 '마음씀'과 '마음 졸임' 그리고 '관심'은 '해석적 번역어들'로서 제안자가 서로 다르다. 이때 독자들은 번역어 불일치로 인한 혼란을 겪게 된다. 특히 '관심'이라는 낱말은 그것이 'Interesse[사이에 있음]/interest'의 번역어로 널리 받아들여지고 있고, 또 그 번역어를 주장한 학자의 영향력이 컸기 때문에 의미의 혼란을 더욱 가중시켰다. 또 다른 보기로 한국어 '사건'은 들뢰즈G. Deleuze의 simulacre(시뮬라크르)에 대한 번역어로도 쓰이지만, 하이데거의 Ereignis(에어라이크니스)에 대한 번역어 — 영역은 'Event'이다 — 로도 쓰인다. 의역은 원전의 의미를 옮긴이 자신의 자의에 맡겨둔다는 문제점 외에 방금 본 것처럼 의미의 고유성을 살리기도 어렵고, 새로운 표현법이나 새로운 낱말(신조어)을 만들어내기도 어렵다.

나는 번역도 아리스토텔레스가 말한 창작의 방법으로써 이루어져야 한다고 생각한다. '창작적 번역'이라는 말 자체는 모순적으로 들린다. 번역에는 반드시 쓰인 말과 옮길 말이 있어야 한다. 그 두 말은 '비대칭[맞접히지 않음] 관계'이기 때문에 일대일 방식으로는 결코 일치할 수

---

33)『번역의 방법』, p.286~287 살핌.
34) 간단한 보기를 들어보자. '저녁놀이 진 하늘을/ 까마귀가 서쪽으로 날아간다/ 뭐야, 뭐야, 뭐야'(Paul Claudel의 시구)라는 번역시의 마지막 시구는 원시의 마지막 시구인 'Quoi! Quoi! Quoi!'(의문사+소리시늉말)를 옮긴 것인데, 이는 음성적 차원을 무시하고 있을 뿐 아니라, 의미의 자의적 첨가로 인해 원시를 크게 왜곡하고 말았다. 여기서는『번역의 방법』(p.283)에서 재인용.

없고, 따라서 직역은 포기되어야 한다. 그러나 옮긴이는 번역을 위해 무엇보다 먼저 쓰인 말(원전)을 해석해야 하고, 이때 그는 일종의 '직역'을 수행하는 셈이다. 하지만 그가 직역을 통해 이해한 원전의 뜻을 옮긴말의 사용자 독자에게 제대로 전달하기 위해서는 그 독자들의 언어문화에 알맞도록 '의역' 해야 한다. 번역작품은 이 '직역과 의역'의 종합물이라고 할 수 있다. 그렇다면 번역은 직역과 의역 사이의 끝없는 갈등을 옮긴이 자신의 상상력을 통해 창조적으로 형상화하는 과정이라 할수 있다.

번역은 '기계적 복제'가 아닌 '창조적 복제' 또는 '예술적 복제'이다. 옮긴이가 다르면 번역도 달라진다. 번역 자체는 유일성의 성격을 갖는다. 그것은 동일한 문장이 해석에 따라 셀 수 없이 다양한 방식으로 해체되고 결합되어 번역될 수 있기 때문이다. 다만 그것들이 번역이기 위해서는 동시에 동일한 원문을 지시해야 한다. 따라서 번역은 창작의 방법을 통해서만 그 원전의 의미를 독자들에게 제대로 전달할 수 있다.

번역은 '그 자체로 독립적인 작품'을 산출하는 활동으로서 '자체 충족적 이해'를 목적으로 한다. 이러한 번역의 과정은 마치 환전(換錢)에 비유될 수도 있다. 달러US dollar와 원화를 바꿀 때 올바른 환율을 적용해야 함은 말할 것도 없고, 환전된 돈은 그 자체로 사용될 수 있어야 한다. 1달러를 500원에 환전했다면, 현재의 환율[1,000원]에 따를 때약 490원 정도의 가치가 떨어져나간 셈이고, 찢어졌거나 사용되지 않는 돈으로 환전했다면, 실제로는 모든 가치를 잃게 되는 셈이다.

옮긴이는 자신의 독자들이 이해할 수 있는 번역서(飜譯書)를 출판해야 한다. 번역물이 독자들에게 그 자체로 이해될 수 없다면, 그것은 또다른 번역의 과정을 거쳐야 할 것이다. 옮긴이가 이러한 '불완전 번역'

의 잘못을 저지르지 않으려면, 옮긴이 자신이 먼저 옮김말에 대한 정확한 구사능력, 보기를 들자면, 자신이 이해한 바를 정확히 표현할 수 있는 문장력과 수사학적 능력을 갖추어야 하고, 더 나아가 자신의 번역에 대한 전문가의 바로잡기(教正)를 거쳐 옮긴글(飜譯書)이 그 자체로 올바른 작품이 되도록 해야 한다. 만일 독자의 이해를 배려하지 않는 '암호와 같은 글'을 낸다면, 그것은 번역의 약속을 크게 깨뜨리는 비윤리적 행위가 된다. 옮긴글이 무슨 말을 하고 있는지조차 모를 때 우리는 짜증을 내거나 불쾌감을 토로하거나 심지어 옮긴이를 크게 비난한다. 이는 옮긴이가 번역과 관련된 '관습적 약속'을 어겼기 때문이다.

옮긴글은 원전으로부터 출발하지만, 바꿔 말해, 그 자체에 '원전 지시성'을 함축하지만 그럼에도 자체 완결성을 갖춘 고유한 작품이다. 하나의 원전이 여러 말로 번역될 수 있다. 그렇지만 그렇게 번역된 책들 사이의 공통된 목적은 독자들이 원전 없이 원전의 내용을 크게 다르지 않게 알 수 있도록 해주는 데 있다. 번역이 비록 일차적으로는 나름의 고유한 형태와 체계(기호, 음운)를 갖춘 하나의 말을 다른 말로 바꾸는 일처럼 보이지만, 본질적으로는 서로 다른 신호체계에 대한 'decoding – encoding'* 또는 'destruction – construction'**을 수단으로 하여 특정한 세계를 개방하는 일을 수행한다. 번역은 새로운 세계를 개방하는 하나의 특수 양식인 것이다. 원전 속에 간직된 세계를 열어 밝혀주기 위해서 옮긴이는 그 세계의 다양한 구성요소들을 보여주어야 한다. 물론 그 직접적 구성요소들, 보기를 들자면, 소리(발음), 형태, 말투 등의 '신체적 차원[대지적 차원]'은 거의 옮겨놓을 수 없지만, 시 혹은 속담 등

---

* decoding : 부호화된 정보를 해독하는 것, encoding : 내용은 유지하면서 형식을 변경하는 것.(편집자 주)
** destruction : 구조의 파괴, construction : 구조화.(편집자 주)

과 같이 신체적 차원까지 중시되는 경우에는 대지적 차원도 가능한 한 원전에 상응하는 방식으로 옮겨져야 한다. 또 철학이나 역사 등과 같이 특정의 문화권에 고유한 '추상적 차원[하늘의 차원]'도 쉽게 옮겨지지 않지만, 옮긴이는 그 두꺼움thick이 얇아지지 않도록 노력해야 한다. 만일 옮긴이가 세계의 서로 다른 차원들을 무시한 채 '낱말 옮기기'만을 수행한다면, 그는 세계의 두꺼움을 은폐하는 '불량 번역서'를 제조하는 셈이 된다.[35]

말(언어)은 사람의 삶을 가능케 할 뿐 아니라 또한 삶을 위한 것이다. 오늘날 현대인들의 삶은 이제 역사적으로 전 세계적 지평에서 전개된다. 그렇기 때문에 사람들은 모국어뿐 아니라 수많은 외국어를 배운다. 우리들의 삶은 어느 한 단면조차도 모국어만으로 충분히 설명하거나 서로의 생각을 막힘없이 주고받을 수 있는 가능성은 거의 없다. 우리는 끊임없이 낯선 말들과 대화를 벌여야만 한다. 옮긴이는 이 세계간의 고통스런 대화를 최전선에서 이끌어가는 예술가이다.

그런데 번역은 자칫 기술적 작업으로 오해되기 쉽다. 이때 번역은 '언어적 소통'을 위한 수단이나 준비 작업으로 전락한다. 그러나 우리는 옮긴이가 마련해준 그 말들로써 생각하고, 말하고, 이미지 작업을 한다. 번역은 대화이다! 번역은 '옮겨놓기'이지만, 단순히 낱말만 옮겨놓는 데 그쳐서는 안 된다. 이때 우리는 고작 자신의 친숙한 언어에서 자신에게 아직 낯선 새로운 언어로 넘어가고 있을 뿐이다.

길을 거꾸로 갈 수 있어야 한다. 번역을 통해, 즉 낯선 낱말과 낯선 세

---

35) 20세기 후반 조르주 무냉의 「번역의 네 가지의 어려움에 관해서 고찰」 ① 문명적 또는 넓은 의미로 문화적이라고 할 수 있는 장애들로부터 오는 어려움, ② 보다 엄밀한 의미로 언어학적인 장애들로부터 오는 어려움, ③ 문장 구성에서 오는 어려움, ④ 문체의 분야에서 오는 어려움. 정기수, 『한국과 서양 : 프랑스 문학의 수용과 영향』에서 재인용.

계와의 만남을 통해, 달리 말해, 낯선 언어와의 낯선 대화를 통해 자신의 고유한 언어를 새롭게 만나고, 그러한 만남을 통해 잊혀졌던 가능성들을 재발견하며, 그러한 방식으로 발견된 '새로운 세계'를 자신의 고유한 언어 속에 간직할 수 있어야 한다.

옮긴이의 윤리는 자기 자신의 언어를 끝까지 책임짐으로써 사람들이 새로운 세계 속에 친숙하게 거주할 수 있도록 해주는 데 있다.

## 〈참고문헌〉

· A. J. 토인비, 『역사의 연구 Ⅰ』, 원창화 옮김, 홍신문화사, 2003.

· Marianne Lederer, 『번역의 오늘-해석 이론』, 전성기 옮김, 고려대학교출판부, 2001.

· 강식진, 『새국어생활』(제9권 제3호), 국립국어연구원, 1999.

· 구연상, 「말의 얼개와 특징」, 속:『하이데거연구』(제11집), 세림M&B, 2005.

· 구연상, 『공포와 두려움 그리고 불안』, 청계, 2002.

· 김효중, 『새로운 번역을 위한 패러다임』, 푸른사상, 2004.

· 마루야마 마사오 · 가토 슈이치, 『번역과 일본의 근대』, 임성모 옮김, 이산, 2000.

· 마르틴 하이데거, 『횔덜린의 송가 〈이스터〉』, 최상욱 옮김, 동문선, 2005.

· 박상익, 『번역은 반역인가』, 푸른역사, 2006.

· 박용삼, 『번역학-역사와 이론』, 숭실대학교출판부, 2003.

· 안삼환, 「한 도이치문학도의 시각에서 본 문학작품 번역」, 『인문과학연구』, 성신여자대학교 인문과학연구소, 18(1998).

· 야마나카 게이이치, 『번역의 방법』, 이현기 옮김, 고려대학교출판부, 2001.

· 움베르토 에코, 『해석의 한계』, 김광현 옮김, 열린책들, 1995.

· 움베르토 에코, 『움베르토 에코를 둘러싼 번역 이야기』, 송태욱 옮김, 열린책들, 2005.

· 이재호, 『문화의 오역』, 동인, 2005.

· 정기수, 『한국과 서양 : 프랑스 문학의 수용과 영향』(을유신서 25), 을유문화사, 1988.

· 조지 밀러, 『언어의 과학The Science of Words』, 강범모, 김성도 옮김, 민음사, 1998.

· 폴 리쾨르, 『번역론-번역에 관한 철학적 성찰』, 윤성우, 이향 옮김, 철학과현실사, 2006.

· 프리쉬, 『외더란트 백작』, 손재준 옮김, 민음사, 1984.

· 한스 위르겐 딜러/요아힘 코르넬리우스, 『번역의 언어학적 문제』, 지광신, 최경

은, 권선형 옮김, 한국문화사, 2003.

· José Rodríguez Richart: Theorie und Praxis der Übersetzung von Bühnenstücken, in: Angelika Lauer u. a. (Hrsg.): *Übersetzungswissenschaft im Umbruch*, Tübingen 1996.

· Ulrich Kautz: *Handbuch Didaktik des Übersetzens und Dolmetschens*, München 2000.

# 4

## 번역에서 출판까지

최미경

**최미경**

이화여자대학교 통역번역대학원 조교수
서울대학교 불문과 졸업, 파리 소르본느 대학 불문학 박사
『열녀춘향수절가』, 『하씨 연대기』 등 번역

# 1. 전략으로서의 한국 문학 번역

한국 문학을 해외에 소개해야 하는 당위성은 무엇이며, 어떠한 전략이 필요한지에 대해서 살펴보도록 하자. 우리는 번역이 단순한 출발어와 도착어 사이의 대응이 아니며, 출발어 텍스트의 도착어 텍스트로의 치환으로 이루어지지 않는다는 점을 잘 알고 있다. 번역은 한 시대와 사회, 문화, 정치적 배경, 독자들과 밀접한 연관을 가지고 있는 복합적인 작업이므로 한국 문학을 해외에 효과적으로 소개하기 위해서는 일차적으로 훌륭한 번역을 제공해야 하며, 그 외에도 제반요소에 대한 고찰과 전략이 필요하다고 본다. 작품 선택, 작가 소개, 출판사 섭외, 해외언론 창구 등의 다양하고 복잡한 역할을 수행해야 하는 것이 번역자의 역할이다. 요즘은 한국문학번역원에서 출판사 섭외나 해외홍보에 대한 지원 활동을 강화하여, 번역자들의 부담이 줄어들고 있다. 그러나 아직도 많은 경우에 작가를 섭외하고 번역 동의를 얻는 일부터 현지 출판사와

의 인터페이스까지 다양한 역할이 번역자에게 요구되고 있다.

본 강의를 통해서 우리는 훌륭한 번역에 대한 논의는 물론, 번역의 부수적인 요소들에 대한 고찰을 하며, 다국적 학생들의 반응과 경험담을 교류하고, 각 언어권에 적합한 번역 및 출판 전략에 대해서 생각해보도록 한다.

### (1) 한국 문학 번역의 환경

21세기 한국은 민주화된 국가로 경제, 과학기술 역량, 한류를 비롯한 문화현상 등으로 인해 국제사회에서 국가적 위상이 높다. 그러나 이런 정치, 경제적 관심 및 위상에 비해서 한국 문학의 해외 진출은 아직 목표한 바에 도달하지 못했다고 판단된다. 한국 문학이 본격적으로 번역되기 시작한 것은 1980년도이며 특히 1990년도에 활발한 지원번역 작업과 그 지원 활동이 시작되었다고 볼 수 있다. 이처럼 한국 문학이 본격적으로 번역되기 시작한 시기가 상대적으로 늦었기 때문에 한국 문학의 해외 소개는 아직도 양적, 질적인 면에서 부족하다는 지적이 계속되고 있다.

지원기관(현재는 한국문학번역원과 대산문화재단, 유네스코 본부 등)의 번역 및 출판 작업에 대한 지원에 힘입어 동서양의 주요 언어로 문학 번역이 진행 중이나 한정된 수의 번역가들이 작업을 하고 있는 관계로 한국 문학의 일부 작가, 일부 작품만이 소개된 실정이다. 또 도착어 국가의 정치적, 문화적, 사회적, 언어적 환경(영어권, 영국, 불어권, 동양어권, 서반어권, 아랍어권 등)에 따라 작품의 수용도가 다르며, 영미권은 의외로 진척이 느린 편이다. 이것은 현지의 외국문학에 대한 호기심이나 수용도와도 밀접한 관계가 있으며 또 전문 문학 번역 인력의 역량에도 지대한 영향을 받는다. 불어권의 경우 1990년대 활발한 번역이 진행되었고, 프랑스 독자들이 아시아 문화와 문학에 대한 호기심을 가지고 지속적으로 시장을 지탱해오고 있으며 메이저 출판사들도 계속 관심을 가지고 출판에 참여하고 있어 상황이 좋은 편이다. 또 지원기관들도 번역 출판 지원을 넘어 홍보에도 지원을 하고 있고 그 긍정적인 효과가 나타나고 있다.

### (2) 한국 문학작품의 번역 의의

한국 문학작품은 인류의 문학과 문화의 다양성 진흥을 위해서 번역되어야 하며, 오랜 역사와 문화적 전통을 가진 한 나라의 문학을 소개하는 것은 뜻깊은 작업이므로 번역가는 사명감을 가지고 작업에 임해야 한다.

### (3) 한국 문학작품의 선정 작업

#### 1) 작가 선정

가능하면 해당 언어 국가에서 관심을 끌고 영향력을 행사할 수 있는 작가, 그러면서 한국 내에서도 문학적으로 인지도 및 명성이 있는 작가를 우선 선정하도록 한다. 한국 문학이 아직 많이 소개된 상태가 아니므로 해당 언어권의 문화, 문학 감수성을 고려하여 작가 선정을 해야 한다. 한국 내에서 인기 있는 작가라고 하여 해당 언어권에서 같은 성공을 거두리라는 보장은 없다. 물론 훌륭한 작품은 언어권과 무관하게 인정을 받는 보편적인 요소를 가지고 있다. 그럼에도 불구하고 역사적 배경, 시대적 배경, 문체 등, 특정 언어권에 더 친화력을 갖는 작품이 있음을 부인할 수 없다. 또 우리가 번역해야 한다고 생각하는 작품과 해외 출판 사에서 희망하는 작품 사이에는 괴리가 있을 수 있음을 인정하고 작가 선정에 신중해야 한다. 일단 선정하여 작품이 번역 출판된 작가는 일관 성 있게 지지하여 번역을 한다. 서구 언어권의 경우는 한 출판사에서 한 작가가 지속적으로 활동해나가는 것이 홍보도 유리하고 작가의 지명도 강화에도 도움이 된다.

## 2) 장르별 선정

해당 언어 국가에서 발달되었으며 독자들에게 인지도가 높은 분야에 우선 집중 번역 출판을 시도하는 것이 현 단계에서는 합리적으로 보인 다. 물론 한국 문학의 파노라마를 제공하기 위해서 장르별 대표작을 번 역, 소개할 필요도 있지만, 한국에서는 성공적인 장르라 하더라도 해외 에서는 같은 효과를 갖지 않는 경우도 있다는 점을 고려해야 한다. 예를 들면, 시는 한국에서 독자층이 두텁고 비평 분야에서도 많은 비중을 두 는 분야이며, 모든 문학상에는 소설과 시가 균등하게 배분되어 있으나 불어권의 경우 전혀 그렇지 못하다. 시 장르는 19세기 말을 정점으로 하여 쇠퇴하기 시작해서 시를 출판하는 출판사도 드물며, 독자들을 거 의 잃은 상태이다. 한국 시의 대표작 중 일부가 번역된 바 있으나, 시 문 학이 가지고 있는 언어와의 밀접한 관계, 음악성, 정서, 다의성 전달 면 을 고려하면 완성도 있는 작품이 소개되기가 더욱 어렵다고 판단된다. 그러므로 불어권의 경우, 소설 분야에 초점을 맞추는 것이 바람직하며, 시 번역을 위해서는 역량 있는 번역자를 양성할 필요가 있다고 본다.

### 3) 해당 문화권의 감수성 고려

우수한 한국 문학작품, 한국의 독자를 열광시킨 작품이라 하더라도 본래 작품이 생산된 문화와 완전히 다른 문화권의 감수성을 가진 독자들이 읽게 되었을 때 그 반응은 다를 수 있다는 점을 고려해야 한다. 프랑스에서는 큰 인정을 받지 못하는 작가 베르나르 베르베르가 한국에서 절대적인 환영을 받는 예를 보면 알 수 있다. 한국 문학이 해외에서 인지도가 높아져서 일본 문학이나 중국 문학처럼 많은 작품이 소개된 경우라면 모르지만 현 단계에서는 적절한 선택을 해야 한다고 본다. 한정된 인력으로 작품을 번역하여 소개하기 때문에 독자들에게 보다 효과적으로 한국 문학을 알릴 수 있는 작품을 우선 소개하고 더 일반화된 후에는 아주 한국적인 작품을 소개하는 것이 수순이라고 생각된다.

일부 번역 지원기관이나 번역자들은 한국에서 성공한 작품, 또 원로 작가의 작품을 먼저 소개해야 한다고 고집을 하지만 외국 독자의 반응은 뜻밖일 수 있다는 점을 고려해야 한다. 한국 영화의 경우를 보면 이해가 더 쉽다. 일례로 프랑스 관객들은 홍상수, 임상수, 김기덕, 임권택, 신상옥 감독 등의 작품을 보며 열광한다. 〈살인의 추억〉, 〈괴물〉 등의 봉준호 감독은 드물게도 한국과 프랑스에서 모두 환영받은 감독이다. 김기덕의 〈봄 여름 가을 겨울 그리고 봄〉은 프랑스에서는 수십만이 본 영화이며, 홍상수 감독의 작품은 파리의 영화관 어디에선가 반드시 상영이 되고 있다. 이런 현상은 감수성의 차이, 미적 감각의 차이에서 기인한다.

한국의 분단 문제, 민주화 과정 등에 대한 소설은 상당히 소개된 편이고 이제 해외 독자들은 다른 종류의 작품, 현재 한국 사회에 대한 작품을 기대하고 있다. 그러므로 지나치게 한국적이고, 민족주의적인 경향의 대하소설 등의 번역은 현 단계에서 제어되어야 한다고 본다. 한국 문학이 해외에 정착하고 다양한 경향의 작품이 동시에 수용되는 상태에 이르게 될 때까지 작품 선정에 있어서 해당 국가의 감수성을 고려해야 한다.

### (4) 번역자 / 공동번역자의 선정

#### 1) 진정한 의미의 공동번역자

우리에게 중요한 것은 누가 번역을 하는가보다 어떤 번역을 하는가라고 본다. 번역은 이중 언어자인 내외국인, 한국어를 B언어로 하는 외국인, 한국인과 외국인 교열자 팀이 수행해오고 있는데 한국인과 외국인 교열자 팀의 형태가 대표적이다. 번역자와 교열자의 능력에 따라 우수한 번역 여부는 결정되므로, 번역 형태보다는 수행 능력에 달린 문제라고 보겠다.

현 단계에서 문학을 전공했으면서, 한국어로 된 텍스트를 자국어로 독자적으로 번역할 수 있는 외국인 번역가는 각 언어권별로 극소수로 알려져 있다. 이 경우, 한국 문학을 소개하기 위해서는 대부분 한국인 번역자와 외국 언어권의 교열자가 팀을 이루어 작업을 하게 되며, 현재까지는 번역상 등의 성과는 대부분 이들 팀이 내고 있는 것으로 알려져 있고, 그런 이유로 보아 팀 단위의 작업은 성공적이라고 여겨진다.

그러나 모든 외국인이 교열자의 자격을 가지는 것은 아니다. 한국 문화에 대한 지식, 문학적 소양과 문체를 지녀야 하며, 특히 바람직한 문학 번역 방법론을 익힌 사람이어야 한다고 본다. 한국어에 대한 얕은 지식 때문에 출발어에 영향을 받은 대응 번역을 하여, 가독성이 많이 부족한 번역본이 나오는 경우가 있다. 이 경우, 오히려 한국어를 전혀 모르는 교열자의 경우, 한국어의 간섭에서 벗어나 자국어의 용법에 적절한 자연스런 번역문을 배출한다고 본다. 또 한국인 번역자가 한국어의 표현을 그대로 대응시킨 번역을 했을 때에도 그 오류를 바로잡을 수 있어야 한다.

### 2) 공동번역의 경우 번역자와 교열자의 협력 과정

공동번역의 경우, 번역자와 교열자는 다음 과정을 거친다고 본다. 물론 이 과정이 구두로 진행되는 경우도 있고, 텍스트로 주고받는 과정을 거치는 경우도 있다. 번역 팀에 따라 번역방식은 다르다.

1차 번역 – 공동번역자 교열 – 2차 번역 – 공동번역자 교열 – 재교열 반복 – 출판사의 최종교열

여기서 중요한 점은 1차 번역자는 공동번역자의 출발어 능력에 따라서 번역의 상세함과 원본 텍스트에 대한 정보제공을 해야 한다는 점이다. 예를 들어 단순히 대응 번역이 어려운 문체에 대해서는 어학적인 요소에 대한 정보도 제공하는 등 교열자로 하여금 번역문을 정확히 이해하고 원본의 문체에 대한 정보를 파악할 수 있는 배려를 해주어야 한다. 또 교열 과정에서는 교열자가 잘못 이해한 부분이 없는지 단순한 어학적 교정이 아닌 전 과정에 걸친 이중 확인(이해–재표현/재이해–재표현) 과정이 되어야 한다. 교열자 역시 단순히 문법이나 어학적 실수를 교정하는 정도가 아니라 완전히 출발어 텍스트를 이해하고 그 내용을 도착어의 자연스런 표현으로 다시 쓴다는 생각으로 작업에 임해야 한다.

문학텍스트의 번역본은 문학텍스트가 되어야 한다. 즉 문학텍스트가 주는 문체로 인한 독서의 즐거움이 재표현되어야 한다. 거칠게 잘못 번역되어서 작가와 원작에 누를 끼치는 일이 없어야 한다.

### (5) 번역과 지원금 / 포상

한국문학번역원과 대산문화재단, 유네스코 등에서 한국 문학의 해외 소개 작품에 대한 번역, 출판 지원금을 지급하고 있다(지원 양식과 자격 등에 대해서는 인터넷 사이트 www.klti.or.kr, www.daesan.org, www.unesco.fr이나 관련 자료를 참고할 것).

## 2. 번역에서 출판까지

번역 완성 후, 출판을 시도함에 있어서 아직도 많은 경우 번역가가 출판사를 섭외하게끔 되어 있다. 완성된 번역본을 해당 언어권 출판사에 보내고 가능하면 전문 문학 출판사를 섭외하도록 노력한다.

전문 문학 출판사 선정의 필요성(번역 원고를 검토하고, 작가에 따라 출판여부를 결정하며, 서문 등을 달고, 주를 검사하고, 번역자에게 제안과 충고를 하는 것이 필요)에 대해 언급하는 이유는 전문 출판사가 아닌 자비 출판사에 작품을 의뢰하면 출판사의 편집 작업이 전혀 없이 출판되어 오류가 자주 발견되며, 홍보가 전혀 되지 않고, 서점에 보급이 되지도 않을 뿐더러, 그런 출판사에서 작품이 나온 작가로 분류되어 작가의 명성에 치명적인 영향을 끼치기 때문이다.

## (1) 출판사 선정

### 1) 대형 출판사

외형적인 인지도는 있으나 홍보 등 언론에 알리는 역할이 부실한 경우가 많으며, 외국 작가보다는 자국 작가를 더 홍보하는 경향이 많아 일장일단이 있다고 본다. 불어권의 경우 대형 출판사에서 처음부터 출판된 작가의 경우, 홍보 등의 부실로 인해 인지도를 높이는 데 어려움이 있다. 한국 문학의 가장 바람직한 전력은 한국 작가를 자사의 중요한 작가로 밀어줄 중소형 출판사에서 시작해 언론 홍보로 인지도를 얻은 후에 대형 출판사로 이동하는 것이라고 본다.

### 2) 소형 출판사

전문 문학 출판사의 경우, 대형 출판사의 작가를 구비하지 못하고 있기 때문에 외국 작가의 작품도 집중적인 홍보를 하며, 출판사의 총력을 기울이기도 한다. 홍보와 지속적인 작가 지원 정책 확인(소형과 대형 출판사의 차이)이 필요하다. 단점은 소형이기 때문에 보급망이 좋지 않을 수 있다. 이 점도 고려의 대상이며, 지속적으로 작가를 지원할 의지가 있는지도 확인해야 할 점이다.

### 3) 자비 출판사

번역이 출중하지 못한 경우 해외 출판 시에 자비 출판사에 가는 경우가 종종 있는데 장기적으로 한국 문학의 홍보에 장애가 될 수 있음을 환기할 필요가 있다.

## (2) 현지 사정 고려

해외 출판 시 어학적, 문화적, 산업적인 측면에서 현지 사정을 고려할 필요가 있다. 경제의 발전 정도에 따라서, 언어의 우위 문제, 문화의 우위 문제가 있음을 알 수 있다. 세계에는 몇 개의 중심 언어로 불어, 스페인어, 영어, 아랍어, 중국어가 있고 그 주위의 언어가 있으며, 중심 문화권을 주위 문화권이 둘러싸고 있다. 미국 문화와 언어는 한국 문화와 언어보다 지배적인 위치에 있는데, 이는 미국 문학이 한국 문학보다 우수하다는 뜻이 절대 아니며 한 시대의 부국의 문화가 대표문화로 인정받기 마련이라는 의미이다. 문화 생산에서 문화의 가치와 상관없이 경제적 가치 중심의 출판 활동이 전개된다. 한국의 출판계가 어떻게 돌아가는지를 보면 알 수 있다. 또 한국 도서 시장의 불황을 이해하면 타국 사정도 이해하게 된다.

예를 들면 프랑스의 경우, 전문 문학도서 판매부수가 한국에서보다 저조하여 저명한 프랑스 작가라 하더라도 만 부 판매가 용이하지 않으며 공쿠르상 등을 수상하면 10만 부 판매가 이루어지는 정도이다. 한국 독자들이나 영화관객처럼 편중현상이 나타나는 경우는 거의 없다. 프랑스에 성공적으로 소개된 황석영의 경우, 쥘마 출판사에서 출간된『한씨 연대기』『삼포 가는 길』등의 단편집 2권은 초판이 1년 만에 거의 절판되고 2판은 포켓판으로 각 8,000권씩 인쇄되어 판매 중이다. 황석영의 경우는 국내외적으로 큰 성공을 거둔 작가로 볼 수 있다.

## (3) 한국 문학작품의 독자

### 1) 이국정서 추구자

일반적으로 호기심을 가지고 작품을 구입하는 독자층으로 번역 시에 이 독자군을 염두에 두고 문화적 요소 등에 대한 수위조절을 한다. 이 독자군은 한국에 대한 큰 지식은 없으나 월드컵, 정치적 사건, 한류, 방송, 홍보 등의 영향에 따라 한국 문학작품을 구입한다.

### 2) 한국 전문가, 연구원

한국과 관련된 학술, 문화, 경제 부문에 종사하는 자로서 의무적으로 한국에 관련된 모든 서적을 구입, 독서하는 층으로 전문적인 식견을 가지고 있다. 그러나 그 수는 한정되어 있다.

### 3) 한국 문학 애호가

한국 문학에 어떤 연유로 입문, 지속적으로 읽는 독자로 일본이나 중국 문학에 대해서도 해박한 경우가 많다. 번역자, 한국 문학 관련 학문 종사자 또는 한국 근무자 등이 있으나 그 숫자는 일반 독자에 비해 많지 않다.

## (4) 홍보

한국문학번역원과 대산문화재단, 유네스코, 프랑스 도서국 등에서 번역과 출판에 대한 지원을 해주고 있으며, 경우에 따라서는 홍보 및 작가 교류 등에 대한 지원도 하고 있다. 홍보 지원에 있어서 현지 출판사가 희망하는 방식으로 지원하는 것이 바람직하다고 여겨진다. 언론 인터뷰, 독자와의 만남, 서점 대표 등과의 만남 등이 자주 주선되어야 한다. 프랑스의 경우 서점이 독자의 작품 선택에 막대한 영향을 미친다고 알려져 있다. 서점은 단순히 책을 판매하는 곳 이상으로 일종의 독서 안내자의 역할도 한다. 대형서점의 권장도서 목록에 들거나, 그해의 책으로 선정되면 판매부수가 상당히 오른다.

## 3. 번역자의 윤리

모든 번역에 있어서 번역자는 윤리를 지켜야 한다. 특히 한국어를 외국어로 번역하는 경우는 종사자 수도 적고 번역자의 역할이 중요한 만큼 반드시 지켜져야 한다.

### (1) 도덕적 · 윤리적 책임(첨삭, 왜곡 등의 문제)

일부 번역자는 작품의 난해한 부분은 생략하거나 왜곡 번역하는 경우가 있다. 작가가 스스로 새로운 버전을 마련해준 경우를 제외하고 번역자 스스로 작품에 손을 대는 것은 번역 능력 부족에서 오는 비윤리적 행동이다.

### (2) 덕목(겸손)

작품이 해외에서 출판되었다는 점에 고무되어 자만하는 번역가들이 종종 있다. 외국어로 작품을 번역 · 출판하는 것은 더욱 더 무거운 책임을 져야 한다는 점을 상기하고 책임감 있게 작업해야 한다.

### (3) 번역자간의 연대감(춘향전, 판소리 등의 예)

소수의 번역자가 작업을 하므로 정보교환, 격려, 연대감을 나눌 필요가 있다. 특히 해외 출판계에 대한 정보, 작가에 대한 반응, 정보교류 등은 우리의 공동의 목표를 위해서 대단히 필요한 일이다.

## 〈 번역 작업 〉

### 1. 번역이란?

– 번역의 정의와 과정

번역은 출발어로 쓰인 하나의 텍스트를 주어진 시대적, 문화적, 역사적 배경 하에 도착어로 바꾸어 독자에게 전달하는 종합적, 총체적인 전달 행위이다. 번역은 한 언어를 다른 언어로 바꾸는 작업이 절대로 아님을 잊어서는 안 된다. 언어들은 각각 형태, 의미 등의 차이로 인해 번역될 수가 없다. 1차적으로 뜻이 같은 단어라 하더라도 의미의 장을 넓히면 금방 뜻의 영역이 확장되고 달라짐을 알 수 있다. 번역의 대상은 한 언어를 가지고 작가의 독특한 언어사용방식을 통해 쓰여진 작품임을 잊지 말자.

– 번역과 통역의 관계

통역과 번역 과정은 시간성, 순발성, 현재성(통역 주제의 특성) 등을 제외하고는 유사한 점이 많다. 의미를 중심으로 비언어화 과정을 거쳐서 재표현이 된다는 점에서 과정 자체는 유사하다. 번역에 있어서 재표현이 더 엄격한 기준을 요구하며, 높은 가독성을 기준으로 한다면 통역은 현장에서 순발력 있는 의사전달을 목표로 한다.

또 기술 번역과 문학 번역도 번역과정은 유사하나 재표현에 있어서의 지향하는 완성도가 다를 뿐이다.

## 2. 번역의 요소들

– 누가 번역을 하는가

번역사의 자질 : 언어능력, 이해력, 분석력, 비판력, 순발력, 학문적
　　　　　　　호기심, 풍부한 배경지식, 건강한 신체

번역사의 역사적 역할 : 문화, 종교, 지식, 역사, 언어 보존과 발전에
　　　　　　　　　　기여


– 무엇을 번역하는가

텍스트, 연설문, 영화, 연극대본, 만화, 신문기사, 서적, 문서, 문학작
품 등등


– 왜 번역을 하는가

지식 보급, 종교 전파, 역사 보존, 교육 목적, 국제회의, 방송용, 근대
화 등등


– 언제 번역을 하는가

동시대, 후대(톨레도 학파, 바그다드 번역학파, 르네상스 등)


– 누구를 위해서 번역을 하는가

독자(다양한 경우 발생) 및 번역 의뢰자


– 어떻게 번역을 하는가

이해 과정, 의미의 비언어화 과정, 재표현 과정을 거친 효과적인 방법
론 채택이 중요하다. 파리 ESIT의 통역적 번역, 의미이론에 근거한
번역이 실효를 거두고 있음을 번역 시장에서 확인할 수 있다.

# 5

## 번역의 전략과 실천

손지봉

**손지봉**

이화여자대학교 통역번역대학원 부교수
고려대학교 영문과 졸업, 한국학중앙연구원 대학원 어문고전 문학박사
「한국 설화의 중국인물 연구」,「한권으로 끝내는 중국어통역」등 저서 다수
「꽃으로도 때리지 말라」(김혜자) 등 번역

## 강의를 시작하며

　원문의 내용을 충실히 도착어로 옮기면 되지 번역에 무슨 전략이 필요하냐고 할지 모른다. 그러나 번역에도 좋은 번역과 나쁜 번역이 있다는 점을 인정해야 한다. 그리고 좋은 번역을 하고자 한다면 먼저 번역의 전략을 짜야 한다.

　번역의 전략은 적이 모르게 짜야 하는 군사전략과는 다르다. 사실은 지극히 당연하고 단순해서 누구나 알 만한 내용이다. 그러므로 전략을 아는 일보다는 그 전략에 따라 충실히 번역하는 일이 더 중요하다. 번역의 전략은 다음 네 단계로 이루어진다.

　첫째는 전문(全文) 통독 단계이다. 문학 번역은 내용에 대한 이해도 중요하지만 전체적인 분위기를 파악해야 문학적 번역이 가능해진다.

　교수신문에 2005년 5월부터 9월까지 공자의 『논어』, 주희의 『근사록』, 일연의 『삼국유사』, 맹가의 『맹자』, 장주의 『장자』『시경』, 원효의

『금강삼매경론』, 루쉰의 『아큐정전』『광인일기』, 사마천의 『사기열전』, 나관중의 『삼국연의』 등을 대상으로 번역에 대해 논의를 편 기사가 실렸다. 이 중에 루쉰의 작품은 번역이 꼼꼼하게 잘 되기는 했으나 직역 위주로서 루쉰의 문체를 제대로 살리지 못했다고 평가하고 있다. 이처럼 정확한 내용 번역뿐 아니라 문체의 맛까지 살려야 한다는 점이 문학 번역의 어려움이다.

나관중의 『삼국연의』는 해방 후에 나온 번역판만 해도 60종이 넘으며, 해방 전 번역까지 합하면 그 두 배에 달할 것이라고 하는데 이는 『삼국연의』가 한국 독자들에게 인기를 얻었기 때문이기도 하지만 그만큼 완벽한 번역이 이루어지지 않았다는 말이기도 하다. 특히 이 번역물들을 정역류/평역류/재창작류 등으로 분류하기도 하는데 이는 번역자의 자질과 번역의 목적 등에 의해 나타난 차이이다. 필자는 번역은 정역이어야 한다고 생각하지만 청소년을 위한 축역도 필요하다고 본다. 그러나 오역과 누락은 어떤 경우에도 지양해야 한다.

둘째는 초벌번역 단계이다. 전문통독을 통해 체득한 느낌을 살려서 전체적 흐름에 따라 번역하는 일이다. 초벌번역이라고 해서 다음에 수정할 것을 생각하고 대충 번역해서는 안 된다. 전문용어와 문화적 차이 등으로 인해 별도의 조사가 필요한 용어나 내용 등을 제외하고는 제대로 번역해야 한다. 즉 문장에 번역투의 흔적이 남지 않도록 깔끔한 번역을 해야 한다는 말이다.

셋째는 원본과의 대조를 통한 수정 단계이다. 이때 먼저 초벌번역에서 미루었던 자료 조사를 수행하여 빈틈을 메우는 작업을 해야 한다. 이 경우에 조사가 필요했던 전문용어의 경우 용어 설명을 각주로 처리해야 할지 아니면 본문에 설명을 붙여야 할지 결정해야 한다. 문화적 특징을 나타내는 단어의 경우, 예를 들어 한국의 '화투'와 같은 오락물을 중국어로 번역할 경우 '마작'이라는 중국 오락물로 전환시켜야 할지 아니면 설명을 붙여야 할지 등을 결정한다. 이런 결정을 내리는 원칙은 어디까지나 도착어 독자의 입장에서 정해야 하는데 이는 넷째 단계이기도 하지만 처음부터 독자의 입장을 반영한다면 넷째 단계가 훨씬 수월하게 된다.

넷째는 독자 입장에서 읽고 수정하는 단계이다. 책의 집필은 작자의 창작의욕에 의해 이루어지지만 그 책이 책으로서 평가되는 것은 독자에 의해서이다. 그러므로 작자는 집필할 때 대상 독자의 성격을 고려해야 한다. 번역물의 경우 독자의 중요성은 배가된다. 그러기에 도착어를 모국어로 하는 번역자가 번역을 하기 마련이다. 그러나 번역자는 원전을 읽은 상태에서 번역을 하게 되므로 번역물을 읽을 때 원전의 간섭에서 자유로울 수 없다. 이는 번역물의 결점을 찾기 어렵게 하므로 순수하게 번역물로만 내용을 이해하는 독자의 입장에서 번역물을 읽는 과정을 거쳐야 한다. 필요할 경우 표준 독자를 선정하여 읽혀보는 것도 좋은 방법이다. 이런 방법은 컴퓨터업계에서 새로 개발된 프로그램을 시험판으로 공개한 뒤에 결점을 보완하여 상품을 출시하는 행위와 유사하다.

본 강좌에서는 위와 같은 네 가지 단계 중에서 특히 첫째 단계를 위주로 강의를 진행하고자 한다. 첫째 단계는 다른 모든 단계의 기초가 되는 단계로 기초가 튼튼해야 다른 단계가 수월하게 진행될 수 있기 때문이다.

# 전문(全文) 통독 단계

전문 통독 단계는 전문을 이해하는 단계이며, 원본 텍스트인 한국어 문장에 대한 이해가 필요한 단계이기도 하다. 한국어 문장은 어떤 특성을 지니고 있으며, 특히 번역할 때 주의해야 할 요소는 무엇인지 이 점이 본 강좌에서 다룰 내용이다.

한국어는 존비어가 엄격하며, 조사와 어미가 발달하였다. 비속어, 문화어, 전문용어에 대한 이해가 있어야 하며 특히 전통시대를 배경으로 하는 경우 이런 점이 두드러진다. 이와 같이 한국어를 외국어로 번역할 때 주의해야 할 대표적 요소들을 차례대로 살펴보도록 한다.

## (1) 문장분석

한국어는 어미변화의 특성 탓인지 유난히 만연체의 문장이 많다. 한국어 문장의 번역은 이런 문장을 제대로 이해하는 것에서부터 시작한다고 해도 과언이 아니다.

▶ ① 선생이 알 듯 말 듯한 미소에 젖어 조는 듯 서안(書案) 앞에 앉아 있을 때,
　② 그리하여 당신의 영혼은 이제는 다만 지난 영광의 노을로서만 파악되는 어떤 유현한 세계를 넘나들 때나
　③ 신기(神氣)가 번득하는 눈길로 태풍처럼 대필(大筆)을 휘몰아갈 때
　④ 혹은 뒤곁 한 그루의 해당화 그늘 아래서 탈속한 기품으로 난을 뜨고 거문고를 어룰 때는
　⑤ 그대로 경건한 삶의 한 사표(師表)로 보이다가도,
　⑥ 그 자신이 돌보아주지 않으면 반 년도 안 돼 굶어 죽은 송장을 쳐야 할 것 같은 살림이나,

⑦ 몇몇 늙은이와 이제는 열 손가락 안으로 줄어든 문인들을 빼면 일 년 가야 찾아
　주는 이 없는 퇴락한 고가나,

⑧ 고된 들일에서 돌아오는 그를 맞는 석담 선생의 무력한 눈길을 대할 때면

⑨ 그것이야말로 반드시 벗어나야 할 무슨 저주로운 운명처럼 느껴졌다.

(이문열, 「금시조」)

　이 문장은 석담 선생의 문하에서 석담을 계속 모시고 싶어하면서도 다른 한편으로는 벗어나고자 하는 고죽(주인공)의 심리를 묘사한 문장이다.

　이 문장은 '~이 ~에게 ~으로 여겨졌다'를 기본형으로 하는 두 개의 문장으로 이루어져 있다. ①~⑤가 첫 번째 문장이고 ⑥~⑨가 두 번째 문장이다. 첫 문장의 서술어는 '보이다가도'이며, 두 번째 문장의 서술어는 '느껴졌다'이다. ①~④를 보면 '스승의 표본(師表)'으로 보이다가 ⑥~⑧을 보면 '저주로운 운명'으로 느껴졌다고 하여 대조 되는 양상을 보인다.

　전자가 스승의 행위와 거기서 나오는 기품을 나열하고 있다면 후자는 스승을 둘러싼 외면적인 상황 즉 살림, 주택, 외모 등을 제시하고 있다. 이들이 대등한 대조사항이 아님에도 불구하고 작가는 양자를 병렬시켜서 주인공이 갈등하는 마음의 원인을 객관화하고 있다. 그러므로 번역에 있어서 이들의 대조양상을 살리는 방법이 관건이 될 것이다.

〈 어휘 〉

· 젖어 ─ 기본형 '젖다'

1. 액체가 배어들어 축축하게 되다. ¶옷이 비에 젖다.

2. 어떤 마음의 상태에 깊이 잠기다. ¶향수에 젖다.

3. 몸에 배어 버릇이 되다. ¶인습에 젖다.

4. 되풀이되어 귀에 익다. ¶귀에 젖은 목소리. 젖어·젖는[전─]


· **노을**

사전적 정의는 '해가 뜨거나 질 때 하늘이 벌겋게 물드는 현상'이다. 그런데 여기서는 '지난 영광의 노을'이라고 했으므로 지는 노을 즉 석양을 말하며, 영광스런 기간은 지났지만 그럼에도 불구하고 스승에게서 영광스러웠던 자취가 완연히 나타남을 비유한다.


· **눈길**

본래 '눈'에는 다음과 같은 여러 가지 뜻이 있다.

1. (사람이나 동물의) 물건을 보는 감각 기관. 목자(目子). [빛의 자극으로 보는 기능이 생김]

2. 물체를 볼 수 있는 능력. 시력. ¶눈이 좋다./ 눈이 나빠 안경을 끼다.

3. 어떤 사물을 보고, 그 사물의 옳고 그름이나 좋고 나쁨 따위를 가려내는 능력. ¶눈이 너무 높다./현대 미술을 보는 눈.

4. ☞눈길1. ¶눈이 마주치다./뭇사람의 눈을 끌다.

5. 어떤 사물에 대해 갖는 생각이나 태도. ¶내 눈에는 네 옷차림이 영 못마땅하다./슬픈 눈으로 하늘만 쳐다보다.


이 중에 여기서는 4의 뜻, 즉 '눈이 가는 방향'이라는 뜻으로 한정해서 표현함으로써 붓글씨를 쓰면서 오로지 한 방향에 전념하는 자세를 표현하였다.

· 뜨고 — 기본형 '뜨다'

'뜨다'는 아래와 같이 11가지의 뜻으로 쓰이고 있으며, 이들은 다시 42가지로 활용된다. 이 가운데 본문에서 나온 '뜨고'는 어떤 뜻을 지니고 있는가?

### 뜨다 1[뜨니·떠][자동사]

1. (가라앉지 않고) 물 표면에 있다. ¶인당수에 뜬 연꽃. ↔ 가라앉다.
2. (땅에 떨어지지 않고) 공중으로 솟아오르거나 공중에 머물러 있다. 비행기가 뜨다.
3. (달·해·별 등이) 솟아오르다. ¶보름달이 뜨다. ↔ 지다1.
4. (연줄이 끊어져 연이) 날아가버리다. ¶연싸움에서 내 연이 맨 먼저 떠버렸다.
5. (마음이 안정되지 않고) 들썽거리다. ¶결혼을 앞둔 김 군은 마음이 떠서 일손이 잡히지 않는 모양이다.
6. 꾸어준 돈이나 물건을 떼이게 되다. ¶10만 원 돈이 떠버렸다.

### 뜨다 2[뜨니·떠][자동사]

1. (쌓여 있는 곡물·채소·풀·짚 따위가) 열을 내어 썩기 시작하다. ¶답쌓인 짚더미가 뜨다.
2. (메주·누룩 따위가) 발효(醱酵)하다. ¶메주가 뜨다.
3. 얼굴에 병색이 누렇게 나타나다. ¶얼굴이 붓고 누렇게 떴다.

### 뜨다 3[뜨니·떠][자동사]

1. (시간·거리·감정 따위에) 거리가 생기거나 사이가 멀다(멀어지

다). ¶동안이 뜨다./편지 왕래가 뜨다./두 사람 사이가 뜨다.

2. 틈이나 공간이 생기다. ¶벽지가 떠서 쿨렁쿨렁한다.


**뜨다 4[뜨니 · 떠][타동사]**

1. 비우다. ¶잠시 자리를 뜨다.

2. 거처를 멀리 옮기다. ¶고향을 뜨다.

3. 퇴직하다. ¶직장을 뜨다.

4. 죽다. ¶세상을 뜨다.


**뜨다 5[뜨니 · 떠][타동사]**

1. (액체나 가루 따위를) 용기(容器)로 퍼내거나 푸다. ¶삽으로 흙을 뜨다./바가지로 물을 뜨다.

2. (물 위에 떠 있거나, 얕게 가라앉은 것을) 걷어내거나 건져 올리다. 수제비를 떠 담다.

3. (한지나 김 따위를) 틀에 펴서 낱장으로 만들다. ¶종이를 뜨다./김을 뜨다.

4. 밥그릇에 숟가락질을 하며 먹다. ¶죽을 떠먹다.


**뜨다 6[뜨니 · 떠][타동사]**

1. 〈'각(脚)'과 함께 쓰이어〉 잡은 짐승의 고기를 일정한 크기로 떼어내다. ¶각을 뜨다.

2. 〈'포(脯)'와 함께 쓰이어〉 고기를 얇게 저미다. ¶포를 뜨다.

3. 큰 덩이에서 알맞은 크기로 떼어내거나 깨어내다. ¶뗏장을 뜨다./구들장을 뜨다./얼음장을 뜨다.

4. 못자리에서 모를 뽑아서 단을 짓다. ¶모를 뜨다.

5. 깁 따위를 옷감으로 필요한 만큼 끊어서 사다. ¶혼숫감을 뜨다.

## 뜨다 7[뜨니 · 떠][타동사]

1. 감은 눈을 열다. ¶눈을 번쩍 뜨다. ↔ 감다1.

2. 처음으로 귀의 청각을 느끼다. ¶갓난아기가 귀를 뜨다.

3. 시력을 다시 찾다. ¶장님이 눈을 뜨다.

## 뜨다 8[뜨니 · 떠][타동사]

1. (무엇을 만들기 위해) 실 · 끈 · 노 따위로 짜거나 엮다. ¶그물을 뜨다./양말을 뜨다./매미채를 뜨다.

2. 한 땀 한 땀 바느질을 하다. ¶두 땀씩 떠서 상침을 놓다.

3. 먹실로 살갗에 문신을 새기다. ¶팔에 용을 뜨다.

## 뜨다 9[뜨니 · 떠][타동사]

1. 소가 뿔로 무엇을 받다. ¶소가 사람을 뜨다.

2. 씨름에서, 상대자를 힘껏 들어올리다. ¶배지기를 뜨다.

3. (무거운 물건을 목도로) 들어 옮기다. ¶목도로 바위를 뜨다.

## 뜨다 10[뜨니 · 떠][타동사]

1. 꼭 같은 것을 그리거나 박아 내기 위하여 본 따위를 만들다. 〈주로, '본' 과 함께 쓰임.〉 ¶본을 뜨다./지형(紙型)을 뜨다.

2. 약쑥을 경혈(經穴)에 놓고 태우다. 〈주로, '뜸' 과 함께 쓰임.〉 ¶뜸을 뜨다.

**뜨다 11[뜨니 · 떠][형용사]**

1. (말이나 행동이) 느리다. ¶동작이 뜨다.
2. 발육이 더디다. 늦되다. ¶돌이 지나도 못 서다니 자라는 것이 뜨구나.
3. 감수성이 둔하다. ¶무뚝뚝하고 눈치도 뜨다.
4. 말수가 적다. ¶말수가 뜨다.
5. 쇠붙이 따위가 불이나 열에 잘 달지 않다. ¶뜬 다리미.
6. 물매가 가파르지 않다. ¶기울기가 뜨다.
7. 연장의 날이 무디다. ¶면도날이 뜨다.


본문의 '뜨다'는 이 중에 '뜨다 10'의 뜻에 속한다. 대개 난초를 그리는 것을 난을 '친다'(이 '치다' 역시 대표적인 다의어 중의 하나이다)고 표현한다. 그런데 여기서는 '뜨다'라고 하여 스승님이 뒤뜰에서 난초를 모사한다는 뜻으로 쓰였다.


· **어룰 — 기본형은 '어르다'**

어르다는 다음과 같은 뜻을 지닌다.


**어르다 1[어르니 · 얼러][동사]**

1. 어린아이를 달래거나 즐겁게 해주려고, 몸을 추슬러주거나 또는 무엇을 보여주거나 들려주다. ¶엄마가 아기를 어르고 있다.
2. 사람이나 짐승을 놀리며 장난하다. ¶고양이는 쥐 한 마리를 물어 와서 앞발로 어르고 있었다.
3. 어떤 일을 하도록 사람을 구슬리다. ¶나는 싫다는 그녀를 회의에 참

석하도록 어르고 달래 보았다.

## 어르다 2

〈어우르다〉의 준말.

## 어르다 3

〈옛말〉혼인(婚姻)하다. 교합(交合)하다. ¶ 담 야 남진 어르기 며(月釋 1:44).


‘어룰’과 비슷한 ‘어룬’은 ‘어른’의 뜻과 ‘사랑하는’이라는 뜻을 지니므로 혼인하다, 교합하다의 뜻을 지닌 ‘어르다 3’이라 볼 수 있다. ‘거문고를 어룬다’는 것은 ‘거문고를 사랑스럽게 어루만진다’는 뜻을 담고 있다.


### (2) 존비어

존비어는 ‘존칭어’ ‘겸양어’ 등으로 나누어 부르기도 하는데 이는 한국어의 대표적 특성으로 여겨지며, 외국인이 한국어를 배울 때 가장 어려워하는 요소이기도 하다. 존비어는 외국어에 아예 없거나 있더라도 미약한 편이므로 그 뉘앙스를 살리는 문제는 간단한 일이 아니다. 그러나 무엇보다 존비어에 대한 명확한 이해가 없으면 전문을 이해하는 과정에서 막힐 수 있다. 이에 대해 살펴보면 다음과 같다.

▶ ① 상화가 돌아간 뒤 어머니와 아내는 자기 방으로 돌아가려는 허준을 불러앉히고 다시 마주앉았다.

② 유의태가 자기를 잊었듯이 자기 또한 유의태를 잊었노란 말에 가슴이 아파서였다.

③ "그래도 기다려야지. 단 한 번 실순데 지성으로 기다리노라면 용서해주시마 기별이 오지 않겠어."

④ "아니옵니다."

⑤ "왜 나쁜 쪽으로만 생각하느냐. 그래도 수많은 제자 중에 더구나 당신의 자식까지 젖혀놓고 너를 창녕에 보냈을 적에는 너의 재주를 인정한다는 것 못지않게 네게 유별한 사랑이 계셔서 지목한 게 아니리."

⑥ "……"

⑦ "아무튼……" 하고 아내가 조용히 끼어들었다.

⑧ "오늘은 특별한 날이올시다. 따로 깊은 인연이 없다 하더라도 웃어른들이나 평소 도와주신 분들을 찾아뵙고 세배를 드리는 것이 도리올시다."

⑨ "그래서?"

⑩ "하오니 유의원님을 찾아뵙고……"

⑪ "사죄하란 말이오?"

⑫ "왜 못하느냐. 잘잘못 떠나 윗분에게 사죄하는 건 아랫사람의 도리요 허물이 아니지 않느냐."

⑬ "건너가겠습니다."

　허준이 몸을 일으켰다.


　위 작품은 이은성의 『동의보감』에 나오는 한 대목이다. 이 장면은 스승인 유의태와 허준의 사이가 멀어진 뒤에 허준의 어머니 손씨와 아내는 늘 유의태가 다시 허준을 불러줄 것을 기대했는데 그 수제자인 상화가 찾아와서 유의태는 이미 허준을 잊은 것 같다는 말을 하자 허준 자신도 유의태를 잊었다고 한 뒤에 이어지는 장면이다. 이 중에 세 사람의 대화 장면을 주의해서 보자.

　③, ⑤, ⑫ 등은 어머니의 대화로 모두 아들에게 하는 말이다. 아랫사

람에게 하는 말이므로 모두 반말로 이루어져 있다. 이는 어미가 '~하지, ~겠어, ~느냐'와 같은 '해라체'이다.

④, ⑥, ⑨, ⑪, ⑬ 등은 허준의 대화로 이 중에 ④, ⑥, ⑬은 어머니와의 대화인데 '~습니다'라는 '합쇼체'로 이루어져 있다. ⑨, ⑪은 아내에 대한 대화로 ⑨는 말을 축약하여 반말처럼 했으며, ⑪은 '~오'라는 '하오체'로 하여 조금 높이는 말을 하고 있다.

⑦, ⑧, ⑩ 등은 아내의 대화로 모두 허준에게 하는 말로 '~올시다'라는 '합쇼체'로 이루어져 있다. 그러나 이 '~올시다'는 '~습니다'보다는 낮춤말이다.

이처럼 가장 높은 사람인 어머니에게는 '습니다', 남편에게는 '~올시다', 아내에게는 '~오', 아들에게는 '~느냐' 등의 경어법을 적용하여 이 말투만 보고도 발화자와 청취자를 파악할 수 있다는 것이 한국 경어법의 특징이다.

기타 ①의 경우 주어는 주격조사인 '는'이 '어머니와 아내'에 붙어 있어 복수인 듯하지만 '불러앉히는' 행위는 윗사람이 아랫사람에게 할 수 있는 일이므로 이 문장과 ②의 엄격한 주어는 어머니인 셈이다.


한국어의 경어법은 크게 네 단계로 이루어지는데 높임말인 '합쇼체', 낮춤말인 '해라체', 중간 단계인 '하오체'와 '하게체' 등이 있다. 이외에 한국어에는 낱말 자체가 경어와 평어로 나뉘는 경우를 주목할 필요가 있다.

| | | |
|---|---|---|
| 진지 — 밥 | 연세 — 나이 | 약주 — 술 |
| 부군 — 남편 | 주무시다 — 자다 | 잡수시다 — 먹다 |
| 여쭤보다 — 물어보다 | | |

경어) 아버지께서 진지를 잡수신다.

평어) 내가 밥을 먹는다.


경어) 할아버지 연세가 얼마시냐?

평어) 네 나이가 몇이냐?


경어) 다음에는 부군과 함께 오십시오.

평어) 이 사람이 제 남편입니다.


다음 글은 유의태의 부인 오씨가 허준을 꾸중하는 장면으로 오씨의 아들인 도지, 허준 그리고 유의태의 상호 대화체가 잘 나타나 있다. 이들은 어떤 존비어를 사용하고 있는지 확인해보자.


▶ 오씨가 혼자 발을 구르다가 곁에서 묵묵한 도지에게 소리쳤다.

"놔두시지요."

"놔두다니? 아니 지가 이 집 사람이면 한 사람의 병자라도 찾아서 끌고 와야 밥값을 하는 것이지 내 집에 올 병자를 가로채 제 주머닐 불리는 꼴을 보고도 그냥 놔둬?"

"들어보니 큰 병자들은 아니올시다."

"큰 병자 작은 병자 떠나 난 알고는 그냥 못 둔다. 이놈 듣거라."

허준이 고갤 들었다.

"예."

"이러니저러니 긴말할 것 없다. 네가 의원의 재줄 배웠다면 다 뉘 집에서 배운 것이냐. 그걸 알거든 돈일랑 당장 내 집으로 들여놓고 내 집에선 썩 나가거라."

"소란하게 굴 것 없소!"

등 뒤에서 유의태의 소리가 난 건 이때였다.

등불을 든 어린 제자 상화를 곁에 세우고 유의태가 서 있었다.

"글쎄 여보?"

"얘긴 듣고 있었네."

유의태가 아내의 말을 끊고 그 눈이 허준에게 향해 왔다.

"긴 발명 필요 없다. 당장 집에 달려가 네가 대한 병자들에게 무슨 증세에 어떤 처방을 했는지 적어둔 것들을 가지고 오너라."


또, 한국 사람들도 많이 틀리는 표현 중에 '저희나라'라는 표현이 있는데 '저희'는 '우리'의 겸양어이므로 '우리나라'를 겸양의 뜻으로 표현한 것이다. 그러나 나라의 경우는 겸양어를 쓸 필요가 없으므로 '우리나라'라고 해야 한다.


### (3) 숨은 주어

존비어에서 보았듯이 한국어에서는 서술어의 형태에 따라 주어의 성격을 파악할 수 있으므로 주어가 생략되는 경우가 많다. 이처럼 생략된 주어를 '숨은 주어'라고 하며 이를 찾는 작업 역시 전문 이해의 기본 작업이다.


▶ 아침의 고요함과 평안과 그리고 이제는 고통도 아무것도 아닌 쓸쓸함을 의례적인 문안과 군더더기 같은 보살핌으로 깨뜨리고 싶지 않았다. (이문열, 「금시조」)


이 문장의 숨은 주어는 '나는'으로 문장 앞에서 생략되었다.


▶ 실망이 스쳐갔다. 직감적으로 알았다. 김민세와 안광익이 이미 유의태의 집을 떠난

것을.(이은성, 『동의보감』)

'~알았다'의 숨은 주어는 '나는'이며, '김민세~' 이하는 '알았다' 앞에 와야 할 문장으로 도치구문이다.

▶ 내쫓긴 지 석 달이 되고 있었다. 그 유의태의 의원이 와락 반갑게 느껴지려는 심정을 허준은 고소했다. '이제 와서 빌 일도 없고 빌러 가는 것도 아니다! 난 김민세를 만나러 가는 것일 뿐! 그때였다. 문득 걸음을 세우고 말았다.(이은성, 『동의보감』)

'내쫓긴 지'의 숨은 주어는 '허준이'이며, '세우고 말았다'의 숨은 주어는 '허준은'이다. '그 유의태의 의원'의 '그'는 내쫓겼던 곳이라는 점을 나타내고 있다.

### (4) 비속어

비속어는 통속적으로 쓰는 말로 '속어'를 말한다. 속어는 욕은 아니지만 그 낱말에 해당되는 사물이나 인물을 폄하할 때 쓰인다.

▶ 아무에게 뚫려 있는 그냥 껌벅이는 눈알도 분명 아니었다. 부릅뜨면 불빛과 성깔이 한꺼번에 타오르는 고집스러운 눈이었다.(이은성, 『동의보감』)

여기서 '눈알'보다는 '눈깔'이 비속어라고 할 수 있으나 '눈알'의 경우도 '눈'에 비해 순화된 표현이 아니다.

▶ 그래서 1년 계량은 고사하고 이 정초가 지나면 어김없이 호랑이 아가리처럼 버티고 있을 보릿고개를 번연히 알면서도 세상의 가난한 애비들은 세밑이 되면 공연히 부산떨며 나락섬이나 보리쌀말이라도 들고 나가 몇 푼 돈냥과 바꾸어 자식들을 설

빔으로 치장하여 집 밖으로 내보낸다.(이은성, 「동의보감」)

이 문장에서 '아가리'는 '입'의 비속어이다. '애비'는 본래 '아비'의 잘못된 말이며, '아비'는 '아버지'의 낮춤말로 상대에 대한 겸양의 뜻으로 일컫는 말이다.

▶ 식구들의 계량(計糧)에 도움이 될 땅뙈기가 한 뼘 있는 바도 아니요 유의태의 문하에서 6년을 버텨왔되 그 지루한 기다림이 10년을 채운대서 뜻이 이루어진다는 보장도 없는 바에야 부산포가 자기의 아내에게 확실히 실험을 해본 바라 자신 있게 장담을 하는 일이요 또 그 방술의 내용이 허준이 신뢰하는 의서 속에 어엿이 적힌 것들임에서 떼돈 버는 것까지는 모르되 확실하게 생업의 방편이 된다면 그 길로 못 나설 것도 없지 않은가.(이은성, 「동의보감」)

이 문장에서 '땅뙈기'는 '얼마 안 되는 땅을 낮춰 하는 말'이며, '떼돈 벌다'는 '돈을 많이 번다는 뜻의 낮춤말'이다.

▶ 그러나 강 병장은 그 명령마저도 '놈은 나이가 벼슬이라더니 군번 빠른 것도 벼슬인가' 하며 일소에 붙여버렸고, 그걸 안 장대위는 명령불복종으로 인사과에 입창 의뢰를 내 버렸다.(이문열, 「새하곡」)

이 예문에서 '쌍놈'은 '상놈'의 비속어로 '지난날, 신분이 낮은 남자를 낮추어 일컫던 말'로 '상한(常漢)' '상것'이라고 불렸다.

### (5) 문화어

문화어를 이해하기 위해서는 문화에 대한 이해가 먼저 필요한데 문화는 대개 국가나 지역 그리고 그곳에 사는 사람들에 의해 만들어진 독자적인 산물로 다른 지역이나 국가와 이질적인 요소를 지니고 있다. 특히 이 문화어에 담긴 정서를 읽을 필요가 있는데 예문을 들면서 논의해 보기로 한다.

▶ 그는 차에서 내려 그랜저의 운전석으로 다가갔다.

"괜찮으시다면 제가 좀 도와드릴까요?"

여자는 그의 땅콩색 프라이드를 힐끗 바라보며 잠시 생각하는 눈치더니 차에서 내려섰다. 새로 유행하기 시작한 뭉툭한 구두 앞 코가 그의 눈에 띄었다. 그가 대학에 갓 입학한 1980년에도 저런 구두가 유행했었다. 누군가가 판탈롱 바지에 그런 구두를 신고 그의 앞으로 다가왔었다. 하지만 그게 어떤 여자였는지 지금은 생각나지 않았다. 벌써 십 몇 년 전의 일이었다. 그는 흰 그랜저를 능숙한 솜씨로 빼준 다음 차 문을 열고 내렸다. 한 서른이 좀 넘었을까, 여자는 발목까지 내려오는 바바리코트 깃을 여미며 자주색 립스틱을 칠한 입매를 앙다물더니 말했다.

"이런 그지 같은 주차장은 처음이야."

침을 뱉지 않은 것만도 감사해야 할 정도로 여자의 표정은 분해 보였다. 그녀의 어이없는 태도에 대해 뭐라고 반응할 새도 없이 흰 그랜저는 떠났고 그는 흰 그랜저가 뿜어내는 배기가스 속에서 잠시 멍하니 서 있었다.(공지영, 「고등어」)

이 문장에서는 프라이드를 모는 운전 잘하는 남자와 그랜저를 모는 운전이 서투른 여자가 등장한다. 어려움에 처한 운전자를 도와주는 프라이드 운전자와 고마움을 표할 줄 모르고 오히려 상대에게 무안을 주고 떠나는 그랜저 운전자. 여기서 프라이드와 그랜저는 단순한 자동차 종류가 아니라 당대 빈부를 대표하는 상징물이며 문화어이다. 그리고 이 예문에서는 능력도 없으면서 부자라는 이유로 자신들에게 도움을 준 가난한 사람을 무시하는 부유층과 그런 부유층에게 무안을 당하면

서도 화낼 줄 모르는 서민층이 대비되어 있다. 이 예문에 나타난 1980
년대의 사회 분위기는 '부자가 되라는 얘기는 도둑이 되라는 얘기라는
말'이 유행할 정도였다.

▶ 두세 해 닭이 울면 으레 아내가 깨워서 잠투정 끝에 일어난 겸이의 새벽글 읽는 천
　자문 소리와 함께 어머니가 떡장수로 나선 후 늘 들리는 디딜방아의 쿵덕거리는 소
　리를 귓결에 들으며 허준이 잠을 깨가고 있는데 갑자기 사립문 쪽에서 소란한 소리
　가 났다.
　이어 낯선 인간의 외침과 함께 아내가 달려오는 소리가 났다.
　튕겨 일어난 허준이 방문을 열자 아내가 떡가루 묻은 손인 채 다급한 소리를 냈
　다.(이은성, 「동의보감」)

　　이 예문에서 '디딜방아'는 '발로 디디며 곡식을 찧게 된 재래식 방
아'로 '떡방앗간'에 설치되어 있었다. '사립문'은 '사립짝'으로 만든
문이며, '사립짝'은 '나뭇가지를 엮어서 만든 문짝'을 말한다. 사실 사
립문은 울타리 안팎의 경계와 출입의 용도로 쓰였을 뿐 방범이나 보안
의 구실은 하지 못했던 옛날 문이라 할 수 있다.

▶ 허준이 거창으로 뻗은 외줄기 달구지 자국이 난 길을 벗어나 길도 없는 눈밭을 헤
　치고 안점산의 초입에 이르러 보자 멀리에서 본 외형과는 달리 지난날의 고전장(古
　戰場)답게 그 기슭에서부터 섣불리 발을 디딜 수 없도록 지형이 험악한데다 멀리에
　서는 뚜렷이 식별되던 성터 자리는 우거진 참나무와 닥나무 그리고 가시덤불이 빽
　빽이 어우러져 어느 쪽이 성터에 가까운 길목인지를 가늠할 수가 없었다.
　(이은성, 「동의보감」)

　　'달구지'는 '소 한 마리가 끄는 짐수레'이다.

▶ 어린 것들뿐이랴. 일 년 중 마음 놓고 쉬는 날, 집에서 어른들은 어른들대로 멍석 서너 장 깔고 한 아름씩이나 되는 참나무 통윷을 굴리며 마을 대항 술상차려내기 윷놀이에 온갖 기성을 질러대고, 아낙들과 처자들은 그들대로 해마다 이맘때면 찾아드는 '얘기꾼'을 마을 제일 넓은 방에 모셔놓고 그 간드러진 입담으로 흘러나오는 삼강행실도(三綱行實圖)에서 부풀려낸 효자 효녀 얘기며 슬프고 아름다운 열녀 얘기에 울고 웃으며 즐겁다.(이은성, 『동의보감』)

'멍석'은 '짚으로 결어서 만든 큰 자리'로 대개 땅바닥에 깔아서 사용하였다. '윷놀이'는 '편을 갈라 윷을 던져 승부를 겨루는 민속놀이'로 한자로는 네 개의 윷가락을 던진다는 뜻으로 '척사(擲柶)'라고 하기도 한다.

## (6) 전문용어

전문용어는 문화어 중에서도 특정 계층에서 전문적으로 쓰이는 용어로 의학용어, 궁중용어 등이 이에 해당된다. 예문을 통해 살펴보면 다음과 같다.

▶ 팔도의 젊은 의원들이 너나없이 한 번쯤 꿈을 꾸어보는 내의원 취재시험. 그 경쟁의 수에서 그리고 치열함의 양상에서 반가의 자제들의 과거에의 등방(登榜)보다 훨씬 어렵다는 건, 과거란 나라 안 양반가문들로 하여금 출세의욕을 북돋워주고 국정에 참여할 새 인재를 끊임없이 발탁한다는 그런 정책적인 배려가 깔려 있는 것이나 중인계급과 상것들을 대상으로 하는 의원취재란 그런 정책적인 배려와는 거리가 멀다. 왕가의 시탕을 전담하는 게 목적인만큼 도대체 많은 인원이 필요 없는 것이다.(이은성, 『동의보감』)

'내의원'은 '조선 시대에, 궁중에서 쓰이는 의약을 맡아보던 관아.

내국(內局), 약방(藥房)' 등을 뜻하는 용어이다. '반가' 는 '문반과 무반으로 이루어진 양반의 반(班)과 가문의 가(家)의 합성어' 로 양반가문을 뜻한다. '과거' 는 '고려·조선시대의 관료선발시험' 이며, '등방' 은 '과거합격자를 고시하는 방문에 이름이 오르는 것' 을 뜻한다. 중인계급은 양반과 상민의 중간계층으로 대개 통역관, 의관, 율사 등 전문성을 갖춘 집단이었다. '시탕' 은 보통 '어버이의 병환에 약시중을 드는 일' 을 말하나 여기서는 특히 왕실가족 병환에 약시중을 드는 일을 지칭하였다.

▶ 면천 얘기를 할 때의 김민세의 눈빛은 너무나 형형했다. 인간이 가짜 같지가 않았다.(이은성, 「동의보감」)

'면천' 은 '천민을 면한다는 뜻' 으로 천민에서 평민으로 신분변화를 일으키는 경우를 일컫는다.

▶ 강 병장의 주장에 따르면 야전에서 통신 장비 특히 무선 장비 성능을 100프로 믿는 것은 통신 장교의 정강이뼈를 그대로 대대장의 워커에 맡기는 것과 같다는 것이었다. (이문열, 「새하곡」)

강 병장의 '병장' '통신 장교' '대대장' 등은 모두 군대의 지위를 가리키는 군대용어이며, '워커' 는 군인들이 신는 목이 긴 군화를 일컫는 용어이다.

▶ "증상에 따라 약도 가지가진데 꼭 무화과잎새라야 하다니, 원! 자네들 이 말 저 말 들을 것 없이 내 말대로 하게. 이 길로 당장 달려가 강변 버드나무뿌리에서 수염처럼 가느다란 뿌리를 서너 줌 캐어 그걸 진하게 달여 그 김을 환부에 쐬고, 일면

또 질경이가 장독(臟毒)과 하혈에 특효가 있으니 그 질경이 뿌리에 생강 한 덩이를 저며 썰어 달인 후 아침저녁 한 종지씩 마셔. 그러면 이 정도 치질이나 탈항은 고생거리도 아니니까."(이은성, 「동의보감」)

위 예문에서 '장독' '하혈' '치질' '탈항' 등은 병명으로 병과 관련하여 전문적으로 쓰이는 용어들이다.

▶ "구침으로 호랑이를 잡은 건 잠시 나의 기지였을 뿐이나 세상에서 나 못지않게 침을 잘 쓰는 유의태란 인물에 대해 보통 궁금한 게 아니었지. 해서 난 그대와 양예수의 내기에 입회한 인물을 수소문했네. 하나 내의원의 권위에 온통 똥물을 뒤집어씌운 그 사건을 덮어버리고자 만나본 내의원 의원마다 서로 쉬쉬하며 입을 열지 않더군. 결국 소문의 자초지종을 들은 건 내가 내의원에 들어간 후 민세에게서지. 민세는 당시 양예수와 함께 내의원 시관이었다면서?"(이은성, 「동의보감」)

시관은 '과거시험을 관장하는 관리, 시험관'을 뜻한다. 그러므로 여기서 시관은 내의원 취재시험을 관리하는 관직을 말한다.

이외에도 문장에서 관계사가 포함하는 범위에 대한 이해, 그리고 '거리'가 '도로' '간격' 등의 뜻을 지니는 것처럼 같은 어휘가 다양한 뜻을 지니고 있는 경우, '착용하다'를 '(모자를) 쓰다' '(장갑을) 끼다' '(옷을) 입다' '(신을) 신다' 등으로 표현하는 것처럼 한 가지 뜻을 여러 어휘로 표현하는 경우 등을 고려해야 한다.

# 강의를 마치며

번역에서 오류를 범하는 이유는 쉽다고 하여 대충 넘겨버리기 때문인 경우가 많다. 그러므로 문장 속에 담겨 있는 속뜻을 잘 파악하고 확실하지 않은 경우에는 재삼 확인하는 부지런함을 보여야 한다. 나는 대충 짐작으로 한 번역이 큰 오점으로 남는 경우를 여러 번 보아왔다. 번역은 자기와의 외로운 싸움이다. 전략을 잘 세우고 차근차근 이루어나가면 승리할 수 있지만 전략을 제대로 세우지 못하거나 전략에 허점이 생기게 되면 번역하는 동안은 물론 번역 후에도 두고두고 후회하게 된다.

# 6

## 번역의 실제
### – 텍스트 분석

최미경

**최미경**

이화여자대학교 통역번역대학원 조교수
서울대학교 불문과 졸업, 파리 소르본느 대학 불문학 박사
『열녀춘향수절가』『하씨 연대기』 등 번역

# 1. 문학 번역의 특수성

문학 번역에 대한 담화의 특수성
- 인상파적 감상
- 문학적 담화(작가의 소개에 대해)
- 언어학적 담화(이론적)
- 번역학적 접근

문학 번역의 연구는 번역 과정에 대한 연구보다, 결과물에 대한 인상 비평, 비교비평, 언어 비교론적 분석이나 사조를 비교하는 비교문학 연구에 치우쳐 있는 경향이 있다. 그러나 성공적인 번역물을 만들기 위해서는 성공한 번역이 거치는 절차, 즉 번역 과정에 대한 연구를 통해 결과물의 수준을 향상시킬 필요가 있다.

이 때 형태의 번역, 미학적 차원의 재창조, 창조적인 재표현 작업 등에 대해 생각해보아야 한다.

- 문학텍스트의 번역의 목적에 대해서 깊이 생각해볼 필요가 있다.
  문학텍스트는 미학적인 아름다움을 제공해야 하며 그 미학적 가치
  로 시대를 가로지른다.
- 주관적인 생산물 – 상상력의 작품
  어떻게 번역하는 것이 바람직한가에 대한 답은 문학 번역을 문학
  커뮤니케이션의 범주에서 볼 때 해답이 나온다고 본다. 문학텍스
  트는 그저 언어 상태로 존재하기 위해서 쓰여지지 않았다. 불특정
  이라 해도 독자를 상정하고 있다. 원본 텍스트의 사명을 다시 한 번
  상기하고 문화권이 다른 독자가 작품을 읽는다는 점, 그렇기 때문
  에 어려운 커뮤니케이션이라는 점을 명심해야 한다.


## 2. 문학 커뮤니케이션

어디까지를 문학 번역의 범주에 넣을 것인가.

상징주의, 낭만주의, 실존주의, 초현실주의, 사실주의 등 문예사조에
따라, 또는 참여와 비참여 등 작가의 경향에 따라 문학텍스트의 정의와
범주는 달라진다. 그렇다면 신문 기고문, 노벨상 수락 연설문 등도 문학
텍스트로 고려할 것인가? 같은 사건에 대한 글일지라도 기자는 사건과
거리를 두고 글을 쓰지만 문인은 미학적으로 글을 쓴다는 차이가 있다.
불륜 사건을 보고 플로베르가 『보바리 부인』을 저술하는 경우와 기자가
기사를 쓰는 경우, 그 문체 사이에는 분명한 차이가 있는 것에 주목해야

한다. 이는 문학 커뮤니케이션에는 일반적인 정보 전달과는 다른 그 무엇인가가 있음을 의미한다.

또한 문학작품은 독자를 상정하는 커뮤니케이션임을 잊어서는 안된다. 야콥슨 모델*에 발화자와 수용자가 있는 것처럼, 작가는 독자를 예상하고 글을 써야 한다. 경우에 따라서는 글이 독자의 시대를 앞서가기도 하고 독자가 글을 제대로 이해하기 위해서는 몇 세기가 걸리기도 한다. 그러므로 번역자는 번역 작업에 앞서 이러한 메커니즘에 대한 이해의 과정을 갖도록 한다.

### (1) 그렇다면 문학에서 의미는 무엇인가?

문학의 의미는 어떻게 구축되며 파악되는가? 작가의 환경, 배경, 사회, 비문학적 요소, 시대적 요소도 고려해야 하는가? 문학작품은 언어적인 요소와 비언어적인 요소의 조합으로 구성된다. 그렇다면 '픽션이란 무엇인가' 하는 진정성에 대한 질문도 던져볼 수 있다. 픽션이란 상상력에 의해 창조된 것이다. 그러나 상상력에 의한 것이라 하더라도 그 근거는 현실에 존재한다. 현실에 근거하는 정도는 작가와 사조에 따라 다르다. 사실주의의 경우는 현실에 더욱 밀착한다. 카뮈 같은 작가는 『페스트』에서 환상을 거의 사실처럼 실감 나게 묘사한다. 환상을 그럴 듯하게 보이게 하려고 어떤 맥락을 상정하는 과정에서 등장인물, 장소, 시간, 주제, 도덕적 요소 등에 대한 묘사를 한다. 현실적 요소를 이용하는 것이다.

문학은 일반텍스트와 달리 작가가 의미를 그대로 쉽게 이해시키려는 노력을 하지 않는다. 의미는 때때로 거대한 은유에 포함되어 있어,

---

* 미국 언어학자 야콥슨의 커뮤니케이션 이론.(편집자 주)

독서 방식에 따라서 파악이 어렵기도 하다. 문학적 소통은 부분적이며 선택적이다. 문학텍스트는 주제가 갖는 정보적 요소(도덕, 역사적 사실 등)와 예술적 요소를 포함하고 있고, 이 두 가지가 모두 전달이 되어야 한다. 그렇다고 한 문장 단위로 문학텍스트와 일반텍스트를 구별할 수 있는 것은 아니다.

## (2) 의미의 파악

문학작품의 의미 파악이 어려운 것은 내용과 형식 모두에서 기인한다.

▶ 시작품에서 충군시와 연애시

또 문학텍스트에는 본문 외에도 다음과 같은 텍스트들이 존재한다.

intertextualité : 인용, 복사
para-texte : 제목, 서문
méta-texte : 비평문
archi-texte : 어떤 장르의 대표적 텍스트
hyper-textualité : 어떤 작품과 다른 작품과의 직접적인 연결 관계

정확한 번역을 하기 위해서는 텍스트 내에서 가능한 가정적 의미를 제한하기 위해 의미를 구성하는 지시소를 이해하고 진정한 의미의 해석을 진행하여 의미를 표출하도록 한다.

## (3) 의미의 성격

### 1) 작가가 의미를 구성할 때는 이미 독자의 협조를 상상하며 의미를 구축한다

문학작품의 의미가 지시하는 어떤 대상은 현실에 존재하는 경우가 대부분이고 작가는 독자의 감성적, 지적 이해능력의 기대치를 상정한다. 문학작품의 의미를 보다 정확하게 이해하기 위해서는 작가와 주변, 글쓰기 방식, 작품의 위치 등에 대한 정보가 필요하다. 사르트르에 따르면 의미는 단순히 단어들의 총체가 아닌 어떤 유기적인 망을 이루고 있다. 단어의 표층적인 차원을 넘어서야 문학적 의미가 포착된다. 일반텍스트와 문학텍스트 사이의 차이는 의미를 파악하는 방식에 있지 않다. 의미의 성질 자체가 다르기 때문에 진정한 주제는 심층구조, 의미는 메타포(은유)로 표현되는 경우가 많다. 『햄릿』『페드르』『돈 후안』『고리오 영감』 등의 예가 그렇다.

### 2) 문학 의미의 다양성, 다원성

움베르토 에코가 『열린 책』에서 적고 있듯 프루스트의 열차시간표, 카프카의 소설(탐정소설, 형이상학 추구), 조이스의 작품 등이 다양한 읽기가 가능한 다의, 다원성향의 책이다. 이 경우 번역자는 이런 의미와 형태의 복합성을 인식하고 가능한 모든 가능성을 열어둘 수 있는 번역을 시도해야 한다.

### 3) 문학텍스트의 다의성

작가에 의해서 만들어지는 다의성은 다양한 비평이 가능하다. 『보바리 부인』에 대해서는 주제 비평이나 다각적 접근 가능성, 또는 정신분석적이고 실존주의적 비평이, 『햄릿』에 대해서는 프로이트적이며, 낭만주의적인 비평이 있는 것을 보면 알 수 있다.

### 4) 문학작품의 의미와 해석

이야기나 담화 차원에서 해석의 차이는 배격하더라도 개인적 해석의 차이는 존재하는 것이 현실이다. 여러 독서의 가능성이 존재하는 열린 책이 가능하도록 번역자는 다양한 가능성을 최대한 살리는 번역을 시도해야 할 것이다. 번역가는 해석에서 한 걸음 더 나아가 '제2의 작가'라는 의식을 갖도록 한다.

### (4) 문학의 언어

그렇다면 특수한 문학적 언어는 존재하는가?

일부 문예사조에서는 존재한 것이 사실이다. 17, 18세기에는 문학텍스트에서 사용해서는 안 될 단어들이 있었다. 그러나 현대에는 이런 종류의 터부는 없으며 오히려 셀린느 등과 같이 일부러 욕설이나 비어를 사용하는 글쓰기도 활발히 진행 중이다. 미국의 흑인문학 등의 문학의 언어는 법률언어처럼 정형화되어 있지 않으며, 일상적으로 쓰이는 언어를 작가가 나름대로 재구성한 것이다. 문학텍스트의 경우는 야콥슨이 말한 메시지의 시학적 기능이 최대화된다. 이런 시학적 기능이야말로 언어를 계속 생생하게 유지하거나 또는 새로운 활용방법을 개발하여, 언어발전에 기여하는 것이다.

언어의 형태와 의미가 맺고 있는 관계는 우연한 것이 아니라 작가가 고의적으로 추구한 것이다. 그러므로 그 관계를 다른 언어로 모방했다

하더라도 동일한 유기적 관계를 이루지 못할 수도 있다. 그래서 문학 번역은 재창조라고 말하는 것이다. 일반텍스트와 다른 점은 문학텍스트는 구두점이라도 함부로 바꾸면 안 된다는 것이다. 문학에서 형태와 의미는 중요한 관계이다. 형태의 의미화가 있었던 것이다. 그런 이유로 어떤 사람들은 문학작품의 번역이 불가능하다고 여긴다. 번역으로 인해서 변하는 것은 분명히 있다. 그런데 이미 성공한 번역이 있다는 사실 자체가 번역의 가능성을 말해준다. 문학작품은 그 자체가 목적이며, 신성한 것이다. 사실, 문학에서 중요한 것은 그 효과이다. 만약에 문학작품이 음악 자체였다면 모르지만 그렇지 않다면 음감과 의미는 중요하다. 형태적인 미학과 정감적인 요소도 전달이 되어야 한다. 형태만을 중시해서도, 내용만을 중요시해서도 안 된다. 번역자는 형태만을 그대로 재생산하거나 뜻만을 전달해서는 안 된다. 형태는 의미에 의거할 수밖에 없고, 작품의 미를 위해서 필요한 것이다. 정확한 복사본을 만들어내는 것은 언어의 차이로 인해 불가능한 작업이다. 번역자의 역할은 형태를 그대로 재현하는 것이 아니라 유사한 방식을 가지고 동일한 효과를 내는 것이다. 문학 번역의 목표는 같은 형태를 재생산하는 것이 아니라 같은 효과를 내는 형태를 추구하는 것이다. 지적 형태와 감성적 형태의 조합 결과인 유사한 효과를 내는 형태를 추구해야 하는 것이다.

## (5) 번역의 방식

### 1) 재생산

원어의 흔적을 가능한 존중하는 방식으로 번역하는 것은 벤야민, 메쇼닉, 베르만, 미셀 드기의 방식으로, 이들은 출발어에 중요성을 두며 번역이 출발어 문화와 언어 이식의 역할을 해야 한다고 주장한다. 이론적으로는 베르만의 경우, 무조건적인 원문 형태의 이식이 아닌 창조적인 해결책, 글자 그대로의 뜻, 자의(字意, lettre), 글결 texture을 존중하고 창조적인 도착어 표현을 추구해야 한다고 주장한다. 그러나 이론과는 달리 실제 번역은 현실적으로 원어 단어 이식, 문자역, 원본 구문의 순서 존중 등으로 도착어의 완성도가 낮아 가독성이 떨어지는 것은 물론 이해도 잘 되지 않는 경우가 많다. 또 자의를 파악하는 데 있어서 출발어에서는 주어진 문맥에서의 뜻에 한정하지 않고 그 단어의 어원 등까지 고려하기 때문에 도착어에서는 같은 관계가 성립되지 않아 어색한 표현이 되고 만다.

속담 번역의 예를 들어보자. 속담은 어떤 특정 상황에서 발생했으나 시간이 지나면서 발생한 상황은 잊혀지고 이후에는 의미만 관습으로 굳어진 언어 형식이다. 다의성이 전혀 없다는 점에서 거의 기술용어와 같다. 베르만과 메쇼닉은 담화라고 주장을 하지만, 항상 같은 뜻으로 사용된다는 점에서 일반 단어로 된 담화적 요소와 구별된다. 즉 속담은 담화보다는 랑그에 속한다. 그래서 원어의 형태를 재생산하기보다는 도착어에서 동일한 표현으로 대응 번역할 수 있는 가능성이 생긴다.

속담을 활용할 수 있는 상황이 발생하면 화자는 의미를 더 강조하거나 인상적으로 이해시키기 위해서 속담을 활용한다. 즉 속담의 형태가 어떤 것이라 해도 1차적으로 중요한 것은 의미의 전달이다. 그러므로 속담을 번역할 때는 원문을 그대로 번역해도 의미가 통하는지를 우선적으로 살펴야 한다. 형태를 존중해 번역했는데 문화차이로 인해 의미가 완전히 다르다면 그 번역은 오역이며 명백히 실패한 것이다. 속담 번역은 상황마다 의미와 형태의 타협을 통해 의미와 형태를 모두 고려한 등가적 해결책을 찾는 것이 바람직하다.

또한 속담 사용자들이 유연성을 느끼며 그 속담을 사용하는지도 고려해볼 사항이다. 외국인들의 경우 외국어 완숙도가 떨어지기 때문에 유연성을 느끼지만 원어민들은 의미만을 사용할 뿐 동기부여 방식을 완전히 잊어버리기 때문이다. 예를 들어서 우물 안 개구리라고 말할 때 한국인들은 우물과 개구리를 떠올리지 않지만 한국어에 익숙하지 않은 외국인은 우물과 개구리를 상상한다.

▶ Patientez — 잠시만 기다리세요/참고 기다리세요

다음 경우는 어떻게 될 것인가?

▶ À bon chat bon rat(la défense vaut l'attaque)
  – 재생산 번역 : 훌륭한 고양이에 훌륭한 쥐/고양이에 맞장 뜨는 쥐/그 고양이에
            그 쥐
  – 권장 번역 : 호적수, 제대로 적수를 만나다

전통적인 한국식 고양이와 쥐의 관계에서 벗어나는 속담이므로 글자 그대로 번역하면 독자는 의미를 이해하기 어려워 당황하게 된다. 재생산 번역은 독자를 고려하지 않고, 번역을 출발어와 도착어의 대면 형태로 이해하려는 경향이 있다. 창과 방패의 이야기를 끌어들일 경우, '모순'이라는 논지로 이야기가 변한다. 또 '용호상박(龍虎相搏)' 같은 표현은 의미상 유사성은 있어도 시니피앙**의 함축이 너무 달라서 오해의

---

** signifiant. 소쉬르의 기호 이론에서, 귀로 들을 수 있는 소리로써 의미를 전달하는 외적(外的) 형식을 이르는 말.(편집자 주)

여지가 있다. 출발어의 각 단어가 함축하고 있는 의미를 도착어에서도 충분히 생각해보고 결정해야 하며 특히 그 표현의 기능에 대해서 분석을 한 후에 번역에 임해야 한다.

한국 문학작품의 재생산 번역은 불행히도 자주 발생하며 특히 외국인이 번역한 경우에 빈번하고, 이는 출발어에 대한 이해 부족에 의한 것으로 여겨진다.

단어 치환과 출발어 어순 존중으로 도착어답지 않은 도착어로 번역되어 내용이 전혀 이해가 되지 않거나 시제 재구성 없이 단편적으로 과거 시제가 사용된 경우가 종종 있다.

또, 모든 단어와 표현은 한 문맥에 쓰였을 때 한정된 뜻을 갖는다. 그런데 원문에 쓰인 그 한정된 뜻을 번역하기보다는 그 단어가 전반적으로 갖는 뜻, 또는 그 단어의 일차적인 뜻을 번역하려 하다 보니 도착어에서는 의미가 일치되지 않는 어색한 현상이 벌어진다.

그것은 어느 언어권 내에서 단어의 형태와 의미가 맺고 있는 관계가 다른 언어로 번역되었을 때 같은 방식으로 지속될 수 없는 경우가 많기 때문이다. 나아가 작가가 고의적으로 추구한 문체에 이르면 그 관계를 언어적으로 모방했을 경우 같은 뜻과 형태 사이의 유기적 관계가 성립되지 않는 일이 비일비재하다. 문학텍스트의 신성성과 존중이라고 하는 원칙에 입각해서 원어의 형태를 그대로 재생한 번역이 시도되지만 어디까지나 번역은 출발어를 모르는 독자들을 위함이며, 문학작품을 읽는 목적은 외국어 습득이 아님을 명심해야 한다. 소설작품은 미학적으로 구축된 가상의 세계를 경험하고 인간과 사회에 대한 탐구를 가능하게 한다. 그러나 가독성이 떨어지는 번역은 소설가가 구축한 미학적, 유기적 세계로의 접근 자체를 막게 된다. 번역자는 형태적인 미학과 정감적인 요소도 전달해야 한다. 번역자로서 형태를 그대로 재생산하거나 뜻만을 전달하는 대응 번역은 바람직하지 않다. 번역에는 물론 대응 번역과 등가 번역이 있어서 고유명사, 용어, 일반명사의 일부는 대응 번역이 될 수밖에 없다. 그러나 그 외의 단어, 문장, 수사법, 표현법, 문장의 순서 등은 그대로 재생산되었을 때 아주 어색해진다. 원문에 없는 그러한 어색함이 번역문에 첨가되면서 작품의 문학적 완성도는 떨어진다. 모든 번역은 대응 번역과 등가 번역 사이의 타협선상에서 이루어지게 되어 있다.

한국어로 번역된 외국 소설의 경우 원문이 그대로 느껴지는 거친 번역을 지적하면서도 한국 소설을 외국어로 번역하는 경우, 한국 문화와 한국어를 잘 알리기 위해서 원어에 충실한 번역을 해야 한다는 주장을 하는 학자도 있다.

흔히들 충실한 번역은 원어의 형태를 재현한 번역으로 오해하고 있다. 그러나 원어에 충실함이 오히려 원문의 의미를 배반하는 결과를 낳는다.

▶ '책상다리'를 assis en tailleur로 번역

사실 출발어와 해당 주제, 문화권에 대한 이해력이 부족한 경우 본의 아니게 재생산 방식인 직역이 많이 시행된다고 본다. 출발어가 낯설게 읽혀지는 부분이 있다면 그것은 번역자에게 언어지식이나 인지적 요소가 부족하기 때문이다. 불어 번역의 경우에는 한국인 번역자의 불어 표현 부족으로 본의 아닌 직역도 많이 시행되고 있다.

## 2) 각색, 변안

이야기를 취하는 데 있어 길이, 형식 등을 마음대로 변화시키는 방식
으로 현대의 번역 정의에는 부합하지 않는다. 대표적인 예로 홍종우와
로니가 시도했던 『춘향전』의 각색을 이야기할 수 있는데 양식과 줄거
리, 주인공 묘사, 배경 등을 이국적인 정서에 맞추어 각색하였다.

19세기까지는 줄거리를 치장한 각색, 변안 등의 Belles infideles( '충
실치 못한 미녀들' )[1]의 번역 방식이 유행하기도 했다. 또 동화나, 교과
서 로 활용하기 위한 축약본 등에서 변안 방식이 아직도 많이 활용되고
있다.

## 3) 재창조

진정한 의미의 문학 번역은 내용과 형식이 조화를 이룬 문학의 의미
를 독자들에게 이해시키기 위해 등가의 의미를 재창조하는 것이다. 이
방식의 최대 장점은 언어 유희까지 등가로 번역이 가능하다는 것이다.
효과와 그 생산방식을 재창조해야 한다. 이는 전문번역가들이 활용하
는 방식이며, 이론적으로 캐리(Cary), 나이다(Nida), 파리 통번역대학
원(ESIT) 등에서 연구, 실용화되고 있는 이론이다. 국내에서는 김억,
김석희 등이 있다.

번역을 단어와 단어의 치환이 아닌 원문 단어가 지칭하는 현실에 대
한 이해 과정, 그 의미의 비언어화 과정 그리고 재표현 과정으로 본다면
도착어에 어휘 결손이 있다 하더라도 재창조를 통해 해결책을 제시할
수 있도록 해준다.

---

1) 17세기 초 프랑스에서 번역작품을 아름답게, 혹은 원본보다 더 정확하게 하기 위해 지나칠 정도로 의역
하는 방식을 따른 번역가들을 지칭.

▶ 황순원 — 아랫목, 단지(문화적 전달 필요)

  김유정 — 면사포(「안해」라는 단편에서 면사포가 갖는 독특한 의미 분석)

  열녀춘향수절가 — 시구, 의성어, 의태어 생성 번역(비녀비녀), 군계일학

  황석영 — 「한씨 연대기」(대동강 이별장면 보면서 다시 쓰기)

출발어에서의 단어, 문장, 표현의 효과를 생각하고 그 생산 방식을 연구한 후에 등가의 표현을 재창조해야 한다. 문학작품은 문학작품으로 번역되어야 하며, 한국어 교본이나 문화인류학 서적으로 번역되어서는 안 된다.

문맥, 함축 요소, 결부된 문화적 요소, 의미, 형태 재활용성 등을 고려하여 매번 해결책을 찾는 것이 바람직하다는 데 번역자들은 동의하고 있다. 독자의 입장에서 본 의미 수용, 이해, 미학적 효과 등에 대해서도 진지하게 고려해야 한다. 속담을 번역한다는 가정하에 추정해본 바람직한 번역과정에서는 아래와 같은 사항을 고려해야 한다.

1. 같은 형태의 표현이 해당어에 존재하는가?

2. 없다면 그대로 번역 시 의미가 통하는가? (통하면 그대로 채용)

3. 다른 형태의 동일한 표현이 존재하는가?

4. 1, 2, 3항 모두 없을 때에는 필요한 변형, 응용, 창조 (비유법 등 사용)

# 3. 번역의 실제

## (1) 텍스트 장악을 위한 정확한 이해

### 1) 언어능력

한국어와 도착어 외국어에 대한 전문적 지식 필요

### 2) 이해 과정에 필요한 요소들

언어능력, 맥락, 배경지식, 인지적 지식, 문맥 파악력, 주제지식

## (2) 편안하고 등가적 재표현 추구

도착어로 글을 썼다면 작가, 필자가 사용했을 법한 표현을 추구

## (3) 소설 번역의 예

### 1) 번역 대상이 되는 텍스트 선정

### 2) 외래어 표기방식 정하기(문화관광부 제정 새로운 표기 방식 선택)

### 3) 제목 번역

원문을 직역한 제목은 아주 어색하여 원작과 전혀 다른 효과를 내는 경우가 종종 있다. 제목은 가제 정도를 유지하고 완역 후 총체적인 의미를 파악하고 정할 것이며 특히 판매와 직결된 문제이므로 출판사의 제안도 충분히 고려해야 한다.

### (4) 서술 구조의 처리

이야기의 시간과 서술의 시간의 격차, 인칭 문제, 인용, 대화, 간접화법, 직접화법 처리, 시제 정하기 등

### (5) 문체 처리

독자적인 작품의 가치 구현, 도착어권 내의 소설 중 유사한 문체의 소설을 읽고 비교 도움받기, 문체적 유희, 수사학적 처리

# 7

## 번역 실습 강의 노트

김창민

## 김창민

서울대학교 인문대학 부학장
서울대학교 서어서문학과 졸업
스페인 마드리드 꼼뿔루뗀세 대학교 중남미 문학 박사
『라틴아메리카의 문학과 사회』등 저서 다수
『귀천』(천상병), 『벼랑의 꿈』(오세영) 등 번역

# 1. 우리글을 외국어로 번역할 때 주의해야 할 점들

## (1) 원전에 대한 정확한 의미 파악

▶ 그의 일탈된 삶을 추적하는 일은 기억의 문제에서 출발함이 좋을 듯싶다. 늘그막에
그는 자신의 한 살이[生]를 긴 노래로 요약하면서 다음과 같은 구절을 남겼다.

머리터럭 자라면서
명운(命運) 점차 기구해짐이여.
가문은 결딴나고
뽕밭은 푸른 바다가 되었네.

뒷사람들은 통상으로 그 구절을 구체적인 기억의 시적(詩的) 변용으로 여겨 주지
않았다. 기껏해야 의식 밑바닥에 깊이 묻혀버린 유년의 체험이 뒷날 들어서 알게
된 그 자신의 내력과 어울려 조작해 낸 유사(類似)기억이라는 게 일반적인 믿음이

었다. 그의 삶 자체보다는 민담(民譚)의 진진함이 더 중요한 이들에게 그럴 법도 하다. 그는 적어도 스무 살이 넘어 어떤 시골 백일장에서 장원할 때까지는 자신의 가문이나 출신에 대한 기억을 가져서는 안 되었다. 그래야만 그의 삶을 바탕으로 얽은 설화가 가장 극적이고도 효과 높은 시작을 할 수 있기 때문이다.

하지만 유감스럽게도 우리 삶의 진실은 그런 설화적인 요구와는 무관하다. 일반의 믿음과는 달리, 그의 기억은 오히려 여느 사람보다 훨씬 멀리 소급되고 있다.

특히 그가 다섯 살 나던 해 섣달 어느 밤은 삶이 고단하고 외로웠던 그가 세상을 뜨던 마지막까지도 방금 눈앞에서 벌어지고 있는 것만큼이나 생생하게 떠올릴 수 있었다. 그 밤, 그야말로 푸른 바다가 뽕밭으로 변하듯 그의 삶이 뿌리째 뒤집히던 그 운명의 밤.(이문열, 「시인」, 둥지, 1994, p.17~18)


Perhaps we ought to begin this investigation into the deviations of his life by evoking the problem of memory. In his later years, summing up the whole course of his existence in a long lyric, he wrote the following lines:

As my hair grew longer,
my fortunes travelled a rough road:
The family line in ruins,
the blue sea a mulberry grove.


Later readers have not usually considered those lines to be the transposition into poetry of any actual experience. At most they have assumed that they were inspired by some childhood event he learned about in his adult years, a pseudo-memory as it were, an analogy fabricated to harmonize with the presumed course of his life's history.

Such theories may satisfy those who prefer an entertaining folk-tale to the actual details of a man's life. For them, it is unthinkable that he might have

retained any actual memories of his family or origins before that fateful
moment, so often chronicled, when he won first prize in a rural poetry
contest at the age of nineteen. That way the legend could be given a dramatic
and really effective starting-point.

Unfortunately, the realities of life rarely if ever correspond to the demands of
such fabulations. Generally received opinion notwithstanding, his memory
actually stretched much further back into the past than is normally the case.

In particular, even when his life was almost done, at the end when he was
weary and alone, he could recall the events of a certain evening late in the
year in which he turned four as vividly as if they were just then happening
before his eyes: that fateful night when his life was fundamentally
transformed, as if the blue sea had indeed suddenly been turned into a
mulberry grove.

도입 부분에서 핵심적인 단어는 '기억'이다. 4행의 시구가 실제 경험
에 대한 기억에서 나온 것이 아니라, 조작해 낸 '유사기억'에서 나온 것
이라는 이야기가 핵심이다. 그래서 번역에서도 이 '기억'이라는 용어가
서술의 핵심이 되도록 해야 할 것이다. 그런데 이 영어 번역에서는 '기
억의 시적 변용'을 'the transposition into poetry of any actual
experience'라고 했다. 'experience'보다는 'memory'를 쓰는 것이 더
좋지 않았을까 싶다. 물론 오역이라고 얘기할 수는 없지만, 문장에서 핵
심적인 단어를 살리지 않았다는 점에서 원작의 의도가 번역 작품의 독
자에게 제대로 전달되는 데 지장이 있을 수 있겠다.

우리말에서 '스무 살이 넘어'를 서양식 나이 계산법으로 한다고 'at
the age of nineteen'으로 한 것은 올바르다고 보기 어렵다. '다섯 살 나
던 해 섣달 어느 밤'도 서양식으로 계산해서 'a certain evening late in

the year in which he turned four'로 번역한 것도 개운치 못하다. 물론 작품에서 결정적으로 중요한 부분은 아니다.

어쨌든 당연한 얘기지만, 우리말에 대한 깊은 이해, 원작에 대한 바른 이해가 좋은 번역의 출발점인 것을 강조하고 싶다.

▶ 이윽고 선사가 눈을 떴다. 그리고 주장자를 번쩍 치켜들면서 소리쳤다.
"이 도리를 알겠는가?"
노인답지 않게 찌렁찌렁한 음성이 방 안의 고요를 부숴버렸다. 침묵이 흘렀다. 아무도 대답이 없었다. 선사가 말을 이었다.
"이 물건을 주장자라고 부른다면 촉할 것이요, 또한 주장자가 아니라고 한다면 배할 것인즉, 대중이여 일러라! 이 물건을 뭐라고 부르겠는가?"
방 안은 물을 뿌린 듯 고요하였고, 다시 긴 침묵이 이어지고 있었다.

이어서 아무런 표식 없이 선사의 물음에 대한 화자의 생각과, 선방 수도자들의 치열한 수도 생활에 대한 묘사가 5쪽 반 정도 이어진다.

나는 겨울 한철을 가행정진으로 버텼는데 그것은 순전히 고집이었다. 나도 부처가 될 수 있다는, 되어야겠다는 오기 같은 고집……
아아 그것은 또 얼마나 어이없는 일이었던가.
"이 도리를 알겠는가?"
선사는 줄달아서 다그치고 있었지만 이백 명이 넘는 대중이 모인 백설당 큰방은 물을 뿌린 듯 고요했다. 선사는 다시 한번 소리쳤다.
"이 도리를 알겠는가?"(김성동, 「만다라」, 깊은강, 2001, pp.109~115)

어느 불어 번역본을 보면 첫 번째 "이 도리를 알겠는가?"는 "Comprenez-vous cet enseignement?"이라고 번역했다. 그런데 5쪽

뒤에 나오는 두 번째, 세 번째 것은 "Avez-vous vu la vérité?" 라고 번역했다.

　물론 의도적으로 같은 표현의 중복을 피하기 위해 다르게 번역했다고 볼 수도 있고 전체 작품의 문맥을 정확히 파악하지 못했다고 볼 수도 있다. 혹은 삽입된 5쪽의 다른 내용을 번역하는 사이 시간이 흘러, 5쪽 전에 나온 질문이 계속 반복된다는 것을 잊어버렸다고 볼 수도 있다. "이 도리를 알겠는가?"라는 질문은 중간에 5쪽 분량으로 끼어든 다른 내용을 뛰어넘어 이야기에 연속성과 긴장감을 부여해주는 장치이다. "이 도리를 알겠는가?"를 각각 다르게 번역한 것은  그 표현의 이러한 역할을 간과한 결과라고 볼 수 있다. 이는 작품의 밀도를 떨어뜨리는 결과를 가져올 수 있기 때문에 주의해야 한다.

　이렇게 원작에 대한 충분한 이해 없이 번역을 하면 번역물에 중대한 손상을 입힐 수도 있다. 당연한 이야기지만 올바른 번역은 원작품에 대한 깊은 이해에서 출발한다는 것을 명심해야 한다(이러한 실수는 예상보다 흔히 발견되는 데, 다음에 예문으로 쓰인 윤성희의 소설집 『거기, 당신?』에 실려 있는 단편 『누군가 문을 두드린다』에서도 발견된다.


## (2) 동사 시제 선택의 중요성


▶ 그는 호루라기를 길게 불었다. 호수에 비친 구름이 빠른 속도로 지나갔고, 5미터 간격으로 심은 벚나무에서 아직 영글지 않은 버찌 열매가 떨어졌다. 탁자 위에 놓여 있는 종이컵 안으로 빗방울이 떨어졌다. 호루라기 소리를 들은 사람들이 빠른 속도로 자전거를 몰았다. 삼십 분도 못 탔는데……. 만화 주인공이 새겨진 티셔츠를 입은 사내아이가 말했다. 돈을 돌려드릴게요. 그에게 천원을 돌려받은 사내아이

는 매점으로 들어갔다. 그는 자전거를 가지런히 세워놓고 그 위에 비닐을 덮었다. 그리고는 비가 새지 않도록 천막을 덧씌웠다.(윤성희, 「누군가 문을 두드린다」)

El estuvo tocando el silbato con insistencia. Las nubes reflejadas en la superficie de las tranquilas aguas del lago, se movían con rapidez y los frutos de los cerezos que todavía no estaban maduros se estaban cayendo de los árboles plantados en filas a cada cinco metros. Unas gotas de lluvia fueron a caer dentro de un vaso desechable que estaba sobre la mesa. Al oir el silbato, la gente aceleró la velocidad de sus bicicletas. Pero si no he montado ni siquiera media hora……, dijo un chico en cuya camiseta estaba estampada la protagonista de unas conocidas caricaturas. Tranquilo, chico, te devolveré tu dinero. El chico recibió mil wones y entró al quiosco. Después de darle el dinero al chico, se puso a ordenar las bicicletas y las cubrió con un plástico, sobre el cual echó el toldo.

위의 글은 어느 단편소설의 도입 부분이다. 원작품에서 많은 동사가 쓰였는데 모두 같은 형태의 과거형으로 쓰였다. 이처럼 우리말의 동사 과거형은 서양어, 특히 불어나 스페인어처럼 세분되어 있지 않다. 그래서 한 가지 동사의 과거형태를 서양어로 번역할 때는 주의를 해야 한다. 단순과거인지, 불완료과거인지, 대과거인지 원문의 문맥을 잘 파악해야 한다.

위 글은 갑자기 비가 몰려오는 장면을 묘사하고 있다. 그런데 그 급박한 순간의 묘사 중에서도 어느 행위나 장면이 지속되거나 반복되는 것을 묘사하는 동사가 있는가 하면, 단순히 일시적으로 일어난 행동을 나타내는 동사도 있다.

예를 들어, 호루라기를 여러 차례 반복해 불면서 손님들에게 돌아오라는 행위, 구름이 빠르게 흘러가고, 자전거를 몰고, 열매가 하나씩 지속적으로 떨어지고, 빗방울이 후두둑 떨어지는 것은 갑자기 비가 내리는 순간의 진행 상황을 묘사하는 동사들이다. 따라서 불완료과거를 사용해야 적합할 것이다.

반면, 아이가 말하고, 돈을 돌려주고, 자전거를 정리하고, 천으로 씌우는 행위들은, 화자가 그 행위의 진행 상황을 묘사하려 했다기보다는 순차적으로 일어난 행위를 지시하는 동사들이라고 봐야 할 것이다. 그래서 단순과거 시제를 사용해야 적절하다.

그런데 위의 번역을 보면 이러한 서양어의 동사 성격을 신중하게 고려하지 않고 일관성 없이 번역되었다는 것을 알 수 있다. 호루라기를 분 행위가 구름이 몰려가고, 버찌 열매들이 떨어지는 상황보다는 짧아서 단순과거를 쓰면서 동시에 진행형을 씀으로써 행동의 지속성을 조금 드러냈다는 점에서 수용할 만하다. 하지만 버찌 열매들이 떨어지고, 빗방울이 컵 속으로 떨어지고, 사람들이 자전거를 서둘러 몰면서 돌아오는 것이 동시에 일어나는 상황들이라면, 모두 불완료과거 시제를 쓰는 것이 좋다고 생각된다. 하지만 위 번역은 그 동사들의 시제에 일관성이 없어 작품 도입 부분의 장면 묘사가 어색하게 되어버렸다.

## (3) 복합동사의 처리

한국어는 두서너 개의 동사 어간이 한꺼번에 붙어 늘어서서 일련의 행위를 아주 간결하게 나타낼 수가 있다. 그러나 서양어로 번역하면서 한국어의 동사를 그대로 다 살려 주려다가는 엉터리 번역이 되고 만다.

▶ ······달려 내려갔다: ······se fue bajando y corriendo(X)

······se fue corriendo para abajo, 혹은 ······descendiócorriendo(O)


위의 예처럼 한국어에서는 세 가지 동사가 사용되었지만, 두 가지 동사만 사용해서 번역할 수 있을 것이다. 한국어 동사 세 개를 모두 살리려고 한다면 이상한 번역이 될 수밖에 없다.


▶ - 그것을 집어 얼굴 가까이 갖다 대어 보고 나서······:

- después de tomar, llevar y ponerlo cerca de la cara(X)

- lo tomó, llevó y puso cerca de la cara(X)


위와 같이 한국어 동사가 다섯 개 있지만 이를 그대로 살려주려고 하다가는 옳은 서양어 번역이 될 수 없다. 'después de ponerlo cerca de la cara······' 나 'lo llevó cerca de la cara y······' 정도가 무난할 것이다. 여기서 '보고 나다'는 두 개의 동사로 이루어져 있지만, 경험과 시제를 나타내는 조동사에 불과하다. 그래서 스페인어에서 시간을 나타내는 전치사구로 대체할 수 있는 것이다. 나머지 '집어' '대어' 등의 뜻은 'llevar, poner' 동사에 포함되거나 'cerca de' 라는 전치사구에 이미 그 의미가 포함된다.

이런 복합동사들은 수도 없이 많다. '버리다' '보다' '말다' '주다' 등과 같이 완료, 경험, 강조, 감정의 표현 등을 나타내는 조동사와 합쳐지는 경우도 많고, 두 가지 이상 별개의 동사들이 합쳐지는 경우도 많다. 우리말에서는 그것이 연속 동작이나, 동시 동작을 압축적으로 잘 나타내준다. 그것을 서양어로 옮길 때 잘못된 표현이나 늘어지는 표현이 되지 않도록 조심해야 한다.

## (4) 단수, 복수의 표현

『만다라』에서 지산과 화자(법운)가 여관방에서 자고 나서, 아침을 먹기 위해 여주인에게 묻는 장면이다.

▶ 지산이 말했다.
　"이 집엔 밥들 안 자슈?"
　"밥 안 먹고 사는 사람이 어딨수? 벌써 먹었지."
　"허, 이런 인심 봤나. 우린 아직 조반 전인데……"
　"나가서 사 자슈. 우리집은 식사는 안 판다구요."
　쌀쌀하게 말하고 돌아서는 여자를 지산이 잡았다.
　"거 보살 성질 한번 급하슈. 그게 아니고, 뭣 좀 시켜달라 이 말이오."
　"얘기하슈. 한식, 왜식, 청요리…… 뭐든지 되니까."
　"우리야 조선 토종이니까 한식이지. 법운수좌 뭐 하겠어?"(김성동, 『만다라』, p.93)

"이 집엔 밥들 안 자슈?"에서, '밥들'이라는 목적어가 복수로 되어 있기 때문에 상대방(주어)을 복수로 표현해야 할 것이다(물론 여기서 '자슈'는 아침식사를 의미하는 단어로 대치시키는 것도 바람직하다).

"우린 아직 조반 전인데……"에서 '우리'는 지산과 법운을 모두 가리키므로 복수로 써야 할 것이다. 물론 단수도 가능하다. 하지만 다음 줄에 나오는 "……우리집은 식사는 안 판다구요."에서 소유형용사 '우리'는 서양에서 일반적으로 단수로 사용된다는 것을 고려할 필요가 있다. 특히 마지막 줄에 나오는 "우리야 조선 토종이니까……"에서 우리는 지산을 가리키므로 당연히 단수로 옮겨야 할 것이다. 만약 복수로 썼다가는 뒤에 법운 수좌에게 물어보는 내용과 어긋나기 때문에 큰 혼란을 불러올 수 있다(실제 불어판 번역에서 착오 발생).

▶ 그가 공원녹지과에서 일하는 동안 시는 세 개의 공원(①)을 조성했다. 그는 공원(②)에 앵두나무, 살구나무, 사과나무, 복숭아나무 같은 과실수들을 심도록 과장을 설득했다. 과장은 그 열매, 사람들이 따가면 어떻게 하냐? 라고 물었다. 과실수를 심은 공원(③)이 시민들에게 호응을 얻자 과장은 시장에게 특별휴가를 받았다. 그 후 공원에 심을 나무를 결정하는 것은 그의 몫이 되었다. 두 번째 공원에는 어린잎을 따서 나물로 먹을 수 있는 나무들을 심었다. 나무마다 자세한 설명을 붙여놓았다. 공원은 인근 초등학교에서 야외수업을 하는 곳이 되었다. 세 번째 '공원'에는 잎이나 열매로 물감을 만들 수 있는 나무들을 심었다.(윤성희, 「누군가 문을 두드린다」)

우리말에서는 단수 형태로 복수를 표현할 수 있기 때문에 단수, 복수의 표현이 엄격한 서양어로 옮길 경우 조심해야 한다. 때에 따라서, 먼저 복수의 의미로 사용되고, 뒤에 단수 의미로 바뀌어 사용된 것인데도, 형태가 같다고 해서 무심코 모두 복수로 옮겼다가는 문맥 전체가 어색해지는 경우가 있다.

위에서 첫 번째 나오는 '공원(①)'은 당연히 복수다. 두 번째 나오는 것(②)도 복수일 것 같지만, 문장을 계속 읽어가다 보면 첫 번째 만든 공원을 가리키는 단수로 사용되었다는 것을 알 수 있다. 세 번째 나오는 '공원(③)' 역시 단수이다. 이것들을 잘못해서 복수로 표현한다면 앞뒤 문맥에 어긋나게 되고 독자에게 혼돈을 불러일으키게 된다. 첫 번째 공원에 심을 나무에 대해 과장을 설득해 과일나무를 심은 결과 시민들의 반응이 좋아서 특별휴가를 받았던 것이다.

## (5) 문장 구성요소의 반복 문제

우리글에서는 같은 단어가 반복되는 경우가 많다. 이는 서양의 언어 습관에 맞지 않을뿐더러, 핵심 내용을 전달하는 데 방해만 되니, 옮길 때는 피해야 한다.

다음은 『만다라』에서 지산이 입산수도와 중생제도의 관계에 대해서 법운에게 자기 생각을 말하는 부분이다.

▶ "중생 제도? 자기 제도도 못하는 주제에 누굴 제도해? 중은 산을 떠나선 안 돼. 인적 없는 산속에서 새소리, 바람소리 벗삼아 우선 자기 완성부터 해야지."

"그리고 나서는요?"

"그리고 나선 산을 내려와야지. 산을 내려와 중생을 제도해야. 우리가 거리를 떠나 산으로 간 까닭은 진실로 중생을 사랑하기 위하여, 사랑할 수 있는 힘을 얻기 위하여, 잠시 중생들로부터 격절되자는 것이지 결코 도피가 되어서는 안 돼. 따라서 입산이란 수단이지 목적은 아니야. ……"(『만다라』, p.77)

- Sauver les hommes? Comment le feraient-ils s'ils sont incapables de se sauver eux-mêmes? Le moine ne doit pas quitter la montagne. C'est là qu' il doit d'abord avoir le souci de sa propre perfection, loin de la foule, dans la seule compangnie du chant des oiseaux et du murmure du vent.
- Et après? Que faut-il faire après?
- Après? On peut quitter la montagne pour sauver les hommes. Car, on part à la montagne, non pas pour fuir les hommes mais pour les aimer et obtenir la force de les aimer. Le départ à la montagne est le moyen, non la fin.

인용된 원전에는 산이라는 말이 여섯 번이나 나오지만 불어로 번역된 텍스트에서는 네 번 나온다. 바람직한 번역이다. 생략할 수 있는 경우는 생략하고, 부사로 바꾸기도 하고(C'est là que……), 다른 단어로 바꾸기도 하면서(Le départ) 가능한 반복을 줄였다. on part à la montagne도 on y part로 바꾸면 더 좋았을 것이다. 만약 원전을 충실하게 번역한다고 montagne를 그대로 여섯 번 썼다면 정말 읽기에 짜증나는 문장이 되었을 것이고, 따라서 작품의 가치도 많이 손상될 것이다.

이렇게 같은 단어를 반복 사용해도 우리말에서는 크게 어색하지 않다. 하지만 서양어에서는 동사나 명사 뿐만 아니라 대명사나 관계대명사, 관계부사, 장소를 표시하는 부정대명사 등도 같은 단어를 반복하는 것은 가능한 피해야 한다.

앞의 윤성희의 작품 「누군가 문을 두드린다」에서 인용한 예문에서도 '공원'이라는 단어가 많이 나온다. 서양어를 전공한 사람이라면 당연히 아는 얘기지만, 서양어에서는 이렇게 같은 명사를 반복해서 사용하지 않는다. 그래서 '두 번째 공원' '세 번째 공원'은 당연히 명사를 빼고 정관사와 서수만 사용해서 표현하는 것이 옳을 것이다. 예를 들어, "In the second" "En el tercero"로 번역되는 것이다.


한편, 같은 단어의 반복은 아니라도 하나의 구절 내에서 여분의 내용이 첨가되는 경우가 있다. 우리말에서는 이상하지 않지만 서양어에서는 어색한 표현들이다.


▶ - 양쪽 집들 사이에: entre las casas a ambos lados
　- ~라고 적힌 간판이 보였다: se veía un cartel en que decía

– 손으로 자기 도장을 찍었다: imprimió su sello, <u>con la mano</u>

위에서 밑줄 친 부분은 우리말을 그대로 옮기려는 의도에서 나온 불필요한 표현들이다. 서양어에 익숙하지 않은 경우 다시 읽어도 잘못된 표현이라는 생각이 들지 않는 경우가 많다.

그래서 한국어로 된 원작품을 그대로 옮기려다 보면 서양어로 옮겨진 글이 너무 느슨한 경우가 종종 있다.

▶ (가) Todavía continuaba la marcha militar. Podríamos ver el final de la marcha cuando bajamos de la montaña, pensó Chung- ok. Parecía que la marcha nunca terminaría. Era muy aburrida.

　(나) El desfile seguía; Chung-ok pensó que quizás a su vuelta podría ver la parte final de la colmuna, lenta e interminable.

위의 두 텍스트를 비교해보면 같은 내용을 전달하면서도 (나)가 더 문장의 긴밀도가 높고, 군더더기 없이 잘 다듬어진 문장이라는 것을 알 수 있다. 문맥으로 보아 생략해도 독자들이 알 수 있는 요소들은 생략하고, 동사도 형용사로 바꾸면서 두 문장을 하나로 합쳤다. 우리 문장의 관습에서 벗어나, 특히 원문에서 벗어나 전혀 새로운 구문을 만들어낸다는 것이 쉬운 일은 아니다. 그래서 '번역은 창작' 이라는 말이 일리가 있는 것이다.

또한, 같은 단어의 반복이나 여분의 내용이 불필요하게 중복되는 경우 말고, 우리말에서는 없던 음소나 음절의 반복 현상이 생기는 경우가 있다. 역시 서양어에서는 일반적으로 어색한 표현들이다. 음소 반복을 피할 수 있는 표현으로 바꾸어야 할 것이다.

▶ – 지금 당장 질식하고 말 것이다: se quedaría ahogado ahora mismo
   – 그의 가슴을 짓누르고 가는 발걸음: la pisada que pasa pisándole
                                       pesadamente el corazón

위의 예에서 밑줄 친 부분 aho음절과 p음소는 반복되고 있다. ahogado 대신 asfixiado, estrangulado로 대체할 수 있고, ahora mismo 대신 al mismo tiempo도 생각해볼 수 있을 것이다.

결국 서양어에 비해서 우리말은 반복의 문제에 있어 그다지 예민하지 않은 언어라고 할 수 있다. 그렇기 때문에 한국어에만 익숙한 사람이 한국어를 서양어로 옮길 때 흔히 저지르기 쉬운 실수가 바로 이 반복적 표현이라고 할 수 있다.

## (6) 우리말과 서양말의 차이에서 오는 다른 문제들

### 가) 우리 존댓말투의 번역 문제

잘 알다시피, 우리말은 존대어법이 발달되어 있다. 물론 서양어에도 있긴 하지만 훨씬 덜하다. 그래서 우리말에서 부부 사이, 형제 사이를 비롯해 가족간이나 친구, 선후배 사이의 존칭을 서양어로 어떻게 번역하는가 하는 문제도 고민해야 한다. 예를 들어 한국에서는 학교 1년 선후배 사이에서도 존칭을 쓰는데(스페인어, 불어에서는 가능함) 이를 그대로 서양어 존칭으로 옮기면 둘 사이의 관계를 무척 소원하거나 대립하는 관계로 이해할 가능성이 크다. 그런 문제가 발생할 경우에는 예사

말투로 써야 한다고 본다. 물론 존댓말투를 그대로 살려줌으로써 우리 문화의 특성을 드러내는 것이 더 중요한 경우도 있을 것이다. 역자의 판단이 중요하다.

### 나) 화자(주어) 자신을 가리키는 단어의 번역 문제

우리말의 경우 자신을 가리킬 때 상대방과의 관계를 많이 언급

"이 형으로 말할 것 같으면……" "이 아빠는 너를 위해……" "이 선생님은 그걸 이해한단다." 등에 나오는 주어들은 때에 따라서 주격 대명사(I, Je, Yo)와 동격으로 처리해서 명사를 살려줄 때도 있지만, 많은 경우 주격 대명사로 처리하여야 할 것이다.

그 외에도 우리말과 서양말의 차이에 익숙하지 않아서 범하는 실수가 여러 가지 있다. 앞에서 언급한 동사의 시제 선택 문제 외에도, 불어나 스페인어의 경우 주어와 동사의 수 일치, 주어와 보어의 성수 일치, 명사와 형용사의 성수 일치, 명사와 대명사의 성수 일치 등은 너무나 기본적인 문법 사항이지만 흔히 틀리는 사항들이다.


## 2. 시 번역의 어려움

산문을 동양어에서 서양어로 옮기는 것도 어려운 일인데, 시의 경우에는 더욱 어려움이 많다. 시를 옮길 때마다 "번역은 반역이다"라는 말이 실감난다. 특히 우리말의 아름다움을 한껏 살리는 시들을 서양어로 옮길 때는 정말 회의가 엄습한다.

산문 번역보다 시 번역이 훨씬 난감한 이유는 무엇인가? 리듬이 시의 중요한 구성요소인데, 아주 상이한 언어로 옮기는 과정에서 내재율이건 외재율이건 그 리듬을 옮기는 것이 거의 불가능하기 때문이다. 더군다나 시어의 소리가 암시하는 상징적인 효과까지 번역해서 전달한다는 것은, 우연한 경우를 제외하면 거의 불가능에 가깝다고 할 수 있다. 비록 대부분의 우리 현대시들이 자유시이긴 하지만, 만약 시조 같은 정형시라면 서양의 다양한 정형시 형식 중에서 어떤 형식을 선택해야 할지, 어느 한 가지 선택이 가능하다 하더라도, 서양시의 각운, 음수율, 억양 등의 형식 조건을 맞추는 것은 더욱 어렵다. 이처럼 시의 번역이 거의 불가능해 보이는 것은 언어를 사용하는 문학이라는 것, 특히 시는 연상에 의해 다양한 의미를 만들어내는데, 이 연상 효과는 각 언어권의 문화와 상상력에 의존하기 때문이다.

우리의 대표적 서정시인 김소월의 작품을 한번 보자.

**진달래꽃**

나보기가 역겨워
가실때에는
말업시 고히 보내드리우리다

寧邊에 藥山
진달래꽃
아름따다 가실길에 뿌리우리다
가시는거름거름
노힌그꼿츨

삽분히즈려밟고 가시옵소서


나보기가 역겨워
가실때에는
죽어도아니 눈물흘리우리다

**The Azaleas**

If you go away,

sick of the sight of me,

I'll let you go without a word.


But I'll also gather by the armful

the azaleas flaming in Yaksan, Youngbyon

and scatter them in your path.

Tread gently

and lightly

as you pass.


If you go away,

sick of the sight of me,

I will weep no tears, thought I die without you.


아름다운 우리말 '고히' '드리우리다' '아름따다' '거름거름' '삽분
히즈려밟고' '죽어도아니 눈물흘리우리다' 등의 맛을 살리면서 서양어
로 옮기기는 거의 불가능하다고 본다. 그래서 단어 하나하나에 걸맞은
서양어를 찾아내기란 거의 불가능하다. 그래서 역자가 할 수 있는 것은,

가능하면 시의 분위기를 정확히 파악하여 최대한 살려 전달해주는 것이다. 그런데 시의 분위기를 정확히 파악한다는 것 또한 쉽지 않다.

예전에는 이 시가 이별을 노래하는 시, 관용과 극기의 여인상을 노래했다고 일반적으로 이해되었다. 그러나 요즘은 이 시가 가정형과 미래 추정형으로 되어 있기 때문에 실제로는 이별의 시가 아니라고 해석된다. 이어령의 『다시 읽는 한국시』에 소개된 새로운 해석에 따르면 이 시는 이별의 가정을 통해 현재 애틋한 사랑을 하고 있는 사람의 마음을 나타낸 시다.

자기를 역겹다고 버린 님을 원망은커녕 꽃까지 뿌려주겠다는 인심 좋은 한국 여인의 상징으로 진달래꽃은 어울리지 않는다. 차라리 국화나 매화가 어울린다. 진달래꽃은 결코 점잖은 꽃, 자기억제의 꽃이라고는 할 수 없다. 그것은 겨우내 야산의 바위틈에나 벼랑가에 숨어 있다가 봄과 함께 분출한 춘정을 억제할 줄 모르는 야속(野俗)의 꽃인 것이다.

그래서 『진달래꽃』이 어둡고 청승맞은 '4·4조'의 우수율(偶數律)이 아니라 밝고 경쾌하며 조금은 까불까불한 느낌조차 주는 '7·5조'의 기수율(奇數律)로 되어 있는 것이다. 다시 말해, 그것은 이별가의 침통한 가락이 아니다. 약간은 수줍게 그러면서도 철없이 불타오르는 진달래꽃 같은 사랑의 언어를, 때로는 장난기마저 깃든 천진난만한 소녀의 기도소리같은 율동을 들려준다.

이와 같이 이별을 이별로써 노래하거나 사랑을 사랑으로 노래하는 평면적 의미와 달리, 소월은 사랑의 시점에서 이별을 노래하는 겹시각을 통해 언어의 복합적 공간을 만들어낸다는 것이다. 이처럼 평범하게만 보였던 시도 정확하게 이해한다는 것이 쉽지 않다.

이런 관점에서 이 작품의 영어 번역은 어떤가? 물론 if 가정형, 미래

형으로 되어 있어 현재 일어나는 이별이 아니라는 것을 더 명백하게 드러내고 있다. 하지만 3연에서는 명령형으로 되어 있어 마치 지금 이별을 하는 것처럼 보인다. 이럴 때는, 추정을 드러내는 표현법을 써야 할 것이다.

그리고 전체적으로 원시의 애틋한 감정을 옮기려는 노력이 별로 드러나지 않는다. 평범한 번역이랄까? 우리말의 맛을 살릴 길은 없지만 전체적인 시의 분위기를 전달하려는 노력이 시에서는 긴요하다고 생각된다. 예를 들어 '죽어도 아니 눈물 흘리우리다'와 '죽어도 눈물 아니 흘리우리다'는 다르다. '아니'가 '눈물' 앞에 감으로써 더욱 결연한 의지가 강조되고 있다. 이런 결연한 의지를 살릴 수 있는 번역 방법을 좀 더 고민해봐야 할 것이다.

이 시에서 보는 바와 같이 시어는 문체를 생명으로 하고 있다. 시에 있어서 내용은 그 표현 형식에 따라 철저하게 규정된다. 한국어 시 「진달래꽃」은 시어의 형식이 가져다주는 특별한 의미가 서양어로 번역이 되는 과정에서 상실되어버리고, 유치하고 밋밋한 산문처럼 되고 만 것이다.

우리가 잘 아는 다음 시도 한번 보자.


**예前엔 밋쳐 몰랏서요**

봄가을업시 밤마다 돗는달을,
「예前엔 밋쳐 몰랏서요」.

이럿케 사모치게 그럽을줄을,
「예前엔 밋쳐 몰랏서요」.

달이 암만밝아도 쳐다볼줄을,
「예前엔 밋쳐 몰랏서요」.

이제금 저달이 설음인줄을,
「예前엔 밋쳐 몰랏서요」.

**I Did Not Know Before**

I did not know before
that the moon rises every night.

I did not know before
that I would miss you so much.

I did not know before
how to watch the brightest moon.

I did not know before
that the moon would be my sorrow.

우선 한국인이 달을 보면서 느끼는 정서나 자극받는 상상력을 서양인 들도 동일하게 가지고 있는 것은 아니기 때문에, 이 시가 서양어로 잘 번역된다 하더라도 서양인이 이 시에 대해서 대부분의 한국인처럼 아주 우호적인 평가를 내릴지는 의문이다. 게다가 만약 위의 영어 번역처럼 번역이 만족스럽지 못할 경우 한국 문학에 대한 이미지는 아주 부정적이 될 수밖에 없다. 그래서 번역을 함부로 하는 것은 안 하느니만 못하다. 대외적으로 한국 문학의 이미지에 먹칠을 하는 꼴이 되기 때문이다.

　위의 영어 번역을 보면 역자가 작품을 정확하게 이해하고 있지 못하거나, 영어 표현력이 너무 부족하다고 판단된다. 전체적으로 너무나 밋밋하다는 느낌을 갖지 않을 수 없다. 우선 시의 핵심 구절인 "예前엔 밋쳐 몰랐서요"에서 '밋쳐'는 간과되었다. 마찬가지로 핵심적인 단어인 "봄가을업시" "암만밝아도" "사모치게" 등도 간과되거나 그 의미를 살려주려는 노력이 부족해 보인다. 이런 경우, 만약 김소월의 이 작품을 모르는 한국인에게, 번역된 영어시를 우리말로 옮겨보라고 하면 어떤 식으로 결과가 나올지를 상상해보는 것도 좋을 것 같다. 너무나 평범한 문장들의 집합체로 정말 시라고 말하기 어려운 유치한 작품이 되지 않을까? 그렇지 않아도 달에 대한 정서와 상상력이 우리와 다른 영어권 독자가 우리처럼 그 번역물에서 화자의 애절한 그리움을 느낄 수 있을까? 그래서 시 번역에서는 의역이 더욱 필요하다는 생각이 든다. 전체적인 분위기를 살려주지 못하면 아무 의미 없는 작업이 되고 만다.

　김소월 시에 비하면 다음 오세영의 시 「흐르는 것이 어찌 여울뿐이랴」는 번역이 훨씬 더 가능해 보인다.

어린 사미(沙彌)의 손목을 잡고
돌다리를 건너다 떨어뜨린
백동전 한 닢.
아이야,
그만 두어라.
흐르는 것이 어이 여울뿐이랴.
어제 네 놀던 연꽃 대좌(臺座)엔

아침에 산까치가 와서 울더니
저녁엔 솔방울이 앉아 있구나.

흐르고 흘러서 어찌 산이 산이겠느냐.
어린 사미의 손목을 잡고
돌다리 건너 암자 가는 길,
흰 구름 굽이굽이 흘러가는 길.


De la mano de un novicio budista
cae, al cruzar el puente de piedra,
una moneda blanca.
Niño, déjala.
No corre sólo el río.
Ayer, al pie de la pagoda te divertías;
al amanecer vino a llorar la urraca
y al anochecer la piña ya descansa.
Con el paso del tiempo,
¿la montaña seguirá siendo montaña?
De la mano de un novicio budista,
hacia el santuario, cruzo el puente,
camino de blancas nubes ondulantes.


이 시는 오세영의 『벼랑의 꿈』이라는 시집에 나오는 시이다. 화자는
스님이다. 그래서 '……뿐이랴' '……산이겠느냐' 같이 일반적으로 스
님들이 설법하는 투의 동사 어미들이 사용되었다. 그런데 그 어미들을
서양어로 옮기는 것은 불가능해 보인다. 우리말은 예사말과 높임말이
있을 뿐 아니라, 어미가 너무나도 다양하고 그에 따라 분위기도 다르다.
'……뿐이랴' 도 '……뿐인가' '……뿐일까' '……뿐이냐' '……뿐이겠

는가' '······뿐입니까' '······뿐일까요' 등등 수없이 다양하고, 각각 그 맛이 다르다. '흐르고 흘러서' 처럼 우리말의 반복이 주는 회화적 효과도 서양어로 살려주는 것이 만만치 않다. 그리고 "어제 네 놀던 연꽃 대좌엔" 을 그대로 전달하려면 "Ayer, sobre la basa en forma de flor de loto te divertías"라고 해야 하는데 이렇게 되면, 물론 "연꽃 대좌"가 불교적 분위기를 자아내지만, 그다지 중요하지 않은 정보 때문에 시적 균형이 지나치게 깨어지고 만다. 그래서 "al pie de la pagoda(불탑 아래서)"라는 식으로 바꿈으로써 불교적 분위기는 유지하면서 시행들 사이의 균형을 찾으려고 노력했다. "앉아 있구나"도 의미 그대로 "está sentada" 하면 시적 분위기가 덜 살아서 "ya descansa(이미 쉬고 있구나)"로 조금 의미를 바꾸었다.

이 시는 앞에서 예로 들었던 시들처럼 서정시이지만, 그래도 번역 불가능해 보이는 토속적인 단어는 적으면서도 한국적 풍경과 불교적 세계관을 잘 드러내 주는 시이다. 번역했을 때 그나마 시 전체의 분위기와 메시지가 크게 손상을 입지 않고 전달되는 시의 예라고 할 수 있겠다.


그리고 아주 흔하게 발견되는 문제인데, 우리 시에는 원작에 마침표, 물음표, 느낌표 등 문장부호가 없는 경우도 종종 있다. 그렇다면 서양어로 옮길 때도 문장부호를 쓰지 말아야 할까? 우리말에서는 동사의 어미가 의문문, 감탄문이라는 것을 표시해주기 때문에, 원작에서는 굳이 문장부호를 쓰지 않아도 독자들이 읽는 데는 오해의 여지가 없다. 서양어에서, 특히 스페인어에서는 어순이 자유롭기 때문에 ─ 예를 들어 평서문으로 쓰고 의문부호만 붙여도 의문문이 되기에 ─ 의문부호가 없는 것은 의문문으로 보이기 힘들다. 결국 서양어로 옮길 때에는 문장부호를 붙여야 한다고 판단된다.

또 다른 문제는 두 언어의 문장구조가 다르기 때문에 원작과 번역작 사이에 시행의 순서가 일치하기 어렵다는 것이다. 산문의 경우에도 같은 문제이지만, 결국 인식의 순서가 원작과 번역물 사이에 달라질 수 있다. 이는 원작품의 의도가 제대로 전달되지 않을 수도 있다는 의미이다.

결론적으로 시를 번역한다는 것은 산문을 번역하는 것보다 더 어려운 일이다. 더구나 우리 시를 서양어로 번역했을 경우, 서양 사람들도 우리와 같은 정서적 반응을 보이리라고 기대하는 것은 큰 착각이다. 앞서 얘기했듯이 서양 시는 다양한 정형적 음률을 가지고 있기 때문에 그러한 정형성과 상당히 거리가 먼 한국 시는 생경하게 느껴질 수 있다. 또 우리 시를 포함해서 동양 시는 시의 길이와 시구의 길이가 짧다. 전통적으로 우리 시는 교훈적 목적으로 쓰이기보다는 감정 표현의 목적으로 쓰인 경우가 대부분이었기 때문이다. 그래서 감탄사처럼 짧은 우리 시가 서양어로 번역되면 이 또한 생경한 텍스트가 되는 것이다. 또한 서양 시가 대부분 상징적 의미를 가지고 유희를 벌이고 있는데 비해, 우리 시는 자연과 교감을 표현하는 시가 대부분이다. 독자와 작가가 같은 문화적, 상상적 토대 위에 있을 때 작품이 전하는 감흥과 이미지들에 공감하는 폭이 커지는 것은 당연한 이치이다. 그래서 문화와 상상의 토대가 다른 서양인들에게 우리 시 작품이 같은 공감을 불러일으키리라 기대하는 것은 무리이다.

사정이 이러하다면, 번역할 시를 선택할 때 우리의 미적·정서적 기준에서만 생각할 일은 아니라는 것이다. 물론 산문의 경우도 마찬가지다. 항상 번역된 작품을 읽게 될 지역의 문화와 전통을 고려하여 보다 많은 공감대를 형성할 수 있는 작품을 선택해야 한다. 그리고 어떤 시인가에 따라 그 의미와 분위기, 맛을 전달할 수 있는 여지가 달라진다. 사실 김소월의 시 같은 경우 그 맛을 살리기는 거의 불가능하다고 본다. 그러나 오세영의 시 처럼 우리말의 토속적 맛이 시에서 차지하는 비중이 적은 경우 '반역' 의 가능성 또한 적어진다고 할 수 있을 것이다.

어떠한 경우라도, 시 번역 작업에서 외국인의 도움은 필수적이라 할 수 있다. 비록 각운을 맞추고, 음절수를 맞추는 일은 불가능하겠지만, 적어도 그 외국어의 어감과 리듬을 잘 살리려면 그 언어를 잘 다루는 전문가의 교정을 받아야 할 것이다.

**〈참고문헌〉**

· 김종길 외 28인,『한국 문학의 외국어 번역』, 민음사, 1997.

· 안정효,『번역의 테크닉』, 현암사, 1996.

· 이오덕,『우리 문장 쓰기』, 한길사, 1992.

# 8

## 우리말 살리는 글쓰기

김창민

**김창민**

서울대학교 인문대학 부학장
서울대학교 서어서문학과 졸업
스페인 마드리드 꼼뿔루뗀세 대학교 중남미 문학 박사
『라틴아메리카의 문학과 사회』등 저서 다수
『귀천』(천상병), 『벼랑의 꿈』(오세영) 등 번역

지금까지 우리말을 서양말로 옮길 때 생각해야 할 점들에 대해 몇 가지 알아보았다. 그리고 여러분은 다른 강의를 통해 외국어를 한국어로 옮길 때 조심해야 할 것들에 대해 많이 들었을 것이다.

여기에서는 외국어를 한국어로 옮기는 작업을 하는 사람들이 한번쯤 참고할 만한 책의 내용을 소개하겠다. 이오덕 선생님의 『우리 문장 쓰기』(한길사, 1992)이다. 제목을 보아 짐작하겠지만, 한마디로 서양식·일본식·중국식 문장을 가능한 피하고 내용을 알기 쉽게 전달할 수 있는 우리 문장이 있으면 그것을 쓰자는 것이다. 과거에 최현배 선생님의 주장과 유사하다고 할 수 있으나 그렇게 극단적이지는 않다. 또 글의 성격에 따라서는 이오덕 선생님의 주장을 받아들이기 어려운 점도 있다. 하지만 많은 부분 수긍이 가기 때문에 번역가를 지망하는 사람들은 한번쯤 참고할 필요가 있다고 생각한다.

그 책의 요지를 간단히 소개하고, 참고할 구체적인 내용을 요약하면 다음과 같다.

# 1. 우리글을 해치는 외국 글체

우리는 조선시대까지 말은 우리말을 쓰면서도 글은 중국글을 사용했다. 물론 서민들은 대부분 문맹이었다. 세종대왕이 한글을 만들었지만 극소수층에서만 사용하였을 뿐, 지배계층은 조선말까지도 중국 문장을 사용하거나, 우리말 구조를 따르더라도 우리글은 토씨를 다는 정도로만 사용했다. 그래서 '말과 글을 하나로 되게 하자'는 언문일치 운동이 근대화 운동의 일환으로 일어났다. 말이 글을 따르게 하자는 것이 아니라, 글을 말에 맞추어 '말이 되는 글'을 쓰자는 운동이었다. 그 결과 지금은 말과 글이 100년 전보다 많이 나아졌다.

그런데 그 과정에서 우리는 일제 식민지와 서구식 근대화 과정을 통해 일본과 서양의 지식을 받아들였다. 당연히 지식인들은 일본과 서양의 글을 통해서 지식을 얻고, 그것을 전달하는 과정에서 우리말과 글에 일본말과 서양말의 영향이 서서히 스며들었다. 그래서 이제 와서는 대부분의 사람들이 의식하지도 못하는 사이에 우리글을 서양식이나 일본식으로 쓰게 되었다.

요즘은 많은 지식인들이 글을 쓸 때, 이해하기 쉬우면서 오해의 여지가 없는 우리말로 쓸 수 있는 것도 서양식·일본식·중국식 말투(문장구조, 표현방식, 용어)를 쓴다. 아무 생각 없이 쓰는 경우도 있겠지만, 어떤 경우에는 의도적으로 글을 통해서 자기 지식을 과시하려는 사람들도 있다. 글을 통해서 권력을 얻고, 부리고, 과시하려는 사람들이다. '언문일치'를 사대(事大)주의와 봉건주의에서 벗어나려는 근대화 과정의 하나로, 문화 민주화 운동의 하나로 생각하는 사람이라면, 누구나 쉽고 알아들을 수 있는 우리말이 있는 데도 공연히 어려운 말, 외국어를 쓰는 것은 가능하면 피해야 할 것이다.

### (1) 중국 글체

중국 글체는 쓰지 않아도 될 중국 글자말을 많이 쓰거나 중국 말법으로 쓴 글을 말한다. 이는 우리가 아직까지도 제대로 다스리지 못하고 있는 고질로 신문과 잡지 기사를 비롯, 관공서 인쇄물에서 인사장과 광고 글까지 중국 글체로 쓰이지 않은 글이 거의 없다.

▶ 1. 지정 열차에 한하여 유효하며 도중역에서 하차 시 다시 사용하지 못하나 다른 열차로 변경 요구 시에는 해당 추가운임 요금을 수수하고 변경 취급합니다.
　 2. 착역을 지나 계속 여행 시 미리 계원에게 요청하여야 합니다.
　 3. '승차권' 인쇄 부분이 절단되거나 지정일이 경과 시 무효가 됩니다.
　 4. 승차권 반환 시 소정의 수수료를 수수하며 무효승차권은 반환하지 아니합니다.

기차표 뒷면에 적힌 글인데, 얼마든지 쉬운 우리말로 쓸 수 있는 것을 읽고 듣기에 어색한 중국 글자말만 찾아내어 쓴 느낌이다. 대중들이 쉽게 이해하도록 써야 할 글인데……. '무지한' 대중들 앞에서 유식해 보이고 싶었던가?

▶ － 상가 화재로 두 명이 사망하고 10명이 중상을 입었습니다. (과거 방송)
　 － 상가에 불이 나 두 명이 숨지고 10명이 크게 다쳤습니다. (요즘 방송)

요즘 뉴스를 들어보면 예전과 좀 달라지고 있다는 것을 느낀다. 위의 두 표현을 비교했을 때, 아래의 우리말 표현이 보다 쉽고, 많은 사람들이 쉽게 이해할 수 있다는 점에서 더 좋다. 문맥에 따라 당연히 중상(重傷)이라는 단어를 이해하겠지만, 때에 따라서 한자어는 한자를 병기하지 않으면 혼란을 초래하는 경우가 있다.


## (2) 일본 글체

일본 글체는 일본식 중국 글자말을 그대로 따라 쓰거나 일본 글법을
그대로 옮겨 쓰는 데서 생겨났다.

▶ "이것이 나의 반생 동안의 부단노력의 결정인가 하고, 바라보매, 그지없는 느낌을
막을 수가 없다."

'-의'가 세 번씩 나오는 이런 문장은 결코 우리 문장일 수 없다.

▶ "사실주의문학의 성립과 함께 사회생활에 있어 자본주의체제는 승리적으로 확립되
었고, 르네상스 이래로 부단히 인간적 생활 위에 씌워졌던 종교적, 교권적인 일체
의 정신적 우상은 제거된 것이다."(임화, 「낭만주의적 정신의 현실적 구조」, 1934)

30년대 우리 문단에서 시와 평론으로 가장 두드러진 활동을 한 사람
가운데 한 분이 쓴 글을 예로 들었는데, '-적'이라는 일본식 중국 글자말
이 문제다. 이런 말이 나오는 글에는 으레 '-에 있어(-에 있어서, -에 있
어서의)'가 나오고, '-으로서의'가 나온다. '-에 의하여'도 나온다. 바로
이것이 일본 글체다. 우리가 일본 글체를 배우지 않고 일본글에 빠지지
않았더라면 진작에 중국 글체에서도 벗어났을 것이다. 이런 일본 글체는
학자들 글에서 특히 많이 나타난다. 이런 식으로 글을 써야 유식해 보이
는지 모르겠지만 우리 문체는 일본 글체 때문에 엉망이 되어 있다.

▶ - "양자강의 중국에 있어서의 두루 일컬음."(어느 우리말 사전에서 '장강(長江)'을 풀이한 말)
  - "이 이야기 속에는 일곱 명의 부인과 세 명의 남성에 의하여 열흘 동안에 이야

기 되어진 백 편의 이야기가 수록되어 있습니다."(어느 번역 작품의 머리글)

- "헐커스와 휘트먼은 고흐의 업적을 연구하는 데 있어서 그의 청년기에 주목한다."(어느 신문)
- "그 길은 대중조직의 연합으로서의 통일전선 구축이라는 일반적 원칙을 대전제로 하여 다른 정치 조직에 관한 보다 체계적인 사고와 함께 우리에게 보다 가까이 다가오는 것이다."(어느 잡지)

이런 글에 나와 있는 '-에 있어서' '-에 의하여' '-되어진' '-으로서의' '-적'(부사로 쓰이는) 보다' '-에 다름 아니다'는 우리말을 밑바탕부터 파괴하는 일본 말법이다. 우리말을 살리려면 우선 여기서 벗어나야 한다.

## (3) 서양 글체

주로 영어를 우리말로 옮겨 쓰면서 우리말을 살리지 못하고 그만 영문법을 따라 쓴 것이 버릇으로 되어 널리 퍼진 것이다.

▶ "나는 여러분을 생각할 때마다 나의 하느님께 감사를 드리며……."

원래 우리가 써온 말은 '우리 하느님'이지 '나의 하느님'이 아니다. '우리 아버지' '우리 어머니'이지 '나의 아버지' '나의 어머니'라고 쓰지 않았다. 더구나 이런 경우에 '나의……'라고 하는 1인칭 소유대명사를 잘 쓰지 않았다. 많은 경우 인칭대명사를 생략하면 자연스런 우리말이 된다.

▶ 주님
  나의 눈을 맑고 크게 뜨게 하시고

나의 손이 선한 일을 하는 데
사용 받게 하소서. (어느 잡지)


'나의' 대신 '저의'로 써야 하고, '사용 받게-'는 영어 수동태의 영
향인데, 말이 되지 않는다.

▶ 나는 이윽고 그녀 옆에 가만히 다가가 앉았다. 그리고 그녀의 어깨 위에 가볍게 손
  을 얹고 흔들었다.
  "귀분 씨."
  나는 그녀를 부드럽게 불렀다. 그러자 그녀가 눈을 뜨고 나를 올려다보았다. 그녀
  의 손이 어깨에 닿아 있는 내 손 위에 포개졌다. 그녀의 손바닥은 땀으로 촉촉이
  젖어 있었다. (어느 신문 연재소설)


'그녀'가 6번 나왔다. 우리말에서는 대명사를 잘 쓰지 않는다. 또 우
리말은 대명사의 남, 여를 구분해서 쓰지 않는다. '그녀'라는 말도 원래
일본 소설에서 들어온 것인데, 요즘은 영어의 영향을 받아서 쓴다고 봐
야 할 것이다. 남의 나라 말을 배우더라도 우리 것을 살리는 데 그 목표
가 있어야 한다. 그런데 남의 것을 배운다는 것이 우리 것을 다 버리고,
우리말이 남의 말에 잡아먹히는 꼴이 되었다.

이것은 한글학자들이 영어 문법에 맞추어 만들어낸 우리말 동사 시
제 규정에 따라 글을 써서 생긴 예이다.

▶ 모두가 나한테 찾아와 증명서에 서명해 달라고 부탁하는 것이었다. 알지도 들어보
  지도 못한 별별 사람들이 다 찾아와 자기는 당원이었으며 전향하지 않았었다고 애

기했다. 경찰관들도 상당수 자기가 사실은 프락치였었다고 찾아왔었다. 심지어는 당원도 아니었었는데 내 딸을 취직시켜야 먹고 살겠다는데 당원이었다는 것을 좀 보증해 달라고 부탁하는 고향 선배도 있었다. (「환상의 터널」, ㅈ일보 연재)

우리말에는 없는 '-었었다'가 글을 엉터리로 만들고 말았다. 더구나 한글학자들이 줏대 없는 규정을 만들어 그 원인을 제공했다니…….

지금까지 중국 글체, 일본 글체, 서양 글체를 살펴보았는데, 대부분의 경우 이 세 가지가 뒤섞여 나타난다. 특히 배운 사람들의 글일수록 이런 경향을 더 자주 발견된다. 과연 꼭 필요한 한자어인지, 꼭 필요한 서양어인지 생각해보고 쓸 필요가 있다. 특히 논문은 글의 내용을 쉽고 정확하게, 가능한 한 오해의 여지 없이 전달하는 것이 목적인데, 어떤 경우는 자기 지식을 과시하려는 의도인 것처럼 보이는 글도 있다.

물론 우리말의 많은 부분이 한자어로 구성되어 있어 새삼스레 중국 글자말에 지나치게 민감한 반응을 보이는 것이 아닌가 하는 반론이 있을 수 있다. 또 말은 세월이 가면 변하기 마련이고, 일본 글체나 서양 글체도 이미 우리에게 익숙해졌는데 굳이 우리말식 표현을 고집할 필요가 있는가 하는 반론도 있을 수 있다. 하지만 앞서 얘기했듯이 듣거나 읽는 사람이 더 알아듣기 쉬운 우리말, 오해와 혼란을 피할 수 있는 우리말이 있는데 구태여 남의 나라 표현을 쓸 필요가 있는지도 반문해 봐야 할 것이며 어렵고 혼돈의 여지가 있는 표현을 써서 무엇이 득이 되는지도 생각해 봐야 할 것이다.

그리고 번역의 경우도, 외국어로 된 글을 충분히 이해하면 올바르고 쉬운 우리말로 옮길 수 있다. 옮기는 사람이 그 내용을 온전히 이해하지 못하면 단어나 자구(字句) 하나하나에 얽매이게 되고, 원문의 문장구조에서 벗어나지 못하게 된다. 물론 문학작품의 경우는 글쓴이의 문체를 가능한 살리는 것에 더 신경을 써야 할 것이다. 하지만 철학서, 비평서, 보고서 같이 포장보다는 내용이 중요한 글들의 경우는 다르다. 이 경우 번역 과정에서 어려운 용어를 사용하거나, 외국어의 문체를 그대로 옮기는 것보다는 그 내용을 쉽고 오해 없이 전달하는 데 더 신경을 써야 할 것이다.

## 2. 우리말 살리는 글쓰기

### (1) 중국 글자말 체계와 번역 문체의 뼈대 부수기

▶ **연의 지하경**

이것은 '연근(蓮根)'이란 말을 풀이한 어느 국어사전의 글이다. '연 뿌리'라고 하면 될 것을 이렇게 어설픈 남의 나라 말법으로 써 놓았다. '지하경'은 중국 글자말이다. 우리말이 될 수 없는 말을 쓰자니 '연' 다음에 '의'라는 토가 붙는다. 이처럼 중국 글자말과 토 '의'는 항상 서로 따라다니면서 중국 글자말 체계의 문장과 번역체 문장을 만든다.

▶ '아버지 말씀' 하면 '의'가 안 들어가는데 '부친의 교훈'이라면 '의'가 들어가지 않을 수 없다. '우리 생각' '우리 마음' 하면 '의'가 필요 없는데, 그 중 낱말 하나만 중국 글자말로 바꾸어도 그만 '의'가 들어가 '우리의 의식'이 된다. '영원한 웃음'도 웃음을 중국 글자말로 '미소'라고 바꾸면 '의'가 들어가서 '영원의 미소'가 된다.

▶ **집터로서의 땅**

같은 국어사전에 나오는 '대지(垈地)'란 낱말을 풀이한 말이다. 여기 나오는 '-로서의'는 우리말이 아니다. '집터가 되는 땅'이라 해야 옳다. '-로서'와 '의'가 붙은 것이다. 원래 우리말에는 '의'가 아주 드물게 쓰인다. 이 '의'가 중국 글자말 사이에 끼어들거나, 다른 토에도 겹으로 끼어들어서 우리말을 망치고 있다. 다른 예를 들어 보면, '로의' '에의' '에서의' '에로의' '으로부터의' '에 있어서의' '와의' 따위가 있다. 이것들이 붙어서 외국말 번역체를 만들고 있다.

▶ ─ 현대 한국에로의 시점, 고고학에의 접근
　─ 교육 방법 : 교육활동을 보다 효과적, 능률적으로 수행하기 위한 방식(교육활동
　　　　　　을 더 효과 있게, 능률이 오르도록 하는 방법)

▶ "한국의 노태우 정부는 노동자의 권리 및 표현의 자유 등의 핵심 부분에 관한 앞서의 공약을 이행하지 못했다고 미국의 인권단체인 '아시아워치'가 11일 비난했다."

어렵게 쓰인 말은 아니지만, 우리말이 아닌 어색한 글말이 되었다. 우리말로 쓰면 '노동자의 권리와 표현의 자유와 같은'으로 된다. 그러니까, '및' '등'이 문제가 된다. '및'은 중국 글자 소리는 아니지만 현재 우리가 입으로 쓰는 말은 아니다. 그리고 '등'은 일본 사람들이 쓰는 중국 글자를 그대로 쓰면서 중국식으로 소리 내는 말이 되었다. '내지'도 마찬가지다. 이렇게 해서 무슨 '-적' 무슨 '-적' 하는 빨랫줄 같이 길고 요란한 문장 끝에 '등' '등등'을 붙이면 한 가닥 잡동사니 번역 글이 대강 끝나게 되는 것이다.

▶ "김계용 목사의 못다말한 사연들이 그의 아내 이진숙 여사에 의해 말해지고 있다."

이 인용에서 밑줄 친 세 곳이 남의 말법으로 되었다. 바로잡으면 "김계용 목사가 못다한 사연들을 그의 아내 이진숙 여사가 말하고 있다"이다. 여기서 나온 '-에

의해'와 '-지고'와 같은 수동형도 우리말을 병들게 하는 주범이다.

▶ – 지방자치의 올바른 뿌리내림을 위한 기본적 과제 : 지방자치가 올바르게 뿌리
내리기 위한 기본과제
   – 재정적 자주성 없이 자치의 실 거두기 힘들어 : 재정 홀로 서지 않고 자치열매
거두기 힘들어

지금까지 살펴본 이런 해로운 남의 나라 말투를 없애는 가장 손쉬운
방법은 '어린아이도 잘 알아들을 수 있는 말'로 쓰겠다는 자세로 글을
쓰는 것이다. 생각보다 아주 효과가 좋다.

## (2) 민주주의에 어긋나는 말 안 쓰기

쉬운 우리말이 있는데 그런 말을 안 쓰고 어려운 말, 보통 사람들이
잘 안 쓰는 말, 유식해 보이는 중국 글자말이나 일본글에서 나온 말, 쓰
지 않아도 되는 서양말을 쓴 글은 모두 반민주주의 글일 수밖에 없다.
글을 쓴다는 사람은 모두 민주주의에 거스르는 글을 쓰고 있는데 어떻
게 민주사회가 되기를 바라겠는가?
몇몇 용어의 사용에서도 비민주적인 면을 발견할 수 있다. 공공 매체
인 방송에서도 사람에 따라 '사망' '타계' '별세' '서거'를 따로 쓴다.
태어나는 일도 마찬가지다. 끝내는 말을 민주주의 이념에 맞게 사용하
는 사회가 진정한 민주사회일 것이다(앞서도 지적했지만 글과 말이 쓰
이는 장소와 목적에 따라 다르다는 것은 전제로 하고 말이다. 물론 유식
한 말을 자꾸 대중에게 알려서 대중의 지식수준을 높일 수 있다는 주장
도 있을 수 있으나, 그것을 수긍할 수 있는 상황은 많지 않을 것이다).

## (3) 쓰지 말아야 할 중국 글자말

### 1) 신문과 방송에서 자주 보고 듣는 잘못된 중국 글자말

▶ **−에 대하여**

이 말은 다음과 같이 여러 가지 알맞은 말로 써야 한다. ㉮따라서 ㉯때문에 ㉰−에서 ㉱−으로 ㉲−에('의해'를 줄여) ㉳아주 다른 말로 바꿔 쓰거나 ㉴'……에 의해 ……되다(지다)'를 '……가(이) ……하다'로 고쳐 쓰면 된다.

▶ **시도하다**

다음과 같이 쓰면 된다. 중재를 시도하였으나 → 중재를 하려 했으나, 비평을 시도한 바 있다 → 비평을 한 바 있다, 그런 방법을 시도했으나 → 그런 방법을 써왔으나, 슈팅을 시도하자 → 공을 차 넣자

▶ **기도(企圖)하다**

자살을 기도했던 → 자살하려 했던, 투신자살 기도 → 떨어져 죽으려 해, 은폐 기도 → 숨기려 해

▶ **다른 예**

돌입(들어가, 시작, 나서), 위치하다(있다), 일조하다(도움 되다), 발발하다(터지다, 일어나다), 발족(시작, 출발, 생겨나), 수순(차례, 절차), 향후(앞으로, 다음), 조우·해후(만나다), 석권(휩쓸다), 속속(잇달아, 연달아), 이견(생각 달라, 견해 달라), 차치하고라도(그만두고라도, 제쳐두고라도), 박차를 가하고(힘을 들이고, 서두르고)

### 2) 눈으로 읽었을 때 그 뜻을 알 수 없거나, 알기 힘들거나, 또는 잘못 알게 되는 말

▶ 이색(색다른), 유사하다(비슷하다, 닮다), 오열하다(목메어 울다, 흐느껴 울다), 온존(소중히 가짐), 이목(귀와 눈, 주의, 관심), 일익(한몫, 한부분, 한쪽), 기로(갈림길), 개가(이긴 노래), 고사(굳이 사양), 고사(말라 죽음), 감내한다(참는다, 견딘다), 급급하다(바쁘다, 골몰하다), 노정(잇수, 길), 수가(보수, 치료비), 수마(물난리), 신승(겨우 이겨), 식재(심다), 소사(타죽다), 지가(땅값), 저의(속뜻, 속셈), 전범(본보기), 자초(스스로 불러, 가져와), 초화(풀꽃), 필설로(말과 글로), 호기(좋은 기회)

## 3) 알아듣거나 소리내기가 힘들고, 듣는 느낌이 좋지 않거나 엉뚱한 느낌이 드는 말

앞의 1), 2)에서 예로 든 낱말들도 대부분 알아듣기 힘든 말이지만 그 밖에 또 들어보면 다음과 같다.

▶ 연일(날마다), 의외(뜻밖), 의아심(의심), 괄목할(놀랄, 놀랄 만한), 경미(가벼운, 대수롭잖은), 단구(작음 키, 작은 몸), 도열(늘어서, 줄서), 만끽(한껏 맛봐, 한껏 느껴), 부심(애씀, 힘씀), 비조(시조), 파죽의 세로(거침없이), 희화화했다(놀이감으로 삼았다)

## 4) 공연히 어렵게 쓰거나 잘 안 쓰는 말

▶ 애로(어려움), 일변도(-하기만), 엄폐(숨김), 기립(일어나), 간극(틈새), 간헐적으로(이따금), 고산(높은 산), 기여(이바지), 남획하다(함부로 잡다, 마구 잡다), 내의(속옷), 능선(산등), 돌연(갑자기), 답보(제자리걸음), 대거(한목, 많이), 대폭(크게), 점진적으로(차차, 조금씩), 점차(점점), 총망라(다 모아), 태부족(많이 모자라), 형상화한(나타낸), 흥취 있게(신나게)

## 5) 유식해 보이는 중국 글투

▶ 어불성설(말이 안 돼), 일거수일투족(행동 하나하나), 일희일비(한편 기쁘고 한편 슬프고), 악화일로(나빠지기만), 유명무실(이름뿐), 유야무야(흐지부지, 흐리멍덩), 급기야(마침내), 노상적치물(길에 놓아둔 물건), 명실상부(이름 그대로), 명약관화(뻔하다), 백척간두(벼랑끝), 부지기수(셀 수 없음), 삼삼오오(여기저기), 시기상조(때 이름), 초지일관(한결같이)

### 6) 누구든지 알고 있는 중국 글자말

널리 쓰이는 쉬운 중국 글자말이라도 우리말이 따로 있으면 우리말을 써야 한다. 널리 쓰이는 중국 글자말일수록 오랫동안 우리말을 짓밟아 온 불순한 말들이기 때문이다. 물론 산·강·고향·책…… 들과 같이 본래는 중국 글자말이었지만 이제는 모두 우리말이라 여겨서 쓰고 있고 또 그 말이 아니고는 달리 쓸 수 있는 말이 없는 것은 아주 우리말이 되어버렸다고 보아야 한다.

아이들도 알고 있는 중국 글자말이지만 우리말을 찾아 써야 할 말을 보기로 들어본다.

▶ 냉수(찬물), 계란(달걀), 간식(사이참, 새참), 일일(하루), 동시(함께), 매년(해마다), 매일(날마다), 매시간(시간마다)

### 7) 중국 글자말 앞에 '대-' '소-' '신-' 따위 또 다른 글자가 붙는 말

거의 모두 우리말 관형어가 그렇게 잡아먹힌 꼴이 된 것이니 그 관형어를 도로 살려서 '큰-' '작은-' '새-' 라고 써야 한다. 이렇게 중국 글자말 앞에 중국 글자를 앞가지로 자꾸 붙이는 버릇을 들이다 보니 때로는 '대잔치' 처럼 우리말 앞에도 붙게 되었다.

▶ 대파동(큰 파동), 대잔치(큰 잔치), 소모임(작은 모임), 신학년( 새 학년), 재확인(다시 확인), 구시가(옛거리), 고가구(헌 가구, 헌 세간), 무분별(분별 없이), 대한국(한국에 대한), 미전향(전향 않은), 차기(다음 때)

## 8) 중국 글자말 끝에 '-차' '-리' '-시' 따위를 붙여서 쓰는 경우

그 중국 글자말이 다음에 나올 우리말 토나 동사나 명사를 잡아먹은 꼴이니, 뒤에 붙은 가지를 우리말로 도로 살리든지, 앞의 중국 글자말과 함께 아주 다른 말로 살려야 한다.

▶ 인사차(인사하러), 극비리에(극비밀로), 근무 시(근무할 때), 심각성을(심각함을), 영화화(영화로 만들어), 가시화(드러나), 영웅시(영웅으로 봐), 일제하(일제 때), 의외로(뜻밖에), 조국애(조국 사랑), 3자간(3자 사이), 산책로(산책길), 내용물(내용 : '내용물' '결과물' 등에 붙은 '물'은 아무 소용도 없다)

## 9) 중국 글자말에 '-한다'를 붙여서 쓰는 동사

우리말의 중심은 동사에 있으니 이를 잘 살려야 한다. 그런데 중국 글자말을 쓰면 동사처럼 어미 활용(끝바꿈)을 하지 않아 '전쟁 발발' '아파트값 인상' '파업 돌입' 등과 같이 명사와 다름없는 모양이 되고 어미 활용은 모조리 '-한다'로 된다. 달리 말하면 움직인다는 뜻을 가진 중국 글자말에는 전부 '-한다'를 붙이게 되니 우리말 동사가 죄다 쫓겨날 수밖에 없다. 그러니까 글을 쓰는 사람들은 '-한다'를 붙여서 쓰는 중국 글자말을 쫓아내겠다는 결심을 아주 단단히 해야 한다.

이 '-한다'를 붙이는 중국 글자말은 두 글자로 되어 있는 것이 가장 많은데, 시도, 기도, 일조, 돌입, 위치, 재개, 격돌, 승리, 개발, 봉쇄, 진출 따위 신문기사 제목으로도 수없이 나오는 이런 말들은 이 외에도 얼마든지 있다. 이런 말을 다 찾아내어 적자면 책 한 권도 모자랄 것이다.

▶ 출생한다(태어난다), 식사한다(밥 먹는다), 보행한다(걸어간다), 상봉한다(만난다), 노동한다(일한다), 미소한다(웃는다, 빙긋 웃는다)

그런데 한 글자에다가 '-한다'를 붙여서 쓰는 경우도 적지 않다. 이런 식으로 우리글이 중국 글자의 해독을 얼마나 많이 입었는지 다 말할 수가 없다.

▶ 접한다(만난다, 듣는다, 본다, 읽는다……), 처한다(놓인다, 빠진다), 필한다(마친다, 끝낸다), 승한다(이긴다), 패한다(진다), 달한다(된다, 이른다), 가하다(옳다), 비한다(견준다), 거한다(있다, 산다), 취한다(가진다), 칭한다(가리킨다, 말한다), 족하다(넉넉하다), 선하다(착하다), 파한다(마친다, 끝낸다)……

우리말은 오랫동안 중국 글자에 기대어 왔기 때문에 어떤 경우에는 그 중국 글자말을 대신할 우리말이 없다는 생각이 들 수도 있다. 그러나 그런 경우에도 잘 찾아보면 우리말이 다 있는 것이다. '구한다'는 '찾는다'나 '바란다'로 쓰면 될 것이고, '향한다'는 '본다'로 쓰면 된다. '통한다'는 적당한 말이 없어 보이지만 '오간다' '마음이 맞다'로 쓰면 훨씬 더 정확한 말이 되고, 또 앞에 온 명사에 '으로'나 '에서'와 같은 토를 쓰면 없어도 된다. '악하다'는 말까지 '모질다' '못되다'로 쓰는 것이 좋다고 본다.

10) '-히'를 붙여서 쓰는 중국 글자말

대개 한 글자에 '-히'를 붙여 부사로 쓰는데, 그렇게 많지는 않지만 도무지 우리말이란 느낌이 나지 않는 괴상한 말이 되어버렸다.

▶ 공히(함께, 모두), 정히(바로, 어김없이), 필히(꼭, 반드시), 기히(벌써, 이미), 가히
(정말, 참으로), 특히(더구나)

## 11) 한 글자로 된 중국 글자말

'산' '강' '시(詩)'와 같이 우리말이 되어버린 것도 있지만, 이런 말은
특별한 경우이다. 원칙으로는 중국 글자 한 자를 그대로 읽어서 우리말
이라 해서는 안 된다고 보고, 이런 말은 쓰지 말아야 한다. 그 수가 많지
는 않으나 자주 쓰고 있기에 다음에 보기로 들어본다.

▶ 다시는 그런 우를 범하지 말아야 하겠다.(우를 범하지 → 어리석은 짓을 하지), 어
쩐지 이상한 감이 들더라.(감 → 느낌), 자연의 미를 표현한 대문이(미 → 아름다
움), 시골뜨기의 변(변 → 말), 양은 많이 쏟아져 나오는데 질은 나쁘다.(양 → 수
량, 질 → 품질, 바탕 : 이 '양' '질' 같은 경우에 그것을 어쩔 수 없이 쓴다면 같은
중국 글자말이라도 두 자로 된 말을 쓰는 것이 좋겠다.)

## 12) 일본식 중국 글자말

▶ · 예정된 수순일 뿐(수순 → 절차)
 – 이 '수순'은 '절차' '차례' 그밖에 적당한 우리말로 써야 한다. '수속'도 '수순'
 과 비슷한 말이다.
 · 그런 일이 왕왕 벌어졌거든요.(왕왕 → 가끔)
 · 산업 쓰레기 6천 톤이 매립되고 있으며(매립되고 → 묻히고)
 – '매립장'도 '묻을 자리' '묻을 곳'이라 써야 한다.
 · 현금을 인출할 때는(인출할 → 찾을)
 · 경비원을 차출하기로 했다고(차출하기로 → 뽑아 보내기로)
 · 각 계파 지분 찾기 서둘러(지분 → 몫)

- 사람 취급을 해야지.(사람 취급을 해야지.→ 사람으로 다뤄야지.)
- '취급 주의' 라면 '다루기 조심' '다룰 때 주의할 것' 이라 쓰면 된다.
- 내일 옥외 집회 예정(옥외 → 바깥)
- '옥내' 는 '집 안' 이나 '방 안' 으로 쓰고, 같은 중국 글자말이라도 '실내' 가 좋겠다.
- 지하철 승환역(승환역 → 바꿔 타는 역)
- '승환' 이 일본말이라 해서 앞뒤 글자를 바꿔 써서 '환승' 이라고 하는 것도 잘못이다.
- 그들을 치환한다고 해도(치환한다고 → 바꿔 놓는다고)
- 추월하던 버스 언덕에 굴러 떨어져(추월하던 → 앞지르던)
- 그런 애매한 대답이 어디 있는가(애매한 → 모호한, 흐리멍덩한)
- 노견 무질서 운행(노견 → 길 바깥, 길섶)
- '노견' 을 '갓길' 로 쓰자는 의견도 있는데, '갓길' 이라면 차가 갈 수 있는 길인 줄 잘못 알게 된다.
- 엽장 개방, 엽사들 몰려와(엽장 → 사냥터, 엽사 → 사냥꾼)
- 중앙통(중앙로, 중앙로 거리)
- 그런 점에서 일응 수긍할 점도 있지만(일응 → 우선, 일단)
- 시민 · 학생 · 노동자 등 1만여 명이 시위를 벌였다.(등 → 들)
- 시민들이 속속 모여들기 시작했다.(속속 → 잇달아)


13) '-적' 이라는 말을 될 수 있는 대로 쓰지 않도록 한다

이것 역시 일본 사람들이 잘못 쓰는 중국 글자말인데 우리가 따라 쓰고 있는 것이다. '될 수 있는 대로' 라고 한 것은 워낙 널리 쓰고 있기 때문에 갑자기 죄다 안 쓰도록 할 수가 없는 까닭이다.

▶ 페르시아만 사태의 평화적 해결을 위한 다각적인 외교적 노력이 비관시되고 있다.(페르시아만 사태를 평화스럽게 해결하기 위한 여러 가지 외교 노력이……)

이 보기글에는 '−적'이 세 번 나와 있는데 '평화적 → 평화스럽게' '다각적 → 여러 가지' '외교적 → 외교' 이렇게 모두 달리 고쳐 놓았다. 여러 가지로 다른 우리말을 써야 할 자리에 '−적' 하나로만 썼으니 크게 잘못되었다고 하지 않을 수 없다.

## 14) 수량의 단위를 나타내는 말도 될 수 있는 대로 순수한 우리말을 쓰도록 한다

▶ 소 10두(마리), 나무 몇 주(그루), 150면/페이지(쪽), 1속(한 묶음), 1족(한 켤레), 둘째 행(줄)

〈참고문헌〉

· 김종길 외 28인, 『한국 문학의 외국어 번역』, 민음사, 1997.

· 안정효, 『번역의 테크닉』, 현암사, 1996.

· 이오덕, 『우리 문장 쓰기』, 한길사, 1992.

# 9

# 한국 문학의 흐름
## – 90년대 이전의 한국 문학

방민호

**방민호**

서울대학교 국어국문학과 조교수
서울대학교 국어국문학과 졸업 및 동대학원 박사
『행인의 독법』『비평의 도그마를 넘어』 등 비평집 다수

# 1. 들어가면서 - 한국 현대문학의 특이성

이 글은 한국 현대문학을 시대순으로 개괄하면서 그중에서 주목할 만한 주제들에 관한 시각을 제공하는 것을 목적으로 한다. 이 장에서는 이러한 본격적 논의에 들어가기에 앞서 한국 현대문학을 살펴보는 데 따르는 유의점에 관해 밝혀두고자 한다.

이 글에서 현대라는 말은 근대라는 말과 사실상 같은 함의를 갖는다. 그러나 근대가 현대에 비해 시간적으로 앞선 듯한 뉘앙스를 내포하는 점을 감안하여 경우에 따라 적절하게 바꾸어 사용하고자 한다.

한국 현대문학을 이해함에 있어서 가장 경계해야 할 것은 한국 현대문학을 거의 전적으로 식민지적 근대의 소산으로 이해하고 그럼으로써 그 문학작품들을 전반적으로 그에 대한 반응의 측면으로 환원하여 이해하는 것이다.

소설사의 측면에서 한국의 식민지 시대 문학은 이인직(1862~1916),

이해조(1869~1927), 최찬식(1881~1951) 등의 정치소설을 전사로 하는 이광수(1892~1950), 염상섭(1897~1963) 등의 정치성, 사회성 짙은 민족주의 소설에서 신경향파 및 카프*의 계급문학 등으로 이어지는 양상을 보여주는 것으로 이해되는 경향이 있다.

이러한 단선적 이해는 카프 이후의 문학뿐만 아니라 해방 이후의 문학사 이해에까지 확산되어 있다. 그로 인해 한국 현대문학은 정치적인 문학, 식민지적 근대에 대응하는 문학의 차원으로 협소화된다. 자연히 이로 인해, 한국의 현대 문학인들이 개척 및 실험하고 축적해온 풍부하고 다양한 문학적 유산이 가려지고 가치가 폄하된다.

한국 현대문학은 구한말의 신소설과 개화기의 시가 양식을 모태로 하여 식민지적 근대 상황에 접어들면서 본격적인 발달, 성장했다. 그러나 그 형식과 내용은 개화기 이전부터 오랜 시간에 걸쳐 축적, 준비되었으며 식민지 시대에도 식민지성만으로 환원할 수 없는 풍부한 자산을 산출해왔고 특히 식민지 시대 이후에 비약적인 성장을 이루었다. 그러므로 식민지적 근대라는 틀로 압축할 수 없는 풍부함과 다양함을 가지고 있다.

이 문학 가운데 어떤 것은 식민지적인 상황에 대한 의식적인 대응을 시도했다. 또 어떤 것은 근대라는 시대 조건에 대한 대응을 시도했다. 이러한 경향은 식민지 시대를 통과해온 문학사의 특성 때문에 상당한 비중을 차지한다.

그러나 한국 현대문학은 바로 그러한 식민지 시대에서조차 식민지와 근대라는 문제만을 주제화하지 않았다. 한국 현대문학은 다른 모든 나라, 모든 언어의 문학처럼 인간에 대한 본질적인 물음과 탐구, 인간의

---

* KAPF. '조선 프롤레타리아 예술가 동맹'의 약칭.(편집자 주)

시대적 존재 조건에 대한 사유를 보여준다.

식민지 시대의 문학에서 이러한 측면은 여전히 각별하게 부각되지 못하고 있다. 이광수, 염상섭, 카프 문학 등으로 이어지는 계선을 강조하는 전통은, 인간의 본질이나 본성, 욕망, 자아 정체성, 미적 지향, 환상 등과 같은 문제들에 대한 당대 문학인들의 심도 있고 폭넓은 탐색을 간과하고, 당대 문학을 식민지적 근대에 대한 문학적 반응으로 좁게 이해하는 경향이 있다.

이 뿌리 깊은 시각은 예컨대 이광수의 불교적인 세계, 김동인 (1900~1951), 임노월(미확인), 김명순(1896~1951)의 오스커리즘적 양상, 박태원(1909~1986), 이상(1910~1937)의 현대인에 대한 탐구, 채만식(1902~1950)의 욕망에 대한 고찰, 이효석(1907~1942)의 유미주의적 인식 등과 같은 문제들을 다루는 데 무력하다. 또한 이기영 (1896~1984), 한설야(1900~1963), 김남천(1911~1953) 등과 같은 카프 계열 작가들의 문학적 유산을 풍부하게 재해석하는 문제도 해결하지 못한다. 결과적으로 한국 현대문학의 풍부함과 다채로움, 특이성과 예외성을 실증하지 못한다.

한국 현대문학 연구자들과 한국 문학의 번역자들은 한국 현대문학이 단조롭고 좁고 얕은 문학이라는 잘못된 선입견을 떨쳐버려야 한다.

한국 현대문학은 다른 나라, 다른 언어권의 현대문학과 많은 점에서 공통점을 갖는다. 특히 일본 문학이나 중국 문학은 한국 문학의 특별한 비교 고찰 및 연구 대상이다. 그러나 이것은 한국 현대문학이 일본 현대문학이나 중국 현대문학의 사례를 따라서 유추적으로, 비유적으로 이해될 수 있음을 의미하는 것이 아니다.

서구나 일본에서의 한국 문학 연구와 소개에서 가장 심각한 문제점은 한국 문학을 동아시아 문학의 카테고리 안에서 일본 문학이나 중국 문학의 유추적 판단 속에 용해시켜버리는 것이다. 이것은 각별히 경계하여 마땅하다.

염상섭의 『삼대』(1931)는 일본의 시마자키 도손(1872~1943)의 『家』(1910~1912), 중국의 바진(1904~2005)의 『家』(1931)와 비교, 연구할 수 있다. 그러나 염상섭의 넓이와 깊이가 시마자키 도손이나 바진에 비해 부족할 것이라고 상상해서는 안 된다.

이상이나 박태원의 문학에 대해서 일본적인 사소설(私小說)**이나 신감각파의 영향을 운위하는 사람들이 많다. 그러나 이상과 박태원의 문학은 일본의 어느 신감각파 문학과도 같지 않다. 그들은 현해탄 콤플렉스에 갇힌 사람들이 아니었으며 자기 문학에 대한 고유한 문제의식과 탐색의 깊이를 갖고 있었다.

또 정지용(1902~1950), 김기림(1908~?), 이상, 박태원, 이효석 등으로 대변되는 경성 모더니즘은 언어의식이나 시대인식에 있어서 결코 얕잡아 보거나 몇 문장으로 압축할 수 있는 성질의 것이 아니다.

심지어 식민지적 근대라는 시대 조건에 대한 의식적인 대응을 시도한 작가와 작품, 유파들의 경우에도 그 양상은 식민지 경험을 공유하고 있는 다른 나라, 다른 언어권의 문학과 결코 동일시될 수 없는 특징을 보여준다는 사실을 분명히 인식해야 한다. 국제적인 문학운동의 흐름과 밀접히 연관되어 있던 카프 문학의 경우마저도 일본의 나프(NAPF) 문학의 사례만을 따라서 자동적으로 인식될 수 없는 독자성이 있다.

한국 문학은 식민지 시대의 경우에도 자신의 언어와 문자를 상실하지 않았고 식민지 시대 말기의 위기 속에서도 이것을 지켜나가려는 고

---

** 자신의 경험을 허구화하지 않고 그대로의 모습으로 써나가는 일본 특유의 소설 형식.(편집자 주)

민을 버리지 않았다. 이러한 양상은 한국 현대문학의 고유한 특징이자 자산으로 인식되어야 한다. 한국 현대문학이 일본이나 중국의 현대문학과 다른 독자적인 실체라는 것을 인식하고 또 그것을 세계 문학 속에서 확인하는 것은 한국 현대문학을 연구하고 또 번역하는 작업의 전제라는 사실을 알아야 한다.

## 2. 식민지 시대 문학의 문제성과 다양성

### 한국 현대소설의 위치 감각

무엇보다 한국 근대소설은 문명에 대한 위치 감각을 보여주는 문학이다. 에드워드 사이드가 말한 심상지리imaginative geography는 식민지와 제국주의의 위상학보다 더 근본적이고 포괄적인 문제를 지적한다. 한국 현대문학의 심상지리는 동양과 서양 관계 인식, 동아시아 삼국 관계 인식, 제국 일본과 식민지 조선 관계 인식, 소비에트 러시아에 대한 인식, 분단과 냉전 체제에 대한 인식 등을 포괄하는 중요한 인식소다. 자기 인식이라는 것이 곧 타자에 대한 인식의 연장선상에 놓일 수밖에 없는 것이라면 한국 현대문학이 어떤 심상지리적 구조를 보여주는가는 한국 현대문학의 자기인식에 관련된 중요한 문제다.

한국 최초의 신소설로 알려져 있는 이인직의 『혈의 누』(1906)를 예로 들어 생각해보자. 이 작품은 청일전쟁의 격전장이 된 평양성 전투의 와중에 부모와 헤어진 옥련이가 일본 군의인 이노우에(井上)에 의해 일본으로 보내져 그의 처 아래서 심상소학교에 다니다 이노우에가 전사한

후 계모로부터 버림받은 후 구완서라는 조선 청년과 만나 미국으로 건너가 공부를 마치고 돌아온다는 내용이다. 청일전쟁을 '일청전쟁'으로 표현하는 순간, 이 소설은 개항 이래 새롭게 수립되어나간 새로운 심상지리를 보여주고 있는 셈이며 여기에 나타난 일본과 미국의 형상과 그 인식은 작가가 세계를 어떻게 이해하고 있었는가를 알 수 있게 해준다.

이와 같은 문제가 이광수의 『무정』(1917)에서도 발견된다. 『무정』은 고전소설을 통해 문학의 감각을 키워온 작가가 일본 유학 등을 거치면서 새롭게 번역어로서의 문학 관념을 수용하면서 소설 양식에 대한 혼란된 이해와 혼성적 실험을 보여준 작품이다. 그런 점에서 이 작품은 한국 '최초의' 근대소설이면서 동시에 '최후의' 고전소설이자 신소설인 셈이다. 경성학교 영어 선생인 형식과 기생 영채, 신교육을 받은 선형, 그리고 도쿄 유학생 병욱이 펼쳐 보이는 애정 관계의 교차와 문명개화에 대한 새로운 인식은 예전부터 내려오는 중화적 세계 인식으로부터 서양 중심적인 위계적 심상지리로의 교체를 보여준다. 그러나 이 작품이 서양 중심 일변도가 아님은 유행하는 풍속에 대한 비판적 주석에서 확인된다.

염상섭의 『만세전』(1924)은 이러한 문명적 사유를 제국과 식민지의 위상학으로 좁혀 놓은 작품이다. 사고의 주제를 좁힌 만큼 그 집중성 면에서 투철하고 처절한 면모를 갖추고 있어 장편소설로서의 분량에 걸맞은 첨예한 주제의식을 보여준다. 아내가 위독하다는 전보를 받고 도쿄에서 시모노세키로, 그리고 다시 부산에서 서울로 향하는 유학생의 내면세계를 심각하게 그려낸 이 작품은 생명력 넘치는 개체로 살아가고자 하는 지식인의 내면에 작용하는 복합적인 식민지 인식을 보여준다.

개항 이래 한국 사회는 세 단계에 걸쳐 그 자신을 외부에 개방하는 과정을 거쳐왔다. 첫 번째는 개화기부터 1945년까지이고 두 번째는 1945년 해방부터 1980년대까지이며 세 번째는 1990년 전후 이래다. 첫 번째 단계는 일본 중심으로 형성된 심상지리의 작용을, 두 번째 단계는 미국 중심으로 형성된 심상지리의 작용을, 세 번째 단계는 과거부터 누적되어 온 문명론적 인식 위에서 펼쳐지는 새로운 심상지리의 작용을 보여준다. 앞에서 간단히 말한 『혈의 누』 『무정』 『만세전』 등은 첫 번째 단계의 소설들로서 각각의 작가들을 통해 한국 현대문학의 심상지리가 형성되는 역동적 과정을 보여준다. 식민지 시대의 한국 문학은 정치적 현실과 연관성이 깊은 문학일수록 이러한 심상지리의 작용을 폭넓게 보여준다.

해방 이후에도 이러한 작용은 아주 활발하지만 충분히 탐구되지 못했다. 예컨대 손창섭(1922~)의 『낙서족』(1959)이나 『유맹』(1976) 같은 문제작을 이러한 맥락에서 파악할 줄 아는 시각은 아직 연성되지 못했고, 해방 이후 최대 작가라고 할 수 있는 최인훈이 『광장』(1960)에서 『화두』(1994)로 이어지는 야심만만한 실험 과정을 심상지리적인 인식과 표현의 차원에서 새롭게 보는 작업 역시 제대로 갖춰져 있지 않다. 그리고 이는 한국의 문제작을 세계 문학계에 충분히 인식시키지 못하는 결과로 나타난다.

## 자연, 사회, 개인의 위상학

한국 현대문학을 사회적, 정치적 현실을 다루는 문제로 인식하는 경향이 워낙 넓게 확산되어 있는 탓에 연구자나 번역자들이 이러한 선입

견에서 해방되는 일이 아주 중요해졌다. 이러한 인식 전환에 아주 중요한 역할을 한 작가가 바로 김동인이다. 그의 단편소설들이 훌륭하다는 것은 널리 알려져 있지만 단편소설이라는 한계로 인해 충분히 검토되고 소개되지 못하는 면이 있다. 김동인은 이인직, 이광수, 염상섭 등으로 연결되는 한국 현대문학 초창기의 흐름 속에서 이채를 발하는 작가다. 그의 문학을 아일랜드 출신 예술지상주의 작가인 오스카 와일드의 문학적 경향과 연관 지어 해석하려는 시도가 여러 번 있었지만 아직 충분치 못하다. 오스카 와일드는 존 스튜어트 밀의 개인 중심적 사유에서 이끌어낸 개인주의적, 예술주의적 신념을 삶과 창작에 공히 실현코자 했던 사람으로서 1910년대 말 1920년대 전반기의 한국 문학에서 상당한 영향력을 갖고 있었다.

그러나 김동인의 개인주의적이고 예술지상주의적인 경향을 오스카 와일드나 일본의 유사 자연주의 경향의 관련 속에서만 접근하게 되면 당대에 한국 사회와 문단에서 형성되고 있었던 풍부한 존재론적 탐구를 간과하는 결과를 낳게 된다.

1910년대 말에서 1920년대 전반기까지는 『개벽』으로 대변되는 천도교 사상이 커다란 영향력을 갖고 있었다. 이 시대에는 사회와 개인의 관계, 집단과 개체의 관계를 규명하고 사회 안에서 개인의 위상과 의미를 헤아리는 일이 중요한 현안이었다. 이돈화(1884~?) 같은 천도교 사상의 지도자는 이른바 '사람성주의'(「인내천의 연구」, 1920)라고 해서 개인을 우주의 대존재인 한울의 표현으로 보는 시각을 정교하게 다듬었는데 이것은 개인의 개체적인 차원을 인정하면서도 그것을 우주적 유기체의 일부로 보는 시각에 입각한 것이었다. 천도교의 사회개혁론은 이러한 관점의 연장선상에 놓이는 것이었다. 한편 『무정』에서 보듯 교육을 근대화를 위한 중핵적인 수단으로 상정하고 나아가 「민족개조론」(1922)에서 볼 수 있는 것처럼 개인을 단체 생활이라는 새로운 메커니즘 속에서 근대적으로 재정의하고자 한 이광수는 민족 주체를 강조하는 사회적 문학론의 입장에 경사되어나갔다.

이러한 흐름 속에서 김동인을 위시하여 1920년대 전반기에 활발하게 비평 및 시, 소설 창작활동을 전개하다 사라진 임노월, 그리고 그의 애인이었던 김명순, 김일엽(1896~1971) 등이 보여준 개체 중심적 예술지상주의 문학 경향은 새롭게 주목해 볼 필요가 있다. 예컨대 김동인의 「배따라기」(1921), 「눈을 겨우 뜰 때」(1923), 「대동강은 속삭인다」(1934) 등으로 이어지는 대동강 '연작'들은 자연적 인간의 개체적인 자아와 욕망을 역사와 이성에 대비시키는 액자소설의 형식 속에서 사회적으로 규정되거나 정의되기 이전의 상태를 지향하는 작가의 세계인식을 뚜렷하게 보여준다.

식민지 시대에 이러한 경향의 문학적 전통은 이효석에 이르러 다시 한번 그 뚜렷한 자태를 드러낸다. 올해는 1907년에 출생한 이효석의 탄생 백주년이 되는 해다. 장편소설 『화분』(1939)과 단편소설 「산」(1936), 「들」(1936) 등으로 대표되는 이효석 문학이 오스카 와일드나 D. H. 로렌스의 문학과 깊은 친연성을 갖는다는 사실은 이미 잘 알려져 있지만 식민지 시대라는 사회적 배경이 크게 강조된 나머지 아직까지도 도피적이라거나 순응적이라는 부정적 혐의를 벗지 못했다. 그러나 이효석은 단순히 자연으로 도피한 것이 아니라 자연의 전체 메커니즘 안에서 사회를 조명함으로써 자연, 사회, 개인의 위상학을 새롭게 수립하고자 했던 것이다. 『화분』이나 「산」 「들」에 나타난 사회는 강박과 위계가 없고 개체의 삶의 가능성이 충만한 자연 쪽에서 멀리 조망됨으로써 그 폐쇄성과 위계성이 더욱 크게 부각된다. 이것이 식민지라는 상황에서 예이츠와 존 밀링턴 싱그, 와일드 등 아일랜드 작가와 시인들에게 깊은 공감을 느꼈던 이효석의 문학적 전략이었던 것이다.

한국 현대문학에 대한 뿌리 깊은 오해 가운데 하나는 사회 현실의 묘사를 중심으로 하는 리얼리즘 성향이 강해서 인간의 내면세계에 대한 탐구가 부족하다는 것이다. 이것은 곧 한국 문학, 특히 소설은 재미없다는 선입견으로 이어진다. 그러나 이것은 한국 문학을 깊이 보지 않은 사람의 견해라고 할 수 있다. 한국 문학이 사회성을 중시해온 것은 대체로 사실에 가깝지만 그렇지 않은 경향을 보여주는 다대한 작품들이 있음에 유의해야 한다. 예컨대 이광수의 경우만 하더라도 그의 사회적, 윤리적 문학관은 이후 『개척자』(1917~18), 『재생』(1924~25), 『흙』(1932~33)과 같은 작품을 낳지만 『유정』(1933), 『사랑』(1938)처럼 인간의 애욕과 정염의 문제를 밀도 있게 파헤친 수작들은 이광수가 결코 단순한 계몽주의자가 아니었음을 알게 해준다.

## 현실과 환상

한국 현대문학에 대한 오해는 한국 문학에는 환상을 다룬 작품이 별로 없다는 인식으로 이어진다. 리얼리티를 강조하다 보니 리얼리티에 대립적인 환상에 대한 관심이 저조했다는 것이다. 그러나 이 점 역시 필요 이상으로 강조되는 경향이 있다.

필자는 2004년경에 한국 현대소설에 나타난 환상이라는 주제로 두 권의 책을 편집, 출판한 바 있다.* 이 기획은 식민지 시대 이전의 환상

---

* 『환상소설첩 – 동시대편』, 『환상소설첩 – 근대편』, 향연, 2004.(편집자 주)

소설과 1990년대 이후의 환상적 소설을 다루고 있어서 해방 이후 1980년대까지의 환상소설에 대한 배려가 부족하지만 그런대로 한국 현대문학의 환상적 측면을 살펴볼 수 있도록 하였다. 이에 따르면 한국 현대소설은 미메시스**의 논리에만 매달려온 것은 아니다. 그것은 "리얼리티 인식을 심문하고 새로운 리얼리티 발견의 가능성을 심화, 확장시키는 매개"(『환상소설첩 — 한국 문학의 환과 몽』, 297쪽)로서 환상을 폭넓게 수용해왔다. 어쩌면 환상은 리얼리티의 또 다른 측면이다. 우리의 리얼리티 인식이 곧 환상일 수도 있는 것처럼.

캐서린 흄에 따르면 환상은 미메시스와 함께 문학을 이루는 필수요소다. 그는 문학을 크게 네 개의 범주, 즉 도피문학, 성찰문학, 교훈문학, 탈환영문학(포스트모더니즘 문학) 등으로 구분하면서 이 모두에 걸쳐 환상이 중요한 문학적 기능을 행사한다고 하였다. 여기서 도피문학이란 오락적, 유희적인 문학을 말하며 탈환영문학이란 현실을 부정하거나 회의하는 유형의 문학을 말한다. 한국 현대문학은 이 네 가지 범주의 양상을 모두 보여주고 있으며 동시에 이 모두에서 환상을 작동시키는 기술을 발달시켜 왔다.

예를 들어서 이광수는 미메시스를 중시하는 계몽주의자로 알려져 왔음에도 『무정』은 꿈과 환영을 그 주요한 소설 전개 방법으로 삼고 있고 많은 부분에서 그로테스크한 묘사를 보여준다. 또한 이광수의 단편소설 「꿈」(1939)과 조신몽***을 바탕으로 한 중편소설 「꿈」(1947)은 인간의 비이성적 측면을 밝히고 있다. 이광수 소설에 나타나는 꿈의 의미와 기능은 한편의 학위논문감이다.

---

** mimesis. 모방, 흉내, 예술적 표현을 의미하는 수사학 · 미학 용어.(편집자 주)
*** 調信夢. 신라 때 설화의 하나.(편집자 주)

인간의 사랑과 정염을 그리는 환상소설들도 많다. 이 가운데 나도향 (1902~1927)의 「꿈」, 임노월의 「처염」(1924), 김동인의 「광염 소나타」(1930) 같은 작품들은 그 대표적인 예이다. 이효석의 장편소설 『화분』 역시 정염과 꿈과 예술을 환상적 기법으로 다룬 소설이다. 박태원의 「적멸」(1930)이나 이상의 「날개」(1936)처럼 지식인의 자의식에 관련된 환상적 소설도 있다. 이 작품들은 식민지 지식인의 강박적인 자의식을 보여주며 해방 이후 최인훈의 여러 소설들 역시 이러한 측면에서 해석 될 수 있다. 특히 「적멸」은 로버트 스티븐슨의 『지킬 박사와 하이드 씨』나 아쿠타가와 류노스케의 「톱니바퀴」(1927) 등과 상호텍스트성을 보여주면서 여기에 불교적인 세계관이 접합되어 독특한 분위기를 연출하는 수작이다.

미메시스 중심적인 작가들 가운데에도 현실을 적발하거나 체제의 검열에 대응하기 위한 수단으로 환상을 이용하는 경우가 많다. 이기영의 「쥐 이야기」(1926)나 최서해(1901~1932)의 「기아와 살육」(1925), 채만식의 「패배자의 무덤」 등은 그 초기적 형태다. 1970년대를 대표하는 작품 가운데 하나인 조세희의 『난장이가 쏘아올린 작은 공』(1979)은 환상이 리얼리티 인식 및 표현과 얼마나 밀접한 연관을 맺고 있는지 알 수 있게 해준다.

## 자전적 소설

일본의 사소설은 오랫동안 매우 일본적인 장르로 주장되어 왔지만 이 또한 자전적 소설이라는 보편적 범주 안에서 하나의 특수한 발현 양상으로 취급될 필요가 있다. 스즈키 토미는 사소설이라는 관념은 일종의 '읽기 모드'라고 했다. 이것은 자기 이야기를 있는 대로 쓴다는 일본 사소설의 모럴이 창작의 측면에서 성립할 수는 없다는 것, 다시 말해 어떤 사소설 작가도 자기 이야기를 있는 그대로 쓸 수 있는 작가는 없다는 것을 의미한다. 사소설이 '읽기 모드'라는 것은 창작의 측면에서 있는 그대로 쓸 수는 없지만 독자들이 사소설을 그러한 독법, 즉 작가가 자기 이야기를 있는 그대로 쓴 것으로 수용한다는 것을 의미한다.

사실 언어의 속성과 한계에 관한 최근 논의들에 비추어볼 때, 사실을 그대로 재현(再現)한다는 것은 불가능하다. 우리는 다만 표상(表象)할 수 있을 뿐이다. 이런 뜻에서 사물을 다시 나타나게 한다는 어원을 갖는 representation이라는 말을 '재현' 대신에 '표상'으로 번역하는 경향이 점점 강해지고 있다.

그럼에도 일본은 오랫동안 사소설이라는 말을 고유 명사화하는 작업에 매달려 왔으며 이것은 한국 현대문학 연구자들에게 시사하는 바가 크다. 한국 현대문학은 어떤 고유명사를 갖고 있는가? 이 물음에 답한다는 것은 한국 현대문학의 전통을 새롭게 수립하는 것, 한국 현대문학사를 영향의 수수 과정을 넘어선 독자적인 전개 과정으로 기술하는 것을 의미한다. 이것은 한국 현대문학사라는 '내러티브'의 구축을 의미한다는 점에서 지극히 근대적인 작업이다. 탈근대를 운위한 지 오래된 시점에서 이와 같은 근대적인 작업에 매달릴 필요가 있을까마는 한국 현대문학은 탈근대의 시각은 그것대로 구축해 나가되 현재 한국 현대문학사에 지극히 결핍되어 있는 자기에 대한 관심을 새로 환기하는 것이 '죄'될 것은 없다.

한국의 작가들 역시 다른 나라의 작가들과 마찬가지로 다양한 형태의 자전적 소설들을 시도해왔다. 이 가운데에서 주목할 만한 현상 가운데 하나는 박태원, 이상, 이태준(1904~1970) 등 경성 모더니스트들의 자전적 소설이다. 흔히 그들의 소설은 일본 어느 작가들과 유사하다거나 특히 누구의 영향을 받았다거나 하는 말들이 많이 떠다닌다. 그러나 이들이 목표로 삼았던 것은 일본의 작가들을 단순히 모방하는 것과는 거리가 멀었다. 박태원의 「소설가 구보 씨의 1일」(1934), 이상의 「실화」(1939), 이태준의 「패강냉」(1938) 같은 자전적 소설들은 작가의 이야기를 있는 그대로 쓴다는 일본 사소설의 모럴 감각보다는, 자신을 식민지 지식인으로 자각하면서도 소설을 단순히 현실에 대한 대응물이 아니라 고도의 언어적 구성체로 주조하려는 의식이 첨예했다. 그들은 당대의 한국 문학의 시간을 세계 시계에 맞추려는 실험을 거듭했고 이것은 그들의 연작형 자전적 소설을 일본 사소설과의 관계로 한정해서 보는 시각을 불허한다.

경성 모더니스트들뿐만 아니라 식민지 시대 작가들은 거의 예외 없이 자전적 소설을 보여주었다. 이광수의 「육장기」(1939)나 『그의 자서전』(1936), 이기영의 「오매 둔 아버지」(1926), 염상섭의 「표본실의 청개구리」(1921), 최서해의 「백금」(1926), 현진건(1900~43)의 「술 권하는 사회」(1921), 한설야의 「태양」(1940), 채만식의 「집」(1941), 김유정(1908~37)의 「형」(1939), 김남천의 「등불」(1942), 유진오(1906~87)의 「창랑정기」(1940), 안회남의 「고향」(1910~?), 강경애(1906~43)의 「원고료 이백원」(1935~43), 지하련(1912~?)의 「산길」(1942) 등은 그 대표적 단편소설이다. 이러한 소설들은 작가 자신을 둘러싼 상황, 체제와의 긴장과 갈등, 현실의 여러 문제들을 다양한 형태와 수법으로 변주하면서 한국적인 자전적 소설의 여러 유형들을 만들어내고 있다.

## 현실 비판적 경향과 그 성숙

1920년을 전후로 한 동인지 문단, 즉 『창조』 『폐허』 『백조』 등을 중심으로 문학 활동을 펼치던 시기부터 한국 문단은 감상적 낭만주의 풍조가 유행했다. 이광수는 이러한 경향을 예술을 위한 예술Art for art's sake로 규정하면서 여기에 인생을 위한 예술Art for life's sake을 대립시켰다.

이러한 경향은 이광수를 부르주아 작가라고 비판했던 카프 문학에 의해 계승된다. 카프 문학은 프롤레타리아 리얼리즘론에 입각해서 농민과 노동자가 처한 상황을 총체적으로 형상화하면서 이들 대중과 직간접적으로 결합함으로써 부르주아적인 식민 통치 기구에 저항하고자 했다. 그러나 부정을 중심으로 한 비판적 사유로 인해 카프 문학은 조직이 와해될 때까지 이렇다 할 중요한 문학적 성과물을 내놓지 못하였다. 카프는 여러 차례에 걸쳐 총독부의 탄압에 시달리다 1935년경에 해체되기에 이른다.

조직의 해산은 카프 작가들의 정체성 위기를 증폭시켰다. 그들은 내적 고민 속에서 새로운 방향을 모색해나가지 않을 수 없었다. 오늘날에 이르기까지 카프의 문학적 성과물로 널리 알려져 있는 작품은 이기영의 『고향』(1934~35) 이외에는 별로 없다. 카프와 직접적인 조직적 관계를 맺고 있지 않았던 작가들 가운데 채만식의 『인형의 집을 나와서』(1933), 강경애의 『인간문제』(1934) 등이 기록될 수 있을 뿐이다. 또한 카프 문학과 직접 관련은 없지만 염상섭의 『삼대』(1931)는 사회주의 운동이 성행하던 시대를 중심으로 여러 차원의 문제들이 복잡하게 뒤얽힌 당대의 사회상을 잘 드러낸 작품이다.

1930년대에 접어들어 확산된 계급주의적 사회운동의 위기는 카프를 비롯한 계급문학운동으로도 확산된다. 이러한 위기는 한편으로는 전향 문학의 한국적 형태를 보여주는 작품들을 낳는다. 한설야의 「태양」(1936), 「임금」(1936), 「딸」(1936), 「귀향」(1939), 「이녕」(1939)이나 김남천의 「어린 두 딸에게」(1934), 「처를 때리고」(1937), 「춤추는 남편」(1937), 「제퇴선」(1937), 「낭비」(1940), 「경영」(1940), 「맥」(1941), 채만식의 「레디메이드 인생」(1934), 「치숙」(1938), 「명일」(1936), 「소망」(1938), 「패배자의 무덤」(1939) 등은 사회주의 운동의 퇴조 속에서 정체성의 위기를 겪는 지식인들의 내면 심리를 묘사한다.

카프의 해산으로 현실화된 사회주의 문학운동의 퇴조 속에서 현실 비판적인 성향을 가진 작가들은 정치주의적 문학에서 벗어나 근대문학의 본령은 무엇이며 근대 조선 문학의 정체성은 어디에 있는가 하는 물음을 중심으로 고민과 모색을 거듭하게 된다. 카프 서기장이었던 김남천과 동반자 작가로 알려져 있었던 채만식은 모두 서양 근대소설의 원형 가운데 하나인 발자크에게서 새로운 창작방법을 위한 영감을 얻어내고자 했다. 수년간에 걸친 발자크 연구를 통해서 김남천은 『대하』(1939), 『사랑의 수족관』(1940) 같은 작품으로 나아가게 된다. 채만식은 발자크적인 전통과 한국고전소설의 이야기 전통, 풍자 기법에 대한 연구 끝에 『탁류』(1938), 『태평천하』(1938) 같은 독특한 소설 세계를 창출하기에 이른다.

# 경성 모더니즘

식민지 시대의 한국 문학에서 가장 빛나는 국면 가운데 하나는 구인회* 작가들이 보여준 이른바 경성 모더니즘이다. 서울은 식민지 시대에 경성(京城)이라고 불렸다. 1930년대 중반에 경성의 45만 인구의 약 27%가 일본인이었다. 지금의 서울역, 용산역까지 포괄하는 경성의 북쪽 지역은 전통적으로 한국인들이 터를 잡고 살아온 탓에 일본인들은 남산 일대를 중심으로 한 남촌에 정착했다. 이러한 양상은 이 시대의 경성이 일종의 이중도시였음을 알려준다. 인구 구성이나 그 지역적 분포, 또한 언어생활 면에서 경성은 완연한 이중도시였다. 또한 경성은 인구의 절대다수가 농업에 종사하고 있던 조선 상공업의 중심지로 조선인들이 근대 자본주의의 물질적 힘과 영락해 가는전근대적 사회의 전통을 함께 경험할 수 있게 하는 곳이었다.

정지용, 김기림, 이태준, 김유정, 박태원, 이상, 이효석 등의 작가와 시인은 이러한 경성을 배경으로 식민지 지식인으로서의 깊은 자의식을 언어에 대한 고도의 의식으로 승화시켜 한국 문학사에 빛나는 작품들을 창조했다. 이들은 감상적, 낭만주의적인 감정의 토로나 계급적, 민족적 이상과 같은 이념의 제시가 참된 문학이 될 수 없다고 보았다. 일본 유학 등을 통해서 식민지 체제의 힘과 질서를 깊이 의식하고 있던 이들은 언어의 구성물인 문학에 대한 탐구를 통해서 식민지 현실을 승화시킬 수 있는 길을 모색했다. 이들은 영문학이나 건축학처럼 서양의 보편적인 학문을 습득했으며 이러한 교양과 지식을 바탕으로 현해탄 너

---

* 1933년에 결성한 문학 동인회. 김기림, 이효석, 이종명, 김유명, 유치진, 조용만, 이태준, 정지용, 이무영의 아홉 사람이 모여 결성한 것으로, 경향 문학에 반발하여 순수 문학을 지향하였으나 큰 활약을 하지는 못하였다.(편집자 주)

머 일본이라는 동양 제국의 한계를 넘어설 수 있는 문학의 경지를 창출하고자 했다.

이들 가운데 김기림은 영국 모더니즘에 대한 연구를 통해서 언어 의식과 사회 의식을 통합하는 새로운 문학의 경향을 시험해 나갔다. 그는 경성 모더니즘의 문학 이념을 비평과 산문, 그리고 문명비평적인 현대시의 실험으로 보여준 사람이다. 이태준은 채만식 등과 함께 한국 단편소설의 미학을 완성한 사람으로 평가될 만하다. 1930년대 중후반에 간결하고 맑은 문체로 씌어진 「가마귀」(1936), 「달밤」(1933), 「손거부」(1935) 등 그의 단편소설들은 일본적인 심경소설을 그 자신만의 독특한 미학으로 재정립한 것이다. 김유정은 토속적인 농촌 세계의 현실과 인간을 아주 풍부한 유머로 표현한 작가다. 「봄봄」(1935), 「동백꽃」(1936), 「만무방」(1935), 「금따는 콩밭」(1935), 「소낙비」(1935) 등의 단편소설은 한국어의 미각을 가장 잘 표현하고 있는 작품들이다. 박태원은 한문 소양 외에도 일본어와 영어에 익숙했다. 그는 제임스 조이스 등 아일랜드 작가의 실험적 소설과 일본 사소설의 방법을 체득한 바탕 위에서 식민지 지식인의 자의식을 소설의 구성 속에 투영시키는 방법론을 고안해나갔다. 「소설가 구보 씨의 1일」이나 장편소설인 『천변풍경』(1936) 등은 그러한 모색의 소산이다. 건축, 미술, 일본어에 심취해 있던 이상은 조선의 전근대적인 습속들에 반발하면서 도시적인 현대성을 갈망했다. 그러나 그는 또한 이 현대성이 인간 또는 자기를 구원해줄 수 없는 것으로 보았다. 「오감도」(1934) 연작 등의 상징성 강한 시들과 「날개」(1936), 「실화」(1939), 「단발」(1939), 「동해」(1936), 「종생기」(1936) 등의 소설들은 문학 언어를 현대성이 투영된 사색과 실험의 장으로 만들고자 했던 첨예한 의식을 보여준다. 이효석은 존 밀링턴 싱그, 오스카 와일드, 예이츠, D. H. 로렌스 등을 읽은 바탕 위에서 문명과 자연을 대조시키면서 야생의 자연과 우주를 중심에 놓고 그 쪽에서 멀리 사회를 조망하는 특이한 문학을 창조했다. 특히 그는 일본적인 동양주의에 스며들어 있는 폐쇄성, 고립성에 반발하면서 서구주의 또는 문화적 혼합주의를 실험한 작가였다. 「산」 「들」과 같은 단편소설, 『창공』(1940) 같은 장편소설은 그러한 자연주의적 감각이 깊이 투영되어 있는 문제작들이다.

이들 작업의 의미는 아직도 충분히 연구되지 못했고 특히 이들 전체를 아우를 만한 경성 모더니즘이라는 용어조차도 아직 정착되지 못한 상태다. 그러나 경성이라는 식민지 중심 도시에서 다양하고도 심오한 언어적 실험을 펼쳐간 그들의 문학은 이른바 비엔나 모더니즘과 같은 특별한 용어를 필요로 한다. 이러한 명칭을 통해서 이들의 문학은 식민지의 지방적 문학이라는 울타리에서 벗어나 근대성과 문학이 결합하는 보편적인 세계문학의 흐름 속에서 제 위치를 확보할 수 있게 될 것이다.

## 여성 작가들

1990년대 이후 현대소설 연구 분야에서 가장 주목할 만한 현상 가운데 하나가 바로 여성 소설에 대한 관심이다. 이상경 교수, 최혜실 교수 같은 여성 연구자들에 의해서 촉발된 여성 문학 연구는 나혜석(1896), 김일엽, 김명순 등 제1세대 여성 작가들, 그리고 박화성(1904~88), 강경애, 최정희(1912~90), 지하련 등의 제2세대 여성 작가들의 면모를 새롭게 인식할 수 있도록 해주었다.

먼저 제1세대 신여성 작가들이 걸어간 삶과 문학의 관련 양상에 주목할 필요가 있다. 한국 최초의 여성 서양화가였던 나혜석은 작가이자 동시에 화가로서 신여성 운동의 단초를 연 선각자로 기록될 만하다. 김일엽은 산문집 『청춘을 불사르고』(1962)에 이르는 긴 문학적 여정에서 자아해방과 여성해방 문제를 첨예하게 의식했던 사람이었다. 그녀는 『신여자』를 창간하여 여성해방 운동에 뛰어들었는가 하면 임노월의 예술지상주의에 공명하여 자아주의에 입각한 여성해방 논리로 나아갔으며 이후에는 불교에 귀의하여 자아 관념의 초극을 통한 구원을 주장했다. 김일엽은 이광수와 마찬가지로 한국 근대문학과 불교가 만나는 장면을 보여준다는 점에서 특기할 만하다. 김명순은 제1세대 여성 작가들 가운데 문학작품으로서는 가장 뛰어난 성취를 보여준 작가다. 특히 「돌아다볼 때」(1924)와 「외로운 사람들」(1924) 같은 작품은 독일 작가 하우프트만(1858~1921)의 『외로운 사람들』(1891)과의 연관 관계를 보여주는데, 이 작품은 일본 사소설의 효시처럼 취급되는 다야마 가타이(1871~1930)의 「이불」(1907)과도 관련이 있다. 김명순은 자기를 둘러싼 상황에 히스테리컬하게 반응하는 여성적 주인공을 중심으로 남성 중심적인 현실의 압력을 깊이 있게 드러냈다.

제1세대 여성 작가들이 자아해방, 여성해방 문제를 집중적으로 묘사했다면 제2세대 여성 작가들은 여성 문제를 계급 문제 등과 결합시키면서 이러한 문제들의 동시 해결을 추구하는 급진적인 면모를 보여주었다. 이러한 경향을 대변하는 것은 박화성과 강경애다. 박화성의 『북국의 여명』(1935)은 콜론타이즘*에 입각하여 계급해방과 성해방을 하나의 맥락 안에서 실현하고자 하는 여성 인물의 투쟁을 보여준다. 작가의 자전적인 경험이 깊게 투영되어 있는 이 작품은 여성 인물이 프롤레타

* 러시아 여성정치가 콜론타이Kollontai의 사상을 이름.(편집자 주)

리아 혁명 투사로 성장해 나가면서 자유연애와 자유결혼을 실천하는 양상을 보여준다. (서정자, 「'주의자'의 성·사랑·결혼: 박화성의『북국의 여명』에 나타난 자유연애의 양면성」,『현대소설연구』제25호, 한국현대소설학회, 2005 참조) 강경애의『인간문제』(1934)는 사회주의 페미니즘의 관점에서 당대의 현실을 대유법적으로 묘사한 중요한 작품이다. 최정희 역시 계급주의적인 사회운동 분위기 속에서 작가가 된 여성이다. 그러나 그녀는 개인사적 경험을 계기로 하여 곧 계급주의와 페미니즘을 분리, 후자의 측면을 강하게 표출하는 「지맥」(1939), 「인맥」(1940), 「천맥」(1941) 등 이른바 3맥 연작으로 여성이 처한 현실을 집중적으로 부각시켰다. 이러한 소설 경향은 해방 이후에 다시 한 번 커다란 변화를 보여준다. 특히『끝없는 낭만』(1958) 같은 장편소설은 한국전쟁의 포연 속에서 미군의 아이를 갖게 된 한국 여성의 이야기를 다룬 문제작으로 최정희의 페미니즘이 현실의식과 결합하는 새로운 양상을 살펴볼 수 있게 한다.

## 협력 문학의 문제들

1940년경을 전후로 세계정세가 급변하면서 당시 한국의 작가들은 동아신질서, 대동아주의, 신체제론 등을 중심으로 파시즘으로 치닫고 있던 일제의 논리에 공명하여 협력할 것인가 저항(또는 침묵)할 것인가 하는 문제에 직면하게 된다. 국책문학, 국민문학, 황도문학 등으로 다양하게 명명된다 해도 이들 문학의 이념은 본질상 문학을 파시즘 체제의 통치수단으로 활용하고 기여하게 하려는 정치주의 문학 담론에 불과하다.

정치주의적 문학 담론에 동조하여 체제에 협력할 것이냐 저항할 것이냐 하는 양자택일의 위기상황은 동시에 일본어를 문학 언어로 수용할 것인가 하는 문제도 낳았다. 일본은 1940년경부터 1941년경에 걸쳐 조선일보, 동아일보 등 한국어 신문과 『문장』, 『인문평론』과 같은 한국어 잡지를 폐간시키면서 일본어 전용 정책을 밀어붙였으며 작가와 시인들에게 국책 협력물과 일본어 창작물을 요구했다. 총독부 기관지인 매일신보 등을 위시한 몇몇 체제 선전 매체에만 작품을 발표할 수밖에 없었던 당시 상황은 문단의 하이어라키*에도 중대한 영향을 미쳤다. 기존의 일급 반열에 올라섰던 작가들 가운데 일본어로 창작할 수 없었던 작가들이나 협력에 소극적이었던 작가들, 예컨대 채만식, 이태준, 박태원, 이효석 같은 작가들이 창작계의 중심부에서 주변부로 밀려나는가 하면 김용제(1909~1994), 이석훈(1908~1950?)과 같은 3류 작가가 새로운 시대의 주역이 되었다. 이광수, 최재서(1908~1964)는 협력적 태도를 노골화함으로써 변화된 정세 속에서도 여전히 주류의 위치를 점할 수 있었다. 장혁주(1905~?), 김사량(1914~1950?)을 비롯한 몇몇 작가들은 직접 일본어로 창작함으로써 일본어 문학의 영토 속에서 자기 위치를 확보하려 하였다. 김사량은 일본어로 창작하되 조선의 현실과 조선인의 아이덴티티 위기를 묘사하였으나 이러한 이중적 태도에도 불구하고 그의 문학은 결국 일본어 문학의 범주에 포괄될 수밖에 없을 것이다.

이러한 상황에서 문제가 되는 것은 앞에서 열거한 채만식, 이태준, 박태원, 이효석 같은 당대의 일급 작가들이다. 채만식의 「집」(1941), 「근일」(1941), 「삽화」(1942) 연작과 장편소설 『아름다운 새벽』(1942),

---

* 위계 · 계통(階統). (편집자 주)

『여인전기』(1944~45), 이태준의 단편소설 「패강냉」「토끼 이야기」 (1941), 「석양」(1942), 「해방 전후」(1956) 등과 장편소설 『별은 창마다』 (1942~43), 『왕자 호동』(1943) 등, 박태원의 연작소설 「음우」(1939), 「투도」(1941), 「채가」(1941), 「재운」(1941) 등과 일련의 역사 장편소설 들, 이효석의 『창공』(1940) 등은 국책과 작가적 양심 사이에서 고민하 던 작가들의 심리가 작품 내부에서 균열, 접합, 봉합 등의 형태로 다양 하게 표출되어 있는 작품들이다. 그러나 아직까지 이 작품들의 내적 의 미를 총체적으로 분석한 연구는 없다고 해도 과언이 아니다.

## 한국 시의 현대성

현대시 이전에 한글로 이루어진 시가의 형태로는 시조와 가사, 잡가 등이 대표적이었다. 시조는 일본의 하이쿠*에 비견될 만한 전통적인 시 양식으로 주지하듯이 3·4·3·4, 3·4·4·4, 3·5·4·3의 자수율과 4음보 의 율격이 특징이다. 이러한 전통적 정형시의 세계에서 근대적 자유시 로 이행해나간 과정은 리듬, 이미지, 어조 등 시를 이루는 제반 요소들 을 자아의 개체성과 독자성을 기반으로 하는 현대시의 요구에 걸맞게 변화시켜 나가고 또 새롭게 창조해나가는 과정에 다름 아니었다.

1920년을 전후로 한 시대에 한국 시인들은 일본을 통해 접할 수 있었 던 서구시의 충격 속에서 한국 현대시의 새로운 형태를 창조하고자 하 는 노력을 경주했다. 이 과정에서 김억(1896~?), 주요한(1900~79) 등 이 끼친 공적을 간과할 수는 없지만 시 창작의 전면에서 현대시의 국면 을 개척한 가장 중요한 시인으로 이상화(1901~43), 김소월(1902~34),

---

* 俳句. 5·7·5의 3구 17자로 된 일본 특유의 짧은 시.(편집자 주)

한용운(1879~1944), 정지용, 백석(1912~95) 등의 시인들을 꼽을 수 있을 것이다.

이상화, 김소월, 한용운은 자유시의 리듬이라는 측면에서 파격적인 실험을 선보인 사람들이었다. 그들은 자유시의 리듬이란 단순한 자유가 아니라 내재적인 호흡에 따른 음악적 구속을 수반하는 새로운 형태의 구속이라는 사실을 깊이 있게 이해한 사람들이었다. 이상화는 「나의 침실로」(1923), 「빼앗긴 들에도 봄은 오는가」(1926) 등을 통해서 띄어쓰기보다 음보적인 율동을 중시한 시 형태를 선보였다. 이러한 시 형태는 그가 단순한 음수율보다는, 그 자신이 노래하고자 한 것을 그것에 꼭 맞는 음악적 구조로 표현하고자 한, 어떤 총체로서의 리듬을 추구했음을 보여준다.

김소월은 시집 『진달래꽃』(1925)에서 민요시 실험을 시도했다. 오세영은 김소월이 "전통적인 민요 율조에 바탕을 두면서도 이에 얽매이지 않고 자신의 독창성을 살리고자 한 점에서 스타일리스트라 불러도 손색이 없다"(오세영, 『한국현대시인연구』, 월인, 2003, 26쪽)고 했다. 민요적이지만 자유로우며 역설적인 리듬으로 사랑과 이별을 일관되게 노래한 김소월의 실험은 한국 시를 현대시의 반열에 성큼 올라서게 했다.

한용운의 『님의 침묵』(1926)은 산문율의 실험이라는 점에서 전무후무한 공적을 쌓아올린 시집이다. 한용운은 1879년생으로 1892년생인 이광수보다도 더 윗세대에 속한다. 그럼에도 불구하고 그는 "님"이라는 복합적 상징어로 민족의 현실과 근대인의 운명을 함께 엮어 보여주는 현대시의 새로운 차원을 열어 보였다. "님"의 상징은 불교적인 세계관에 깊이 뿌리박은 것으로 한국 시를 형이상학적인 사유의 수준에 올려놓은 것이라고 할 수 있다.

정지용은 김소월이나 이상화의 리듬적 실험의식을 계승하면서도 이 것을 한국어의 통사적, 형태적 특성에 대한 더욱더 적극적인 인식과 표현으로 끌어올린 시인이다. 그는 감각과 언어의 간극에 대한 깊은 통찰을 바탕으로 리듬, 이미지, 어조 등에서 이전의 시인들이 이룩하지 못한 언어 실험을 선보였으며 나아가 깊은 현실 인식을 담아내는 데까지 이르렀다. 그의 시집인『정지용 시집』(1935), 『백록담』(1941)은 문학어로서의 한국어를 현대적인 언어의 반열에 올려놓았다. 그는 1930년대 말에 문학잡지『문장』을 주재하면서 박목월(1916~78), 조지훈(1920~68), 박두진(1916~98) 등 이후에 청록파로 알려진 시인들을 배출했는데 이들과 서정주(1915~2000)는 해방 후 한국 현대시의 큰 흐름을 주도해나갔다. 이것은 정지용의 시풍이 한국 현대시에 깊이 각인되어 있음을 의미한다.

서정주는 김소월과 정지용이 구축한 자유로운 리듬을 한층 발전시키면서 시의 정신적 기반을 삶과 죽음이라는 근본적인 문제 위에 설정함으로써 한국 시의 정신세계를 풍부하게 했다.『화사집』(1941)은 강렬한 색채 이미지, 자유로운 호흡, 인간 생명의 본질에 대한 통찰이라는 측면에서 김소월과 정지용의 현대시 실험을 계승한 것이다. 해방 이후에 펴낸『동천』(1969), 『질마재 신화』(1975)는 이러한 실험이 심오한 경지에 도달하게 됨을 보여준다.

백석은 정지용과 마찬가지로 일본에 건너가 영문학을 공부하여 서구 모더니즘의 세례를 받은 시인이면서 토착적인 한국 시의 세계를 개척해나가는 또 다른 면모를 보여주었다. 시집『사슴』(1936)과 그 이후의 시들에서 그는 근대화에 노출되면서 상실되어가는 민족 공동체, 농촌 공동체의 전통적 질서 감각을 재생시켰다. 지극히 현대적인 기법으로 지극히 공동체적인 세계에 대한 지향을 보여준 그의 시들은 근대세계의 충격에 대한 언어적 성찰이자 일제 말기라는 민족의 위기를 언어적으로 초극하고자 한 의지의 산물이었다.

## 3. 해방 이후 1980년대까지 문학에 나타난 제 문제들

### 해방과 민족주의 에너지의 영향

1945년에 접어들면서 일본의 패색이 농후해졌다고는 해도 많은 작가들에게 해방은 밤손님처럼 갑자기 들이닥친 것과 같았다. 작가들은 본래 시류에 민감한 사람들이니만큼 그들이 국제정세를 아예 몰랐으리라고 생각할 수는 없지만 그 변화를 내적으로 체화할 수 있는 시간적 여유는 없었을 것이다. 일제 말기에 문학인들은 여러 갈래로 나뉘어 있었다. 김기림과 임화(1908~53)는 1942년경부터 실질적인 절필 상태였는데 이것은 체제에 대한 일종의 저항이었다. 이광수, 최남선(1890~1957), 최재서는 한국인들이 체제에 협력할 것을 적극적으로 선동하고 있었다. 이태준, 박태원, 채만식 같은 작가들은 어느 한편으로는 협력하면서 다른 한편으로는 심각한 내면적 갈등을 겪고 있었다. 채만식은 매일신보에 『여인전기』를 1945년 5월 15일까지 연재하고는 소개를 명분 삼아 향리에 내려갔고 그 뒤를 이어받은 것이 박태원의 『원구』였다. 그는 고려와 원나라 연합군이 일본 정벌에 나서는 이야기를 소재로 삼은 역사소설을 쓰면서 주인공들을 정벌에 투입할 생각은 하지 않고 내내 해찰*만 부리고 있었다.

이러한 상황에서 갑자기 일제의 패망으로 전쟁이 종결되고 해방이 찾아들었을 때 작가들이 가장 먼저 직면한 것은 일제 말기의 행적을 어떤 형태로든 수리(受理)해야 하는 상황이었다. 해외에서 속속 귀국하는 독립운동가들, 지하에서 올라온 좌익 저항가들, 부역하지 않고 침묵을 지켰던 문학인들, 억눌렸던 중량만큼 거세게 분출되어 나오는 민족주의의 압력 속에서 문학인들은 어떻게든 과거를 정리해야 했다. 채만식의 중편소설 「민족의 죄인」(1948)과 「낙조」, 이태준의 중편소설 「해방전후」, 이광수의 미완 장편소설 『나』(1947~48), 김동인의 「망국인기」(1947)나 「반역자」(1946), 염상섭의 「첫걸음」(1946) 같은 작품들은 이러한 상황에 대한 문학적 대응물들이다. 비평 쪽에서 이러한 상황은 이른바 '친일문학론'으로 통칭될 만한 논의들을 야기한다. 좌우익을 막론하고 자기비판이 하나의 유행처럼 되었지만 해방에 이은 신탁통치와 분단, 특히 남쪽에서의 한민당 계열의 득세로 인해 피식민 경험의 신속하고도 완전한 청산은 불가능했다. 임종국의 『친일문학론』(1966)은 이러한 상황을 민족주의적 시각에서 총괄하고자 한 것이다. '친일문학론'은 학문적인 엄밀성을 결여한 개념이지만 이것이 표현하고자 한 문학인들의 일제 말기의 대일 협력에 관한 논의는 문학과 문학인의 사회정치적 의미와 역할에 관한 문제를 비롯한 많은 중요한 문제들을 함축하고 있는 중요한 탐구 영역이다. 한국 현대문학 연구자들과 번역자들은 이 문제에 내포된 의미들을 파악하는 일을 경시하지 않아야 한다.

해방과 더불어 민족적인 아이덴티티를 회복하려는 거대한 힘이 출현했다는 점은 좀더 중시될 필요가 있다. 이 힘은 해방 이후부터 현재에 이르는 한국 문학에 가장 강한 영향력을 행사해왔다. 국제적인 역학관

---

* 일에는 마음을 두지 않고 쓸데없이 다른 짓을 함.(편집자 주)

계에 따라 북쪽은 사회주의 체제, 남쪽은 자본주의 체제에 편입되어 전대미문의 전쟁까지 치렀고 현재까지도 분단 상태가 지속되고 있는데 이것은 민족의 아이덴티티를 회복하려는 에너지가 아직 그 힘을 다 소비하지 못했음을 의미한다. 분단 문제가 어떤 해결 국면에 다다른다면 민족주의는 어떤 다른 형태로 재구성되는 과정에 진입할 것이다. 이 과정은 1987년의 민주항쟁, 1988년의 서울올림픽, 1989년의 베를린장벽 해체 등을 경험한 남쪽에서 이미 시작되었고 경제성장을 배경으로 활발하게 전개되고 있다. 그럼에도 해방 이후의 한국 문학이 상처 회복의 형태로 민족적 아이덴티티를 정립하려는 힘으로부터 강하게 영향 받아온 것은 부인할 수 없다. 따라서 1945년 이후의 한국 문학은 패전 후 일본 문학을 '전후 문학'으로 통칭할 수 있는 것과 같은 맥락에서 본질상 '해방 이후 문학'이다.

해방과 더불어 한국 문학은 거대한 회복적 민족주의의 영향 아래서 한국어와 한글을 유일무이한 표현 매체로 재정립하고 피식민 경험을 민족주의적으로 재질서화하는 작업에 뛰어들게 된다. 한글 전용을 둘러싼 논란은 논쟁과 토론이라는 이성적 외양에도 불구하고 근본적으로는 이데올로기 투쟁의 성격이 현저했다.

황순원(1915~2000)의 소설들, 예컨대 「목넘이 마을의 개」(1948), 『별과 같이 살다』(1950) 같은 작품은 민족적 아이덴티티의 재정립이라는 의미를 함축한다. 좌익 문학 진영과 대립하면서 순수 문학과 제3휴머니즘을 주장한 김동리의 단편소설들, 「윤회설」(1946), 「달」(1947), 「역마」(1948) 등도 「무녀도」(1936) 이래 토속성에서 민족적 원형을 발견하고자 한 작가의 의도가 투영된 작품들이다. 채만식의 「역사」 단편소설 연작(1948~49), 박태원의 번역 『이충무공 행록』(1948), 장편소설

『이순신장군』(1948) 및 『임진왜란』(1949) 등도 이 시대 문학이 민족과 국민이 일체화를 추구하는 새로운 '국족국가'의 국민 형성 기능을 담당한 측면이 있음을 보여준다. 박태원은 월북한 후에 『이순신 장군』(1952), 『리순신 장군 이야기』(1955), 『임진조국전쟁』(1960) 등을 연달아 펴내는데 이것 역시 민족주의 에너지와 인민민주주의 이념을 결합시키고자 한 체제의 요구에 부응한 측면이 강하다. 남쪽에서는 민족주의 에너지를 자유민주주의, 반공주의와 결합시킨 반면 북쪽에서는 그것을 인민민주주의, 반미주의에 결합시켰던 것이다. 물론 작가와 작품의 해석 및 평가는 작가와 작품을 단순히 이데올로기의 차원으로 단순 환원한 상태에서 이루어져서는 안 된다. 이러한 맥락에도 불구하고 위에서 언급한 작품들 가운데 많은 것이 해방에서 1950년으로 이어지는 시기의 한국 문학을 대표할 만한 작품들이다.

## 전후 문학 세대의 새로운 도전

1950년대는 죽음과 폐허의 시대였다. 제3차 세계대전이라 불릴 만한 전쟁이 비좁은 한반도를 비극이 만연하는 곳으로 만들었다. 그럼에도 1955년을 전후로 해서 김동리가 중심이 된 『현대문학』을 비롯하여 『문학예술』 『자유문학』 같은 잡지들이 잇달아 창간되고 장준하가 지식인 잡지인 『사상계』(1953년 창간)를 창간하면서 전후 문단이 새로운 활기를 띠게 된다.

이러한 상황을 배경으로 한국전쟁을 전후로 하여 새로운 세대의 다양한 작가들이 문단에 진출하게 된다. 김성한(1919), 이범선(1920~81), 장용학(1921~91), 유주현(1921~82), 손창섭(1922~) 선우휘(1922~),

박경리(1927~), 곽학송(1927~92), 이호철(1932~) 등이 그들이다.

이들은 대체로 일본 식민통치기의 한복판에서 출생하여 일본식 교육을 받으며 성장한 사람들이었다. 이들 가운데에는 문학청년이라면 일본문학잡지를 읽으며 일본어로 문학할 것을 꿈꾸는 세태가 일반적이었던 일제 말기에 일본에 유학한 사람들이 많다. 또한 그들은 만주전쟁(1931), 중일전쟁(1937), 태평양전쟁(1941) 등 연이은 전쟁을 만주사변, 지나사변, 대동아전쟁으로 명명하면서 전쟁 동원에 열을 올린 천황제 파시즘 체제의 영향권 아래에서 성장했던 까닭에 민족적 아이덴티티에 대한 인식이 채 정립되기도 전에 일본에 의해 왜곡된 동양주의의 세례를 받았을 가능성이 큰 세대의 구성원이었다.

해방이 이들 세대의 시대인식에 커다란 혼란을 야기했음은 물론이다. 장용학은 일본 유학을 중도에 그만두고 한국으로 돌아왔지만 작가가 되려는 꿈을 실현시키기 위해서 한국어사전을 보면서 낱말을 새로 익히는 어려움을 겪어야 했다. 문학어 수준의 한국어를 구사하기 위해서는 그것을 일상어 수준에서 구사하는 것과는 차원이 다른 노력이 필요했던 것이다. 손창섭 역시 일본에서 동거하던 아내를 '버려두고' 단신 귀국하여 해방된 나라에 적응하기 위해 고심참담한 경험을 겪어 나간다. 한글 전용으로 상징되는 회복적 민족주의의 광대한 에너지와 미국을 비롯한 서방문화의 대량 유입은 일본적 동양주의의 세례를 받으면서 성장한 그들에게 인식론상의 혼란을 야기했을 것이다. 아마도 그들에게 해방은 빛의 회복임과 동시에 새로운 혼란과 무질서를 의미하는 것이었으리라.

나아가 이들에게 한국전쟁에서 이승만 정부의 독재 체제로 이어지는 1950년대의 상황은 일종의 문명 위기처럼 인식되었을 가능성까지 있다. 그리하여 김동리, 조연현(1920~81), 서정주 등 토속적이고 민속적인 지방성에서 '민족 문학'의 기초를 마련하고자 했던 문단의 중심 세력에 대한 이어령(1934~)의 비판이 시작되었을 때 이들 전후 문학 세대는 크게 두 개의 경향으로 나뉘어 있었다고 가정해볼 수 있다. 그 하나는 서구 보편주의 입장에서 김동리 중심의 '프로빈셜리즘 provincialism'*을 비판해 나간 이어령 중심의 서구 보편주의 경향이고, 다른 하나는 장용학, 손창섭 등에 의해서 대변되는 동양 보편주의 경향이다. 이 두 가지의 경향은 각기 다른 근거에서 김동리를 중심으로 기성 문단에 대립해 나갔지만 문학사가 보여주듯이 이어령의 서구 보편주의와 김동리 중심의 지방주의가 동거해나가는 가운데 장용학, 손창섭을 중심으로 한 경향은 격심한 문단적 소외에 직면해야 했다.

장용학은 한글 전용에 반대, 소설에 한자를 사용할 것을 고집하면서 소설의 한글 전용을 옹호한 유종호와 논쟁을 벌였고 독재 체제와도 불화를 겪으면서 문단의 중심권에서 멀어져간다. 그의 『원형의 전설』(1962)은 자유와 평등의 어느 한쪽만을 섬기면서 분열된 현대문명에 대한 비판적 성찰의 알레고리였다. 손창섭은 창작집 『비 오는 날』(1959)과 『낙서족』(1959)을 통해서 자기 세대의 아이덴티티 혼란을 그렸다. 손창섭은 1960년대 내내 알레고리와 아이러니의 기법으로 한국적인 현대상을 외부자의 시선으로 묘사, 진단하는 장편소설을 쓰다 결국 일본으로 떠나고 만다.

전후 문학 세대에 속하는 작가들은 남한 체제에 대해 매우 부정적이었는데 이것은 그들이 대부분 월남 작가라는 사실과도 관련이 있다. 대부분 고향이 북쪽에 있고 해방공간과 전쟁 중에 이념 및 기타 이유로 북

---

* 지방 기질. 지방색.(편집자 주)

쪽에서 내려온 이들에게 남쪽은 또 하나의 부조리한 공간일 뿐이었다. 전쟁 중에 월남하여 작가가 된 이호철은 오랫동안 이러한 체제 문제에 매달렸던 바, 『남녘사람 북녘사람』(1996) 같은 작품은 남북간의 체제 대립을 인간의 공통성에 대한 천착을 통해 극복하고자 한 시도를 보여준다. 곽학송의 『자유의 궤도』(1956) 역시 이데올로기 대립에 의해 희생되는 주인공을 통해서 두 체제 모두에 대한 비판적 사유를 드러냈다.

한편 박경리는 그녀가 속한 세대에서는 드물게 민족적 아이덴티티에 대한 인식이 매우 자각적이었다. 창작집 『불신시대』(1963)와 장편소설 『시장과 전장』(1964)이 보여주듯 그녀도 전쟁 이후의 한국사회에 대해 지극히 부정적인 판단을 내리고 있었지만 개인적인 상처와 고통을 생명사상으로 승화시켜 오랜 시간에 걸쳐 『김약국의 딸들』(1960), 『토지』 같은 문제작들을 발표해 나간다. 민족적 생명력을 강조하면서도 이것을 생명 자체의 본질로까지 소급하는 그녀의 견해는 폭력과 죽음으로 점철된 한국현대사에 대한 깊은 성찰에 바탕을 둔 것이다.

## 정치와 문학의 접근과 문학의 향방

1960년의 사월혁명은 이승만 정부의 독재 체제를 와해시키면서 자유의 공간을 창출했지만 불과 1년 만에 5 · 16 쿠데타와 함께 종막을 고하면서 미완의 혁명으로 남게 된다. 사월혁명 이전부터 전후 문학 세대에 속하는 문학인들 가운데에는 정부에 대해서 비판적인 견해를 가진 사람들이 많았으며, 이들을 중심으로 자연스럽게 저항 또는 참여라는 문제가 제기되어 왔다. 이어령의 비평집 『저항의 문학』(1959)은 문학적인 레토릭*을 빌려 체제 비판, 구세대 문학 비판을 감행한 것이었지만 이러한 비판적 사유는 사월혁명을 분수령으로 하여 역사의 부조리에 대한 언어적 비판, 형이상학적 비판으로 귀결되었다. 그러나 이러한 문학적 비판에 만족할 수 없었던 사람들은 체제에 대한 직접적인 저항이 필요하다고 생각했다. 1960년대 말에 이어령과 김수영(1921~68) 사이에 벌어진 이른바 '불온시' 논쟁은 이러한 견해 차이가 전면화된 것으로 문학은 파시즘 체제 아래서 과연 무엇을 할 수 있고 해야 하는가를 둘러싼 논쟁이었다.

체제에 대한 직접적 투쟁보다는 부조리한 역사에 대한 문학적 저항을, 따라서 형이상학적인 언어적 저항을 강조한 이어령과 자유 없는 문학은 고갈될 뿐이라는 김수영의 주장이 팽팽하게 맞서는 가운데 김수영은 돌연 교통사고로 사망하고 만다. 1970년을 전후로 하여 젊은 문학인들의 분위기는 이어령이 주장한 카뮈적 저항 대신에 사르트르류의 앙가주망**, 문학이 잘못된 체제를 직접 비판하고 그것에 저항하는 현실참여로 나아가야 한다는 쪽과 그러한 사상에 공명하지 않는 쪽으로 나뉘는 양상을 보이게 된다.

『산문시대』 동인들로 알려진 김승옥(1941~), 최하림(1939~), 김현(1942~90) 등과 작가 이청준(1939), 서정인(1936) 등은 사월혁명이 열어놓은 자유의 공간 속에서 정치와 문학의 갈등과 긴장을 언어로 승화시키는 문학으로 나아간다. 현실성을 심문하는 김승옥의 「환상수첩」(1962), 「무진기행」 「서울, 1964년 겨울」(1967) 등은 선명하고 섬세한 한국어 문체로 감수성의 혁명이라고 할 만한 충격을 선사했다. 이청준(1939)은 단편소설 「병신과 머저리」(1966), 창작집 『소문의 벽』(1972),

---

* 수사법. 수사학. (편집자 주)
** 프랑스어 engagement. 사회 참여. (편집자 주)

『가면의 꿈』(1975), 장편소설『당신들의 천국』등을 쓰면서 폐쇄된 사회 속에서 내면적 갈등을 겪는 인물들을 집중적으로 묘사해나갔다. 사회에 만연한 폭력과 위선, 이것에 대한 개인들의 사유와 행동 방식, 그 모럴은 이청준이 집중해 나간 주제였다. 그리고 이것은 언어의 의미와 기능에 대한 탐구와 밀접한 관련을 맺고 있었다. 『자서전들 쓰십시다』(1978)와 『남도사람』(1978)은 그러한 문제의식의 소산이다.

한편 최인훈(1936~)은 남과 북을 오가며 두 체제 모두에 정착하지 못하고 제3국으로 망명하다 자살하는 이상주의자를 그린 『광장』(1960)으로 사월혁명이 낳은 자유공간의 의미와 한계를 보여주었다. 이후 『회색인』(1964), 『서유기』(1966), 『총독의 소리』(1968) 등으로 나아가면서 폐쇄된 사회를 살아가는 지식인의 고민과 한국사회에 대한 문명적 차원의 탐구를 펼쳤다. 『화두』(1994)는 그의 개인사와 문학의 과정이 총체적으로 망라된 중요한 작품이다. 여기서 그는 한국현대사에 덧씌워진 이데올로기의 주문(呪文)에서 자유로운 개인이라는 문제를 제기한다. 한국사회를 동양과 서양, 제국과 식민지의 맥락에서 조밀하게 탐구해 나간 그의 문학은 일련의 희곡 작업들까지 아주 중요한 문학사적 의미를 가지고 있다. 그의 문학은 현실에 대한 비판적 사고와 그것을 표상하는 매체인 문학 언어에 대한 탐구를 동시에 보여준다.

남정현(1933)은 전후 문단에서 1960년대에 걸쳐 화려하게 부활한 이상의 알레고리와 우크라이나 작가 고골리의 문학을 상호텍스트적으로 접합시켜 체제 비판을 시도한 「너는 뭐냐」(1961)를 비롯한 일련의 소설들을 발표해나갔다. 그는 1960년대의 사회 분위기로서는 파격적으로 한반도에 배치된 미국의 핵 문제를 고발한 「분지」(1965)를 발표하여 필화***를 겪기까지 한다.

장용학과 손창섭은 그 특유의 알레고리와 아이러니로 각기 『원형의 전설』(1962)로 대표되는 중장편소설들과 『부부』(1962), 『이성연구』(1967), 『길』(1969) 등을 발표해 나간다. 이들의 작품은 한국사회를 국외자, 외부자의 시선으로 날카롭게 진단하면서 그들 나름대로의 진단과 처방을 마련하고자 한 것이었지만 서구주의적 참여와 토속주의적 순수로 양극화된 1960년대의 문단 지형도 속에서 그들의 거처는 쉽사리 마련되지 않았다. 이러한 상황은 손창섭의 도일로 연결된다. 손창섭은 1973년경에 일본으로 건너가 그곳에서 한국일보에 재일 한국인 문제를 다룬 문제작 『유맹』(1979)을 연재하기도 했지만 끝내 한국으로 돌아오지 않는, 잊혀진 작가의 길을 선택하고 만다.

이러한 작가와 작품들은 정치화된 문학과 현실 정치 사이의 협로에서 언어를 매개로 현실에 대한 비판과 성찰을 시도해 나갔던 1960년대 문학의 독특한 상황을 예시해준다. 1950년대부터 1960년대에 이르는 문학은 언어의 불투명한 자질에 의존하면서 또 그것에 대한 자의식 속에서 현실의 부자유와 폐쇄성을 고민해 나간 흔적을 보여준다.

## 현실 비판으로서의 문학, 기타

1961년의 5 · 16 군사 쿠데타로 등장한 군사정부는 1970년에 유신헌법을 제정, 공포하면서 장기집권체제를 마련한다. 1961년부터 1979년까지 한국사회는 박정희라는 일인 지도자를 정점으로 하는 군사 파시즘 체제 아래서 산업화와 경제성장 면에서 중요한 성과를 거둔 모순적인 시대였다. 첨예한 남북 대결 국면이 장기화되면서 연좌제, 고문, 실

---

\*\*\* 발표한 글이 법률적으로나 사회적으로 문제를 일으켜 제재를 받는 일. (편집자 주)

종, 긴급조치, 사형제도 등으로 대변되는 인권 탄압, 관권 선거, 정치 폭력, 사상 탄압이 만연했다. 한편으로 산업화는 숱한 사회 문제들을 양산하면서도 한국사회와 한국인의 삶을 현대화해나갔다.

미국 유학에서 돌아와 서울대학교에서 교편을 잡고 있던 백낙청(1938~)을 비롯한 몇몇 문학인들은 1966년에 창간한 문학잡지 『창작과 비평』을 중심으로 현실 비판적인 문학 활동을 펼쳐나갔다. 그의 시민문학론, 민족문학론, 제3세계문학론과 이후에 전개된 분단 체제론 등은 새로운 형태의 현실참여론으로 현재에 이르기까지 중요한 영향을 미치고 있다. 1970년에는 김현, 김병익(1938~), 김치수(1940~), 김주연(1941~) 등 외국 문학을 전공한 문학인들이 중심이 되어 활동한 『문학과 지성』이 창간된다. 또 1972년에는 표지에 이상의 초상화를 담은 『문학사상』이 이어령을 중심으로 창간되어 활동에 나서게 된다.

1970년대는 무엇보다 1940년 전후의 출생자들이 현실 비판적인 문학 활동을 활발히 전개한 시대였다. 신상웅(1938~), 이청준(1939~), 천승세(1939~), 전상국(1940~), 이문구(1941~2003), 현기영(1941~), 김원일(1942~), 조세희(1942~), 윤흥길(1942~), 황석영(1943~), 조정래(1943~)에 시인 김지하(1941~)까지 더하고 보면 1940년 전후에 출생하여 사월혁명, 군사 쿠데타, 베트남전 참전의 시대적 분위기 속에서 대학 시절을 보낸 이들 세대의 현실 비판 성향은 매우 뚜렷하다. 이러한 경향에는 김성동(1947~), 이문열(1948~)까지 아울러 볼 수도 있다. 이와 같은 양질의 작가들이 다수 존재했다는 것은 1970년대가 명실상부한 소설의 시대였음을 보여준다.

이문구의 비극적인 개인사가 말해주듯이 이들은 부친이 좌익 활동에 연루되어 있는 경우가 많았고 해외에서 출생하여 해방과 더불어 고국으로 돌아와 정착한 가족의 일원인 경우가 많았다. 전쟁과 폭력과 가난 속에서 성장한 이들이 맞닥뜨린 것은 거대한 파시즘 체제였고 이 체제 하에서 추진되는 산업화, 현대화의 모순이었다. 만연한 부조리는 이들의 문학을 현실 비판, 체제 비판 쪽으로 이끌었다. 베트남전 세대의 고민과 비극을 그린 신상웅의 『심야의 정담』(1938), 파시즘 체제 아래서의 부자유의 고통을 우화적으로 그린 이청준의 「잔인한 도시」(1978), 미국의 군사 기지로 화한 남한의 상황을 상징적으로 비판한 천승세의 「황구의 비명」(1975), 의붓형인 아베를 찾아 한국에 돌아온 주인공의 심리를 통해 전쟁의 상처를 묘파한 전상국의 중편소설 「아베의 가족」(1979), 전쟁 중에 가족이 학살당한 후 외롭게 성장해야 했던 유년 시절을 반추한 이문구의 연작소설집 『관촌수필』(1977), 제주도에서 벌어진 4·3 항쟁과 정부군과 관경의 양민 학살을 고발한 현기영의 창작집 『순이 삼촌』(1979), 전쟁 중 양민 학살의 문제를 파헤친 김원일의 『노을』(1977), 산업화의 그늘을 상징적, 알레고리적 수법으로 형상화한 조세희의 연작소설 『난장이가 쏘아올린 작은 공』(1978), 전쟁과 분단의 문제를 가족적인 갈등 차원에서 묘사한 윤흥길의 「장마」(1973)와 도시화에 따른 노동자와 빈민 문제를 제기한 「아홉 켤레의 구두로 남은 사내」(1977), 이데올로기 대립과 분단 체제의 희생양이 되어버린 한 개인의 삶을 그린 황석영의 「한씨 연대기」(1972), 산업화 시대의 소외와 노동 문제를 그린 같은 작가의 「객지」(1971), 「삼포 가는 길」(1973), 「장사의 꿈」(1974), 베트남전 문제를 그린 「낙타눈깔」(1972), 1983년경부터 연재하여 공전의 베스트셀러가 된 조정래의 『태백산맥』(1986~89) 등은 한국의 역사와 현실을 비판적인 시각으로 문학에 결합시키려 한 이들

세대의 의지가 얼마나 집요한 것이었는지를 알 수 있게 해준다. 이러한 세대의 맥락에서 보면 이들과 마찬가지로 정치성이 완연하면서도 파시즘 체제에 대한 비판 대신에 지식과 권력의 탐구, 우파적 정치 문학으로 나아간 이문열은 하나의 세대적 이단아였던 셈이다.

문학을 정치 쪽으로 밀어붙이는 현실의 압력에도 불구하고 1970년대에 이러한 작가들과는 다른 유형의 창작 경향을 보여준 작가로는 이제하(1937~), 박상륭(1940~), 최인호(1945~), 윤후명(1946~), 박범신(1946~), 김성동(1947~) 같은 작가들이 있다. 대학에서 조각과 서양화를 공부한 이제하의 창작집 『초식』(1973)은 회화적인 문체와 시적인 상징으로 특징화되는 '환상적 리얼리즘' 기법을 보여준다. 1980년대에 전업 작가로 활동하기 시작한 윤후명의 「돈황의 사랑」(1982), 「모든 별들은 음악 소리를 낸다」(1983), 「알함브라 궁전의 추억」(1983), 「누란」(1984) 등은 전통적인 사소설적 창작 기법과 시적이고 환상적인 문체로 개체적인 삶의 우주적 가치를 보여준다.

죽음과 삶에 관한 종교적 탐색의 깊이를 추구한 박상륭의 장편소설 『죽음의 한 연구』(1975)는 그 대표작이며 오랫동안 캐나다에서 이민 생활을 한 그의 실험은 이후 『칠조어론』(1990)으로 이어진다. 불교 수행자가 구도 과정에서 겪어나가는 고뇌와 방황을 그린 김성동의 『만다라』(1979) 역시 이러한 경향의 연장선상에서 이해될 수 있다.

최인호의 『타인의 방』(1973), 『별들의 고향』(1973), 『내 마음의 풍차』(1977), 박범신의 『죽음보다 깊은 잠』(1979), 『풀잎처럼 눕다』(1980) 등의 소설들은 1970년대의 산업화 과정이 산출한 대중적 감성, 물질적 욕망과 윤리 사이의 갈등, 개체적인 삶의 고독 등을 묘사한다. 이들은 1970년대가 억압된 파시즘 체제 아래서 부상한 대중들의 사회임을 부각시킨다.

이 시대에 중량감 있는 여성 작가들이 다수 출현한 점은 특기할 필요가 있을 것이다. 서영은(1943)은 「먼 그대」(1977), 창작집 『사막을 건너는 법』(1978) 등으로 남성 중심적인 세계에서 잊혀진 존재처럼 살아가는 여성의 내면적 고독과 갈등을 밀도 있게 그려냈다. 김동환(1901~?)과 최정희의 딸이기도 한 김채원(1946~)은 『봄의 환』(1990), 『여름의 환』(1985), 『가을의 환』 『겨울의 환』(1989) 등으로 이어진 이른바 '환 (幻)' 연작에서 현대 여성의 고독한 내면세계를 섬세한 문체로 묘사해나갔다. 오정희(1947)는 창작집 『불의 강』(1977), 『유년의 뜰』(1981) 등으로 이어진 일련의 단편소설들에서 기억과 회상을 통한 여성 정체성의 질문과 탐색을 보여준다. 이들의 문학은 페미니즘을 의도적으로 표명하지 않으면서도 작중에 나타난 여성 주인공의 시선과 심리를 통해 남성과는 다른 방식으로 세계를 해석하고 획득해나가는 여성의 존재를 부각시켰다. 이러한 여성 소설가들의 존재는 1990년대 이후 여성 작가들이 폭발적으로 양산되는 가교 역할을 한다는 점에서 중요한 의미를 내포한다.

## 급진화, 양극화한 문학

광주시민항쟁과 더불어 열린 1980년대는 제5공화국 체제라는 더 강화된 군사 파시즘 체제 아래서 높은 경제적 성장을 이루면서 민주화운동과 노동운동을 비롯한 각종 사회운동이 봇물처럼 터져 나온 시대였다. 이러한 시대 상황은 한국 문학에도 중대한 영향을 끼쳐 체제 저항적, 민중적인 문학은 더욱 더 급진화해가고 한국 사회의 후기 자본주의적인 현대성에 기반을 둔 대중문학, 포스트모더니즘 문학이 하나의 흐름을 형성하는 등 한국 문학은 더욱더 양극화되는 양상을 보여주게 된다.

1980년대는 민족적 아이덴티티를 회복하려는 에너지가 대규모 시민학살이라는 심각한 사태를 계기로 급격하게 분출되면서 시민운동, 민중운동이 대중화하고 급진화한 시대였다. 문학에서도 이러한 사회적 분위기를 타고 민족문학론처럼 정치성이 강한 민중문학론, 민족해방문학론, 민주주의 민족문학론, 노동해방 문학론, 당파적 현실주의문학론 등의 급진적 문학 이론이 제기되었다.

김사인(1956~), 황지우(1952~), 박노해(1958~) 등이 참여한 『시와 경제』를 비롯한 여러 시동인 그룹이 나타나 정치적 상황에 반응했고, 이러한 흐름을 타고 황석영의 『장길산』(1984), 조정래의 『태백산맥』(1989), 박경리의 『토지』(1994) 등의 대하소설이 차례로 완간되었다. 이문열 같은 작가 역시 이러한 민족주의 서사물들에 대한 반응의 연장선상에서 『변경』(1998) 같은 작품을 쓰게 된다.

이처럼 문학은 역사적인 파경 속에서 시나 소설에 관한 고유한 장르 인식에 만족하지 않는 영혼들을 창출해냈다. 시는 황지우의 『새들도 세상을 뜨는구나』(1983)가 보여주듯이 몽타주, 르포르타주에 가까워지기도 했다. 소설은 이념적 대립을 초극하여 사회 구성원들의 공동체성을 민족 공동체를 회복하려는 에너지의 작동에 영향받은 나머지 대하소설, 가족사소설로 나아갔다. 황석영은 광주항쟁을 사실적으로 서술한 『죽음을 넘어 시대의 어둠을 넘어』(1985), 베트남전을 베트남 안팎의 시각에서 입체적으로 조명한 장편소설 『무기의 그늘』(1985)로 나아갔다. 백무산(1955~), 박노해, 박영근(1958~) 같은 노동자 시인들과 방현석(1961~), 정화진(1960~), 안재성(1960~) 같은 노동소설가들이 등장하고 공지영은 학생운동을 배경으로 한 『더 이상 아름다운 방황은 없다』(1989)로 시작되는 작가적 여정에 들어섰다. 김영현은 『깊은 강은 멀리 흐른다』(1990)로 운동과 고문, 자의식의 세계로 1990년대 문학으로 가는 문을 밀고 있었다.

1980년대 문학의 급진화는 1970년대에 현실 비판적 경향이 강한 작품을 발표했던 많은 작가들마저도 침묵하게 했다. 이 거센 파도에 적응할 수 있었던 작가는 『겨울 골짜기』(1987), 『마당깊은 집』(1988)의 김원일, 『변방에 우짖는 새』(1983)와 『바람 타는 섬』(1989)의 현기영, 1980년대에 들어와 『객주』(1981~83) 등의 대하소설을 지속적으로 발표해나간 김주영(1939~)과 이문구, 황석영, 조정래 등이다.

군사 파시즘의 폭력과 사회 각 계급 사이의 갈등이 전면화하면서 대립과 갈등, 분열을 치유하려는 문학적 시도들이 나타났다. 1970년에 마흔 살의 나이로 『나목』을 들고 뒤늦게 문단에 나타난 박완서(1931~)는 이 시대에 가장 활발한 창작 활동을 한 작가 가운데 한 사람이다. 『엄마의 말뚝』(1981), 『오만과 몽상』(1982), 『그해 겨울은 따뜻했네』(1983)로 이어지는 그녀의 작품들은 분단과 전쟁, 산업화로 이어진 한국현대사의 그늘을 인간 개체의 이기주의적 욕망의 문제로 파악하면서 가해자와 피해자, 시대의 희생양을 집중적으로 부각시킨 소설들이다. 이문구의 『우리 동네』(1992)에 실린 연작 단편소설들은 대부분 1980년대에 발표되었다. 여기서 그는 해학적이고 풍자적인 문체로 산업화 과정에서 해체되고 영락해가는 농촌 문제를 집중적으로 부각시켰다. 양귀자의 『원미동 사람들』(1987)은 서민들의 삶의 애환을 따뜻한 시각으로 담담하게 부각시켰다. 임철우의 창작집 『아버지의 땅』(1984)은 한국전쟁과

80년 광주의 상처를 어루만지는 소설들을 수록하고 있다.

이렇듯 문학이 첨예하게 정치화해가는 한편으로 이러한 직접적 정치성과 다른 차원에서 1980년대 내내 비약적으로 성장한 경제를 배경으로 형성된 첨단 문화들, 서구에서 유입된 새로운 문학 담론들을 창작 차원에서 흡수한 문학들이 나타나기 시작한다. 이러한 경향은 시 쪽에서는 하재봉(1957~), 이문재(1959~), 기형도(1960~89), 장정일(1962~), 유하(1963~) 등이 참여한 『시운동』 그룹의 형태로 나타났고 소설 쪽에서는 이인성(1953~), 하일지(1954~), 최수철(1958~)처럼 인간의 욕망과 무의식 세계를 다루는 작가들의 출현으로 나타났다. 이인성의 『낯선 시간 속으로』(1983)는 문학 언어의 명징성을 해체하면서 인간의 내면세계를 해부학적으로 드러내고자 했다. 이러한 경향은 『경마장 가는 길』(1992)을 비롯한 장편소설 연작의 하일지와 「고래뱃속에서」(1989) 연작의 최수철로 이어진다. 이러한 흐름은 1990년대의 포스트모더니즘을 의미하게 될 것이다.

## 현대시의 새로운 전개

해방과 전쟁의 소용돌이 속에서 많은 시인들이 월북해버리고 특히 정지용이나 백석 같은 우수한 시인들이 북쪽으로 간 후 남쪽의 문단은 정지용이 『문장』에 추천한 박목월, 박두진, 조지훈과 서정주에 의해서 대표되었다. 특히 앞의 세 사람은 일제 말기에 썼던 시들과 새로 쓴 시를 합쳐서 『청록집』을 펴냈는데 이 때문에 그들은 청록파라는 이름을 얻게 된다. 『청록집』은 그 리듬의식이나 주제의식 면에서 정지용의 전통을 새롭게 계승한 면이 있었다. 특히 박목월은 기독교 사상에 기초하여 가족과 생명의 가치를 중시하는 시를 써나갔고 1970년대에는 『심상』이라는 잡지를 창간하여 많은 시인들을 배출했다. 서정주는 『신라초』(1961), 『동천』(1965), 『질마재 신화』(1969), 『떠돌이의 시』(1976) 등의 시집을 발표하면서 불교적인 세계관을 중심으로 한국어의 세계를 심원한 방향으로 이끌었다.

1950년대에서 1960년대에 걸친 시대에 한국 시에 중대한 영향을 미친 새로운 시인들은 박인환(1926~56)과 김수영이다. 박인환은 영화에 대한 깊은 관심과 폭넓은 지식을 바탕으로 미국문화가 광범위하게 수용되고 있던 당시 한국 사회를 문명론적인 시각에서 진단해나갔다. 박인환이 요절한 시단에서 활동의 폭을 넓히면서 한국 시단에 충격을 준 것이 김수영이다. 그는 전위적인 의식으로 이승만 독재 체제에서 박정희 독재 체제로 이어지는 군사 파시즘에 저항해나갔다. 동시대 세계문학의 흐름에 밝았던 그는 토속성과 '고유어'의 한국 시에 혼성적인 가치를 부여했다. 1960년대 말에 김수영과 이어령 사이에 벌어진 이른바 불온시 논쟁은 세인들의 관심을 끌면서 참여문학의 의미를 부각시켰다. 그는 감성 중심의 시단에 지성적인 각성과 비판의 힘을 새롭게 부여했다. 한편 김춘수(1922~2004)는 전후 실존주의 등에 나타난 언어철학, 이상 문학의 부활, 전통적 신화 등을 결합시켜 독특한 형이상학적 시풍을 전개했다. 그의 무의미시론은 역설과 비유와 상징을 통한 새로운 의미 창조의 방법론이었다.

서정주와 김수영은 이후 한국 현대시단의 전개 과정 속에서 두 개의 이질적인, 서로 길항하는 힘으로 작용하게 된다. 신동엽(1930~69)은 사월혁명의 여파로 고조된 민족 아이덴티티에 대한 관심을 시적으로 승화시킨 대표적 시인이다. 그의 장시 「금강」(1967), 「껍데기는 가라」

(1967) 등은 민족 신화와 전설을 토대로 순수한 상태를 회복하려는 의지를 표명하고 있다.

박용래(1925~80), 박재삼(1933~97) 등으로 이어져 나간 서정적인 토속성의 가치와 김수영의 현실비판적인 시각을 모두 계승하면서 이를 한 차원 더 높은 시의 경지로 승화시킨 것은 김지하(1941)다. 그는 한국 전통적인 장르 요소를 시에 결합시키면서 파시즘 체제에 대한 풍자적인 비판의 미학을 보여주는가 하면 간결하고도 강렬한 서정시로 생명의 가치를 음미하는 아름다운 시들을 창조해나갔다. 오랜 시간에 걸쳐 실험적인 의식을 버리지 않으면서도 한국어의 의미와 리듬 및 이미지를 새롭게 개척해 나간 그의 창작 과정은 경이에 가까운 장면들을 구성한다. 『황토』(1975), 『타는 목마름으로』(1982), 『애린』(1987), 『검은 산 하얀 방』(1987), 『별밭을 우러르며』(1989), 『중심의 괴로움』(1994) 등으로 이어진 주옥같은 시집들이 보여주는 생명의식의 깊이, 풍자시 「오적」(1970)이나 『대설, 남』(1984) 등을 비롯하여 전통과 개성을 접합시키고자 한 실험들, 동학을 비롯한 동양적이고 한국적인 사상을 흡수하여 보편화시켜 나간 사상적 궤적 등은 그가 해방 후 한국 문학이 산출한 가장 우수한 시인임을 입증한다.

1960년대에서 1970년대로 이행해나가는 과정에서 고은(1933~)과 신경림(1936~)은 민중의 생명력을 부각시키고 반민주주의적인 체제에 저항하는 시를 발표해나갔다. 승려이기도 했던 고은은 불교적인 세계관과 민중주의적인 세계인식을 결합시켜나갔다. 그의 글쓰기는 전방위적이다. 소설, 시, 평전, 에세이 등을 망라하면서 다양하게 분기되어 나간 그의 작품들은 그의 정신의 크기와 용적을 말해준다. 오랜 기간에 걸쳐 써나가고 있는 『만인보』와 『히말라야 시편』(2000), 『순간의 꽃』

(2001), 『두고 온 시』(2002) 등 2000년대에 나온 시집들은 불교적 세계 인식의 깊이를 보여준다. 신경림의 시집 『농무』(1973), 『새재』(1976), 『달 넘세』(1980), 『남한강』(1987), 『길』(1990) 등은 향토적인 정서, 민요 적인 정감과 사연들을 현대적 서정의 세계로 재생시켜낸 시집들이다.

신대철(1945~)은 『무인도를 위하여』(1977), 『개마고원에서 온 친구 에게』(2000), 『누구인지 몰라도 그대를 사랑한다』(2005) 등에서 청록 파의 자연 세계를 새로운 리듬 감각과 깊은 고독의 언어로 재생했다. 군 사분계선에서 군인으로 복무했던 경험은 현실과 자연이 괴리하면서 동 거하는 양상을 격조 높은 언어로 표현한다. 황지우(1952)는 『새들도 세 상을 뜨는구나』(1983), 『나는 너다』(1987), 『게 눈 속의 연꽃』(1991), 『저 물면서 빛나는 바다』(1995) 등에서 김수영, 김지하의 현실 비판의식과 언어적인 실험의식을 계승하면서 이것을 불교적 세계관으로 연결시킨 시들을 보여주었다. 광주 학살과 제5공화국 공포정치 시대의 억압을 몽 타주적인 언어로 표현한 그의 시들은 현대적이면서 동시에 전통적인 한국 시의 서정적 감성을 함축한다.

위에서 열거한 시인들 외에 1970년대에서 현재에 이르는 시기에 각 별한 시적 탐색을 보여준 시인의 시집으로는 황동규(1938~)의 『풍장』 (1984), 『즐거운 편지』, 정현종(1939)의 『사물의 꿈』(1972), 『고통의 축 제』(1974), 오세영(1942~)의 『무명연시』(1984), 『적멸의 불빛』(2001), 이성복(1952~)의 『뒹구는 돌은 언제 잠 깨는가』(1980), 『남해 금산』 (1987) 등을 꼽을 수 있다.

시는 개체성과 보편성을 직접 결합시키는 측면이 강하고 이 점에서 개체와 집단을 통합하고 사회와 자연을 통합하며 현재를 과거와 미래 에 연결하는 힘을 갖는다. 한국의 시는 한국어와 한글이라는 독특한 매체의 특성을 청각적, 시각적으로 부각시키는 특수한 양식을 발전시켜 왔으며 위에서 열거한 시인들은 이러한 언어적 자질 위에 동양적, 한국적인 우주관, 자연관, 생명의식을 결합시켜온 것이다.

## 4. 끝내면서 — 한국어 문학으로서의 한국 현대문학

한국 현대문학이라는 말은 한국이라는 국민국가적 규정과 현대의 문학이라는 시대적 규정이 결합된 말이다. 그리고 이 용어는 한국 문학이라는 개념을 전제로 한다. 한국 문학에 대해서는 비평가 조연현의 오래된 정의가 아직까지 힘을 발휘하고 있는 것처럼 보인다. 즉 한국인이 한국어로 한국인의 사상과 정서를 쓴 것이 바로 한국 문학이라는 개념이다. 그러나 이 세 가지 요건 가운데 국적성을 가리키는 한국인이 쓴 것이라야 한다는 요건과, 그것에 담긴 내용을 가리키는 한국인의 사상과 정서라는 요건은 원리적인 면에서뿐만 아니라 실천적인 의미에서 유효성을 상실해 나가고 있다. 지금 한국 문학이라고 하면 그 실체적인 함의는 한국어로 된 문학이라는 것뿐이다.

이러한 상황에서 한국 현대문학을 새롭게 음미해야 할 필요가 있다. 예를 들어서 식민지 시대 말기에 일본어로 발표된 많은 문학작품은 한국 현대문학이라는 범주 안에서 얼마만 한 '지위'를 갖고 있는 것일까.

한국 현대문학이라는 말이 한국이라는 국민국가적 규정을 전제로 하고 있다는 점에서 이들 작품이 여전히 한국 현대문학의 일부를 이루는 것은 사실이다. 그러나 이 국민국가적인 규정을 엄밀히 적용한다면 식민지 시대의 한국 문학은 한국 문학이라고 부를 수도 없을 것이다. 실제로 일본 현대문학 연구자들 가운데에는 이 시대 한국 문학인들의 일본어 소설을 일본 국민문학론의 이론과 실천의 범주 안에서 분석하는 사람들이 있다. 일본의 시각에서 보면 이 작품들은 자연스럽게 일문학의 범주 안에 포괄된다.

오늘날 한국 문학이라는 개념 안에서 국적성의 요건은 그 유효성이 상실되어가고 있는 반면에 한국어 문학이라는 언어적 요건이 한층 부각되는 상황임을 특별히 염두에 두어야 한다. 이것은 한국의 현대작가들 가운데 한국어에 대한 각별한 인식을 보여주고 이 언어의 표현적 가능성을 심화, 확대시키고자 노력한 작가들의 비중이 예사롭지 않음을 의미한다.

그러나 물론 이것은 한국어의 순수성을 주장하거나, 순 한국어 또는 순 한글, 심지어는 고유어만을 중심으로 창작을 해야 한다는 입장을 인정하는 것이 아니다. 한국어는 순수하지 않으며 순수한 고유어만으로 이루어져 있지도 않다. 또 한국어는 자체적인 가능성의 심화나 확장뿐만 아니라 오히려 외국어와의 교섭, 각종 외국어 및 외래어의 풍부한 수용을 통해서 비약적으로 발달해 왔다. 언어 및 문자의 특별한 표현 방법으로서의 한글의 시야는 한자, 알파벳, 가나에 대한 각별한 인식과 평가, 그러한 요소들의 적극적인 수용이나 활용에 의해서 더 넓어지고 밝아진다. 그럼에도 한국어와 한글은 한국 현대문학의 특이성을 양육해 온 거대한 배양토다. 식민지 시대는 물론 해방 이후의 작가들과 작품들은 한국어와 한글에 대한 인식이 얼마나 첨예한가 하는 지표에 따라 새롭게 평가될 필요가 있다. 식민지 시대의 소설에서 이광수, 김동인, 채만식, 이태준, 이효석, 김유정, 박태원, 이상 등이, 시에서 한용운, 이상화, 김소월, 정지용, 백석, 서정주, 박목월 등이 중요하게 부각되어야 하는 이유는 그 때문이다. 반면에 김사량 같은 작가는 식민지 시대 한국 문학에서 차지하는 독특한 문제성에도 불구하고 한국어 문학이라는 시각에서 본 그의 비중은 안타깝게도 보잘것이 없다. 김사량 문제의 연장선에서 이른바 재일문학인들의 많은 일본어 문학 역시 한국 현대문학 연구 분야의 일부가 되기는 하지만 그 위치와 비중은 점점 더 소실되어 갈 수밖에 없다. 김석범(1925~)이나 이회성(1935~)을 넘어서 이양지 (1955~92)나 유미리(1968~)의 단계에 이르면 이들을 한국 현대문학의 연구 분야라고 강변할 수는 없을 것이기 때문이다. 이들의 문학은 '재일'이라는 문제를 보여주는 일본어 문학이다.

해방 이후의 작가와 시인들 가운데에도 장용학, 손창섭, 최인훈, 김승옥, 박상륭, 이문구, 황석영, 고은, 김지하, 황지우 같은 사람들은 한국어와 한글을 위시한 표현 언어와 문자에 대한 각별한 인식을 보여준다. 이들은 한국어 문학을 한계선, 임계선으로까지 이끌어가는 중요한 문학인들이다. 그들은 현실인식이나 시대인식 면에서도 각별한 측면이 있다.

일본이나 북미 등지에서 디아스포라*와 같은 양상을 보여주는 한국계 작가들의 작품이 발표되어 주목을 받고 있다. 그러나 이 작품들이 일본어나 영어나 불어로 발표된 이상, 이들은 한국어 문학으로서의 한국 현대문학이 아니라 일어 문학, 영어 문학, 불어 문학으로서 각기 일문학, 영문학, 불문학의 범주에 포섭될 것이다. 오늘날 한국 현대문학은 한국어와 그 표현수단인 한글을 중심으로 형성, 발달해온 한국어 문학 작품들을 중심으로 한 문학사의 시각에서 이해되어야 한다.

---

* Diaspora. 팔레스타인을 떠나 온 세계에 흩어져 살면서 유대교의 규범과 생활 관습을 유지하는 유대인.(편집자 주)

10

# 한국 문학의 흐름
### - 90년대 이후의 한국 문학

윤지관

**윤지관**

한국문학번역원장, 덕성여자대학교 영문과 교수
미국 버클리 대학교, 영국 케임브리지 대학교 초빙교수
『오만과 편견』『교양과 무질서』 등 번역

## 1. 당대문학을 보는 눈

현 시기의 한국 문학을 어떻게 이해할 것인가? 이 글은 짧지만 답변하기 어려운 이 질문에 대한 응답의 한 시도이다. 당대의 한국 문학을 말하는 방법은 다양하겠으되, 필자는 우리 사회의 성격과 변화와 관련하여 이 시대를 대변할 만한 작품들을 산출하고 있는 소설가와 시인들을 정리해보는 가운데, 당대 한국 문학의 형태가 어렴풋하게나마 드러나기를 기대한다.

먼저 고려해야 할 것은 '현 시기'라거나 '당대'라는 말이 뜻하는 바다. 대개 우리 문학사에서 식민지 시대의 문학은 '근대문학', 해방 이후의 문학은 '현대문학'이라고 지칭하는 것이 일반적이다. 하지만 달리 '당대문학'에 대한 합의는 없기 때문에, 우리의 작업은 처음부터 난항에 부딪치는 셈이다.

여기가 이 문제를 새롭게 규명할 자리는 아니므로 이 글에서는 우선

편의상 '당대문학' 을 '1990년대 이후의 문학' 이라고 규정하고자 한다. 현재의 시점에서 돌아보자면 1990년을 전후한 시기는 몇 가지 점에서 지금까지 이어지는 새로운 국면의 시작점으로서의 의미를 가진다. 무엇보다도 국내적으로 이 시기는 오랜 군사독재체제가 무너지고 민주화로의 변화가 본격화되던 때였다. 1987년의 시민혁명은 곧바로 민주정부의 성립으로 이어지지 못하고 몇 번의 고비를 맞았지만, 90년대로 접어들면서 민주주의가 자리를 잡아가는 토대를 마련하였다. 또한 베를린 장벽의 붕괴로 상징되는 사회주의의 몰락은 한반도의 삶을 규정하던 냉전체제가 뿌리에서부터 흔들리는 단초를 제공하였다. 또한 이 시기에 서구에서 발흥한 포스트모더니즘이 유입되어 이미 탈산업사회적인 요소가 나타나고 있던 한국 사회에 영향을 미쳤다. 1990년을 전후한 국내외 환경의 이러한 변화들은 그 이후의 문학에 이전의 문학과 구별되는 새로운 성격을 부여하고 그 나름의 문학지형을 형성하게끔 한 것이다. 2000년대에 들어선 지도 수년이 지난 지금까지를 '87년 체제' 로 이해하는 시각도 1990년대 이후의 문학을 '당대문학' 으로 부를 수 있다는 이 글의 전제와 상통한다.

대개 10년을 단위로 문학의 성격을 규정하는 한국 문학사의 관행에 따르면 당대문학은 90년대 문학과 아직 진행되고 있는 2000년대 문학으로 나누어볼 수 있다. 진행형에 속하는 2000년대 문학에 대한 논의를 일단 뒤로 돌리면, 당대문학 논의는 80년대 문학과 구별되는 90년대 문학의 성격을 규정하는 데서 시작된다. 대개 90년대 문학은 거대서사에 지배되던 80년대 문학에서 벗어나 개인적 삶과 내면의 발견, 대중문화와의 접맥, 탈근대적인 성격이 두드러진다고 정리되는 것이 일반적이다. 또한 변혁적인 사회이론이나 이데올로기의 지배하에 있던 문학이 문학 본래의 영역으로 회귀한 것으로 이야기된다. 실제로 90년대 들어와서 새롭게 등장한 젊은 작가와 시인들은 변혁론에 접맥된 공동체적이고 실천적인 문학운동과 거리를 두었을 뿐만 아니라 이를 부정하거나 여기서 해방되는 것을 문학의 소임으로 여기는 경향이 있었다.

얼마 전 일본의 평론가 가라타니 고진이 서구와 일본에서의 '근대문학의 종언'을 말하면서, 90년대 말에 문학이 한국 사회에서 영향력을 잃어가고 있음을 알게 되어 이 현상의 보편성을 실감하게 되었다고 토로한 적이 있다. 고진이 말하는 근대문학이란 근대 이후의 문학을 통칭하는 말로, '근대문학의 종언'이란 문학, 특히 소설이 사회에서 특별한 역할을 부여받고 있던 시대가 끝났다는 것이다. 그의 한국 문학에 대한 판단의 근거는 더 따져보아야겠지만, 적어도 한국의 90년대 문학에서 과거 80년대 문학이 행사하던 사회적 영향력이 사라졌다고 보는 점에서는 90년대 문학을 80년대 문학과 이분법적으로 대비하는 일반적인 한국 평단의 평가와 상통하는 바도 있다. 다만 그의 부정적인 판단은 90년대 문학의 변화를 문학의 귀환으로 찬양하는 국내 평단 일각의 흐름과는 갈라선다.

그러나 90년대 문학의 사회적 의미가 약화된 것을 '근대문학의 종언'으로 보는 고진의 견해나, 그 같은 방향을 고무하는 평가 모두 90년대 문학의 실상을 전체적으로 보지 않아서 생긴 단순화일 가능성이 크다. 왜냐하면 90년대에는 80년대의 극복만이 아니라 그 계승이라고 보아야 할 작가군이 새롭게 형성되어 있었고, 이 연대의 문학도 80년대의 계승과 극복이라는 양 방향의 공존을 통해서 이룩되었다고 이해되기 때문이다. 2000년대 들어와서도 이는 마찬가지다. 이 시기에 와서 90년대에 서로 분리되었던 사회와 개인의 통합이 이루어지는 양상이 나타난다는 관찰도 나오고 있지만, 이와는 상관없이 90년대 문학의 성과 속에도 이미 그러한 통합이 이룩되어 있었던 까닭이다. 당대문학의 전개가 이 두 방향의 공존과 쟁패와 재편성의 과정이 될 징후는 1990년 무렵의 문학 풍경에서부터 읽을 수 있다.

## 2. 1990년대 초의 문학 풍경

90년대 문학을 말하기 위해서는 먼저 그 시초에 해당하는 1990년 전후의 문학부터 살펴보는 것이 유용할 것이다. 대개 80년대와 90년대가 날카로운 대립각을 세우고 있는 것처럼 이해하는 관점에서는 1990년대 초의 문학 흐름이 전 연대의 민중문학의 성세를 이어가고 있었고 작지 않은 성과들이 나왔음을 간과하기 쉽다. 90년대 초는 1987년의 시민혁명과 그에 이어진 노동운동 등 민중운동의 폭발과 이데올로기적 금제에서의 해빙에 힘입은 문학운동의 성과들이 본격적으로 나오던 시기였다. 80년대 말에 대거 등장한 정화진, 김하기, 정지아, 방현석, 이인휘, 이남희 등의 노동소설가들이 본격적으로 활동을 시작한 것도 이 시기이며, 특히, 노동운동을 총체적으로 형상화하는 것을 목표로 삼은 안재성의 『파업』을 비롯한 장편소설들이 출현하기 시작하였다. 이 연대 초의 민중문학은 1988년부터 복간된 『창작과비평』『실천문학』 등 계간지와 새로 창간된 진보문예지 『노동해방문학』『노둣돌』 등을 매체로 하여 활성화되었다.

이와 함께 김영현, 김향숙, 김인숙, 공지영 등 80년대의 민주화운동을 재현하고 공동체적 이념과 계급문제 등을 다루던 작가들 가운데서 인간심리의 추이와 욕망의 문제를 소설 속에 도입하려는 문학적 시도도 일어났다. 김영현은 「벌레」를 통해 민주화운동 끝에 수감된 죄수가 겪는 절망과 자괴감을 카프카적인 상상력과 결합하여 주목받았고, 성적 욕망에 대한 그의 묘사는 민중문학의 성격에 대한 논쟁을 야기하였다. 김영현과 함께 계급문제를 인간심리의 문제와 관련하여 집요하게 파고든 작가 김향숙은 연작장편 『문 없는 나라』를 비롯하여 전환기를 대표하는 문학적 성과라고 할 만한 역작들을 남겼다. 특히 그는 민주화 등 근대화의 문제와 자본주의 사회의 기득권층으로 자리 잡은 중간층 혹은 전문지식인들의 허위의식과 그 구조적 문제를 마치 외과의처럼 냉정하고 건조한 문체로 묘파하는 데 능하였다. 또한 김인숙도 혁명의 위대한 세월이 지나가면서 삶의 일상에서 어쩔 수 없이 부딪치는 소시민적 허위와 인간적인 나약함을 비판과 이해의 이중적인 시선으로 그려내었다. 한편 「인간에 대한 예의」의 공지영은 지난 연대 운동에 투신했던 순수한 젊은 영혼에 대한 만가를 부르는 역할을 스스로 맡아 『고등어』 등의 소위 '후일담 소설'이라고 알려진 형태의 소설을 대표하는 작가가 되었다.

이들이 80년대적인 삶의 기억을 변해가는 현실 속에서 다시 되살리면서 그 당대적인 의미를 복원하고자 하는 글쓰기를 선보였다면, 일종의 단절을 통해서 새로운 시대를 영접하고 변화에 대응하려는 작가와 시인들의 도전이 시작된 것도 바로 이 시기였다. 장정일과 유하가 그 대변자로, 이들은 광범한 물신화, 성의 영역까지 포함하는 상품화, 소비주의, 가짜 욕망의 팽배 등 자본주의 사회의 병리현상을 문명 비평의 차원에서 접근하였다. 중편 「아담이 눈뜰 때」로 등단해 『너에게 나를 보낸다』 등의 파격적 소설로 이 시기의 문단에 충격을 준 장정일에게는 80

년대에 대한 부채의식은 보이지 않는다. 성에 눈뜨는 젊은이의 성장을 핍진하게 그려낸 그의 중편에서 독자는 성의 유희와 신성모독 그리고 조숙한 일탈자들의 악동스러운 세계를 접하게 된다. 대중문화 속에서 길러진 정신이라는 점에서는 깊이 없는 천박한 세계상을 반영하는 한편으로, 80년대의 엄숙주의라고 할 만한 제약을 깨는 파격과 도전이 있다. 『바람부는 날이면 압구정동에 가야 한다』의 유하는 장정일이 소설에서 한 역할을 시를 통해 해내었다. 이들의 도전은 '신세대'라는 이름과 더불어 문단에 부각되었고, 이후 등장한 숱한 작가와 시인들에게 90년대적인 색채를 부여하는 선구적 역할을 하였다.

이처럼 전환기라고 할 수 있는 90년대 초입의 문학의 대응은 크게 두 가지 방향이 공존하면서 새로운 대안을 찾아가는 과정이었다. 문민정부의 성립과 부분적인 민주개혁이 진행되면서 과거 군사독재에 항거하는 운동과 결합된 문학의 흐름은 새로운 도전에 부딪치게 되었다. 세계화가 사회의 중요한 화두로 떠오르면서 신자유주의적인 정책이 폭넓게 수용되고, 자본의 지배와 계급분화가 더욱 강화되는 현실을 맞게 되었으며, 서구사회가 겪고 있던 자본주의사회의 병폐들이 우리 사회에서도 재연되었다. 여기에 세계화 시대의 흐름에 부응하여 사회운동의 방향에도 변화가 초래되어 환경운동과 여성운동의 비중이 폭넓게 인정되었다. 90년대 문학의 주요 성과들은 이처럼 좀더 복잡해지고 달라진 여건 속에서 다양한 형태로 발현된다.

## 3. 90년대 소설의 주요 성과들

90년대 소설의 특징은 90년대에 등단했거나 본격적인 활동을 시작한 신진작가들에게서 주로 찾아야 하겠지만, 이 연대의 성과를 전체적으로 조망하려면 중견 기성작가들의 소설 작업을 감안하지 않을 수 없다. 조정래의 『아리랑』이 이 시기에 완간되었고, 최명희의 『혼불』, 김원일의 『늘푸른 소나무』 등 대하소설이 대중적 호소력이나 작품적 성과에 있어서 여전히 힘을 발휘하였다. 이와 함께 박완서가 『그 많던 싱아는 누가 다 먹었을까』를 비롯한 여러 편의 장편소설을 내면서 그의 시대가 끝나지 않았음을 입증하였고, 이청준, 이문구, 현기영, 최인훈 등의 소설가들도 각각 대표작을 냈다. 한편 최인석은 「심해에서」「노래에 관하여」 등 독재시대의 폭력성을 심도 있게 묘사해낸 작품을 쓰다가 후반기에는 점차 세계의 근원적인 어둠과 심리의 얽힘을 탐구하고 환상과 현실이 공존하는 문학공간을 형성해나감으로써 독특한 성과를 이룩했다.

90년대 소설가로 지칭할 수 있는 새로운 작가들은 대개 이 연대가 진행되면서 속속 나타나기 시작하여, 그들 세대의 새로운 문학지형을 형성한다. 사회문제와 변혁의 과제를 주된 소재로 삼던 80년대 소설의 방향에 '신세대'란 이름의 도전이 개인과 욕망의 문제에 대한 천착으로 나타난 것이 90년대 문학의 한 방향이라면, 이 유형의 문학이 이 연대의 특징이자 문학적 성과로 자리 잡기 시작한 데는 윤대녕과 신경숙의 기여가 컸다. 윤대녕의 『은어낚시통신』은 현실의 이면에 대한 신비주의적인 탐색과 절제되고 단정한 언어로 삶에 대한 미학적 이해의 한 전범을 보여주고 있는데, 90년대 소설의 탈정치성을 선언한 작품집이라고 할 만하다. 그에게 있어 일상의 삶을 초월한 곳에 존재하는 '시원'에 대한 의식은 유토피아에 대한 인간의 오랜 꿈과 이어져 있지만, 여기에는 현실에서 달성해야 할 사회적 전망의 요소는 보이지 않는다. 신경숙의 「풍금이 있던 자리」도 미학주의의 한 표현이라는 점에서 윤대녕과 더불어 90년대 문학의 한 원천이자 그 성격을 보여준 작품집이다. 「풍금이 있던 자리」와 「배드민턴 치는 여자」 같은 뛰어난 단편에서 신경숙은 삶의 미세한 느낌이나 사소하지만 한 인간에게 중요한 의식의 변화를 포착하는 섬세한 감각을 보여주었다. 신경숙은 여기서 더 나아가서 개인의 일상적 삶의 모험이 어떻게 시대의 어둠과 만나는가를 자신의 체험에 기반하여 써낸 『외딴방』을 통해 산업화라는 한국 사회의 변화의 한 국면을 내면에서부터 묘사해내는 기량을 보여줌으로써 90년대를 대표하는 소설가 가운데 하나로 떠올랐다.

윤대녕과 신경숙을 시작으로, 90년대 중반을 넘기면서 소위 개인과 일상의 삶과 욕망에 대한 묘사를 중심 주제로 삼는 작가들이 대거 나오기 시작하였다. 하성란, 전경린, 조경란, 한강 등이 이들로, 이들은 대개 여성들의 삶을 소재로 하여 전통적인 문학의 어법을 구사하는 가운데, 90년대의 서민이나 중간계층 여성들의 의식과 윤리와 상황을 형상화해내는 작업에 몰두하였다. 이 가운데 탁월한 솜씨를 보인 하성란은 여성의 일상 속에서 이야기를 끌어내어 단단한 언어로 그들의 삶이 처한 곤경을 촘촘하게 직조해내는 데 뛰어났다. 「옆집 여자」에서는 아파트에 사는 일상 속에 극도로 소외된 여인의 공포와 신경증을 섬뜩하게 되살리고, 「곰팡이꽃」에서는 마치 쓰레기더미에 피어 있는 곰팡이처럼 부패해가는 정체된 삶을 현미경을 들여다보듯 세밀한 문장으로 묘사하였다. 그런가 하면 전경린의 「염소를 모는 여자」는 아파트라는 메마른 공간의 질곡을 벗어나 생명과 욕망의 상징인 '염소'를 통해 그 공간에서의 일탈을 꿈꾸는 여성의 심리를 환상적으로 그려냈다. 조경란과 한강도 존재의 심층에 자리 잡고 있는 외로움과 슬픔을 환기시키고 슬픔을 면밀하게 묘파하는 솜씨를 보여주었다.

90년대적인 탈정치와 가벼움의 미학이 이루어낸 또 다른 성취는 당대의 세태를 그려내되 풍자와 재치와 유머를 동원하는 이야기꾼들에 의해서 이루어졌다. 은희경과 성석제로 대변되는 이 이야기꾼들은 진지한 주제를 표면에 내세우지 않고 재미와 웃음을 촉발하는 재기 있는 언어와 농담의 요소를 소설에 적극 도입하여 대중에게 호소하였다. 은희경은 한 여성의 성장과정을 그리면서 한국 사회의 한 국면을 재현하는 성과를 보여준 『새의 선물』로 각광을 받은 뒤, 『타인에게 말걸기』 『행복한 사람은 시계를 보지 않는다』 등의 작품집을 잇달아 내면서, 인간의 허위의식과 우행을 비웃고 사람 사이의 관계의 비정함과 근원적인 소외의 고통을 드러내고자 하였다. 지적이고 절제된 그의 날렵한 어법이 때로는 웃음을 유발하지만, 가볍지만은 않은 여운을 남기는 것은 이 때문이다.

좀더 본격적으로 이야기꾼의 재미와 웃음을 보여준 것은 성석제이다. 성석제는 이 시대의 깡패나 여타 하위자들의 이야기를 그들의 목소리로 우스꽝스럽게 그려내는 데 능하여 천부적인 이야기꾼의 솜씨를 보여주고 있다. 그럼에도 「새가 되었네」가 그런 것처럼 그의 이야기에는 금융위기 사태로 아파트에서 투신자살하는 한 소규모 하청업체 사장의 비극이 담겨 있는 등 세태 이야기를 시대에 대한 비판의식과 결합하고자 하는 의도가 엿보인다.

이상의 작가들이 80년대 소설을 90년대와 변별적인 입지에서 규정하고자 하는 흐름을 보여주었다면, 90년대 소설의 또 다른 주목되는 방향은 80년대의 민중문학의 성과와 영역을 계승하면서 그것을 90년대적인 여건에서 지속하고자 하는 소설적 노력이다. 공선옥, 한창훈, 김소진, 김종광, 전성태 등이 90년대에 등단하여 이 방향에서 작품활동을 시작한 작가들이라면, 공지영, 김인숙, 이혜경, 방현석 등은 80년대에 등단하여 그 나름의 역할을 하였으나 90년대에 들어 본격적인 성과를 이룩한 경우에 속한다.

이들 가운데 90년대의 민중문학이 새로 도달한 깊이를 가장 잘 보여주는 작가는 공선옥이다. 광주항쟁을 독특한 필치로 그려낸 「씨앗불」로 등단한 이래, 생존을 위해 싸우는 하위계층의 여성의 곤고한 일상을 핍진하게 그리면서 인간의 품격을 잃지 않는 민중적 삶의 모진 생명력을 보여주고, 모성적인 감성으로 고통받는 이웃들을 껴안으며 함께 살아감의 엄숙함을 상기시키는 작품들을 내놓았다. 『피어라 수선화』『내 생의 알리바이』는 90년대의 겉보기엔 풍요한 삶 속에 생존의 문제와 고투하는 가난이 엄존하는 것이 우리의 현실임을 절실하게 환기시키는 탁월한 성취들이다.

가난의 기억과 현실을 작품의 주 소재로 사용하면서 민중작가의 길을 걸었던 또 다른 작가로 김소진이 있다. 『장석조네 사람들』『고아떤 뺑덕어멈』『자전거 도둑』 등 그가 90년대 전반기에 쏟아놓은 작품들은 과거 달동네의 삶을 질박한 언어로 되살려내기도 하고 대물림되는 가난의 고통을 겪으면서도 소시민으로 정착할 수밖에 없는 현재의 삶에 대한 자의식이 중첩되어 90년대 소설의 한 영역을 구축하였으나 아쉽게 요절하였다.

90년대 민중소설의 다른 방향은 농촌이나 어촌을 배경으로 하여 농민이나 어민의 일상적인 힘겨운 노동과 애환, 그리고 이들이 뿜어내는 어떤 생명력과 흙이나 바다와 같은 자연과의 만남이나 인간 사이의 근원적 우애를 그려내었다는 것이다. 바다를 배경으로 한 이야기꾼 한창훈이 그 선두에 있다면 전성태와 김종광은 농촌 현실을 소재로 하여 각각 나름의 성과를 냈다. 한창훈은『바다가 아름다운 이유』『가던 새 본다』등의 소설집에서 질박한 언어로 노동하는 민중들의 힘겨운 생활과 건강한 힘을 때로는 애절하게 때로는 통쾌하게 때로는 우스꽝스럽게 그려내었다. 「숭어」「行魚」와 같은 수작에는 비속어를 적절히 활용하여 활기차고 날것 그대로의 삶의 핍진함이 우러나오는 인간관계의 양상이 드러나 있고,『섬』에서는 바다안개 속에서 바다와 교미하는 육체의 감흥과 매혹을 아름답게 묘사하였다. 전성태는『매향』에서 어느 정도 철 지난 것 같지만 여전히 남아 있는 농촌적 삶의 토속적이고 공동체적인 모습을 복원해내려고 시도하였고, 1998년 등단한 김종광은 김유정의 전통을 이어받은 작가로 평가할 만큼 풍자와 유머를 능숙하게 동원하여 변화하는 농촌의 세태를 그렸다. 그의『경찰서여 안녕』과『모내기 블루스』는 능청스런 입담과 충청도 사투리를 활용한 현장감 있는 언어로 이룩한, 우리 농촌의 현장에 대한 당대적인 재현이다.

80년대의 운동의 경험과 기억에 크게 의존하고 있는 여성 작가들 가운데서 공지영은『무소의 뿔처럼 혼자서 가라』와 같이 사회문제나 여성문제 등을 제기하는 유형의 소설들로 대중들의 관심에 부응하였고, 이와 방향은 유사하지만 좀더 문제의 심층을 파고드는 작가 김인숙은 「관리인 차씨」「칼날과 사랑」 등 계급문제의 복합적이고 심리적인 측면을 드러내는 뛰어난 단편들과 여러 편의 장편을 산출하는 생산력을 보였다. 그런가 하면 이혜경은 민중의 생활 현장을 차분하게 그려내면서 이들의 삶에서 일어나는 작은 사건들과 그로 인해 비롯되는 갈등과 화해와 우애를 보여주는 소설을 꾸준히 발표하였다. 또 80년대 말 노동자 작가로 「새벽출정」 같은 노동문학의 대표작을 내놓았던 작가 방현석은 90년대 초의 노동소설의 성취를 모은 『내일을 여는 집』을 통해서 노동 현장에 대한 형상화가 단순히 고발이나 보고문의 차원이 아니라 단단한 구성을 가진 작품적 성과이기도 함을 보여주었다.

90년대 소설이 개척한 영역 가운데 마지막으로 빼놓을 수 없는 성과는 위의 유형들 어느 것보다도 더 실험적이고 파격적인 유형의 작가들이 이룩한 것이다. 크게 보아 모더니즘적인 실험의식과 형태 파괴의 욕구를 가지고 있다고 여겨지는 이 유형의 작가들은 배수아처럼 모더니스틱한 분위기와 감각을 통해서건, 김영하처럼 파격적인 발상과 생략 어법을 통한 것이건, 백민석처럼 환상과 기괴함과 언어 혁신의 결합을 통한 것이건, 현실의 현실됨을 근본적으로 심문하는 실험성을 가지고 있다. 두 권의 소설집 『푸른 사과가 있는 국도』와 『바람인형』 그리고 성장소설이라고 할 수 있는 『랩소디 인 블루』에서 배수아는 어린 시절 가난의 체험과 소비사회를 살아가는 성장기의 삶이 서로 얽혀들어 갈 곳을 잃고 자기 속으로 유폐되어가는 새로운 세대의 이야기를 시적인 문체에 담았다. 공해, 전쟁과 같은 문제들도 극도로 추상화되고 여기에 세계의 근본적인 공허와 소멸의 이미지가 결합하여 몽환적인 분위기를 자아내었다. 김영하는 좀더 본격적으로 도시적인 삶의 양상에 초점을 두고 소통의 불가능함과 그로 인해 분출하는 일탈과 파격의 충동을 환상적인 것들로 치환한 작품들을 내놓았다. 『호출』이라는 첫 번째 작품집과 그의 첫 장편소설인 『나는 나를 파괴할 권리가 있다』에서 보이는 것처럼 그의 파격에는 키치적인 대중문화의 요소가 도입되어 있고, 일상에서 일어나는 우연한 사건들이 어떻게 소통불능의 세계의 한 필연적 요소로 구조화되어 있는지를 드러내려 하였다. 백민석은 가장 노골적으로 형태 파괴의 욕구를 시현하고 있는 작가로, 만화적인 설정이나 영화적인 상상력이 가미된 점에서는 김영하와 유사하나 이것을 가난 체험의 어두운 기억과 맺어서 충격적인 전복과 기괴한 발상으로 독자의 의식에 타격을 가하는 방식을 선택하고 있다는 점에서는 구별된다. 그의 『16 믿거나말거나 박물지』의 파격성과 『목화밭 엽기전』의 엽기성은 90년대 모더니즘적 실험의 한 극단이며, 『헤이, 우리 소풍 간다』는 우리 사회에 내면화된 폭력을 만화의 이미지를 빌어 전율적으로 고발한다.

## 4. 90년대 시의 주요 성과들

90년대 시의 성과가 적지는 않지만, 고진이 말하듯이 소설을 포함하여 한국 문학이 전반적으로 사회적 영향력의 위축을 겪고 있는 것이라면, 지난 연대에 비한 영향력의 퇴보는 시에서 한층 두드러질 것이다. 왜냐하면 80년대는 특히 시의 시대라고 지칭될 만큼 시를 통한 사회고발과 인간탐구가 절정을 이루던 시기였기 때문이다. 그것은 광주 학살로 정권을 잡은 군사정권이 행한 극도의 언론탄압 아래서 문학이 시를 통해 출구를 발견해간 탓이 컸다. 그 결과 김지하, 고은, 신경림, 정희성, 조태일, 김준태, 김남주 등 시인들의 이름은 저항적 지식인의 면모를 띠었고, 이후 노동운동의 성세 속에 80년대 후반 박노해와 백무산으로 대변되는 노동시인들의 등장은 한국 문학사의 한 사건이 되었다.

그러나 90년대에 들어서서 시가 차지하던 위력은 현저히 감소한다.

노동시인들의 시는 90년대 초에도 나오고 있었지만 운동성과 맺어져 있던 시의 활력은 줄어들었고, 박노해와 백무산의 경우 그 방향성에서도 일정한 변화가 생겨나게 되었다. 박노해는 공산권 몰락에 따른 충격에도 '변함없는 뿌리'를 확인하는 '참된 시작'을 노래했고, 「그해 겨울 나무」에서 "하 연둣빛 새 이파리/ 네가 바로 강철이다"라고 부드럽고 나지막한 것의 힘을 기리지만, 저항의 에너지로 충만하던 긴장은 사라졌으며, 백무산은 『인간의 시간』에서 투쟁가로서의 자신의 삶에서 반성적 거리를 두고 싸움의 양상이 우리 주변에, 우리 몸에, 내 안에 있음을 "나뭇잎 하나에 나무 전체가 고스란히 펼쳐진다"(「모든 것이 전부인 이유」)고 하였다. 현장에서 물러난 이들의 시에는 삶에 대한 새로운 인식과 자성이 담겨 있음에도 시적 충일함은 떨어진다. 무엇보다도 견결(堅決)한 저항정신을 보여준 옥중시로 한 시대의 상징이 되었던 김남주 시인이 1994년 세상을 떠난 일은 한 시대가 갔음을 또한 말해주었다. 이처럼 전체적으로 민중시의 전통이 흐트러지는 가운데, 고은의 『만인보』 『백두산』이 이 연대에 산출되고 신경림을 비롯한 원로시인들의 목소리가 지속적으로 울려온 것이 위안이라면 위안일 것이다.

노동시의 전통 안에 있으면서 90년대의 시대적 상황과 막막한 하층 민의 절망과 비애를 노래한 시인으로는 박영근이 두드러지고, 시를 노동이나 최하층의 생존 투쟁과 접목해서 삶과 사회에 대한 인식을 깊이 있게 보여주는 시적 성취를 이룩한 시인들로는 유용주와 김신용이 돋보인다. 박영근은 풍자시의 전통을 살려낸 『김미순전』으로 80년대 전통을 복원하려 했고, 시대와 개인의 참상 속에서 스스로를 견뎌내는 서정적인 시편들을 계속 내놓음으로써 돌올한 자세를 보여주었다. 유용주는 일하는 사람의 연장이나 일의 성격에서 시의 소재를 찾아내어 누구나 이해하기 쉬운 말로 삶의 윤리를 깨달아가는 옹이처럼 단단한 시를 써냈다. "진짜 목수는 단 일격에 나무의 급소를 강타해/ 다시는 금가지 않을 옹벽을 구축한다" 같은 「목수」의 한 대목이라든가, 「거푸집을 구축하면서」의 "힘은 유격이 있을 때에 아름답다"는 진실을 찾아내는 것도 그렇다. 『개 같은 날들의 기록』의 김신용은 노동에서조차 밀려나 생존을 위해 고투하는 부랑자들의 세계를 시로 끌어들여 현장감 있는 직설적인 시어의 힘을 보여주었다.

80년대에 등단하여 80년대적인 문학 그룹에서 활동하다가 이 연대에 들어와서 더욱 활발한 시작활동을 보여준 시인 가운데서 이재무와 고재종이 특히 뛰어나다. 이재무는 『벌초』『몸에 피는 꽃』 등의 시집에서 농촌에서의 가난한 성장체험을 원천으로 하여 문명이 저지른 자연환경의 훼손에 대한 날카로운 비판을 내놓았다. 여기에 도시에서의 소시민적 삶을 반성하면서도 한탄에 떨어지지 않고 자신을 벼림으로써 격하면서도 강건한 시편들을 내놓아 90년대 시에서는 보기 어려운 지사풍(志士風)의 시의 전통을 지켜냈다. 고재종은 농촌의 무너지는 현실을 그리면서도 나락이나 풀밭이나 자연의 음악을 듣는 귀를 가지고 생명에 대한 사랑과 궁극적인 낙관에 기초한 아름다운 시가들을 『날랜 사랑』과 『앞강도 야위는 이 그리움』이라는 시집에 담았는데, 후자에서는 갈대만 무성해진 앞강이 조그맣게 줄어든 것을 그리움으로 야위어간다고 표현하였다. 이외에도 고형렬, 윤재철, 도종환 등 기존 시인들과 문태준, 심호택, 함민복, 최영철 등 신진 시인들이 노동과 자연에 대한 인식과 민중적 관점에서의 환경의식을 드러내는 시의 성과를 선보였다.

대개 민중적인 시인들의 관심이 농촌이나 그 체험과 깊이 접맥되고 거기서 어떤 공동체적인 힘과 가락을 발견하는 데 비해서, 장정일, 유하

등은 도시에서의 삶과 자본주의적 소비사회의 환경 속에서 시의 자리를 발견하고자 한 점에서 이들과 대척적인 지점에 서 있다. 특히 유하는 『바람부는 날이면 압구정동에 가야 한다』에서 압구정동으로 표상되는 욕망의 덫에 빠진 도시인의 번잡한 일상과 피상성에의 함몰, "햄버거에 맛 들려 황황히 몰려가는" 자본이 부추기는 지칠 줄 모르는 구매욕과 가속도에 비판의 칼날을 들이대었고, 『천일馬화』에서는 도박의 이미지를 빌어 돈과 욕망의 자본주의적 삶을 풍자하였다. 그럼에도 그의 문명비판의 원천에는 '하나대(전북 고창군 상하면의 작은 부락)' 라는 농경문화의 기억이 남아 있어 90년대 시의 성취 속에 공통으로 깃들어 있는 농촌정서의 존재를 떠올리게 한다. 도시와 자본의 메커니즘에 대한 냉소와 패러디, 마조히스트적 상상력 등으로 점철된 공격적인 반자본주의 시를 선보인 함성호에게조차 잃어버린 유년기의 추억이 은밀한 우군으로 존재하는 것도 그러하다.

농촌의 기억이 원천을 이루지 않고 도시의 일상을 그대로 받아들이면서 그 속에서 삶의 비극성과 허무를 뼈저리게 실감하게 하는 뛰어난 성취는 김기택의 작업에서 나온다. 김기택은 『바늘구멍 속의 폭풍』이라는 첫 시집에서 먼지로 흩어지는 생명을 푸석푸석하게 말라버린 파리의 이미지로 표현하면서, 인간의 살아 있음의 허무함과 그 몸부림을 지켜보는 관찰자의 냉혹한 시선을 보여준다. 여기에는 도시의 일상 속에 망각되다시피 한 진정성의 죽음을 성찰하는 힘이 있는데, 다음 시집의 표제시인 「사무원」에서는 일상 속에 되풀이되는 사무원의 습관적인 행위 속에서 깨달음과 구도의 의미를 되새기는 역설의 힘을 보여준다.

90년대는 다양한 여성시인들이 다름 아닌 여성적인 감수성이나 의식을 시의 원천으로 삼아 성과를 냈던 연대로 두드러진다. 새롭게 주목받은 여성시인 가운데는 최영미나 신현림처럼 여성이라는 조건이 부여하는 질곡과 편견의 벽을 뚫고 나가려는 시도가 파격적인 언어구사를 동반한 경우가 있고, 나희덕, 허수경, 김선우처럼 모성과 여성성의 자각이나 인식을 통해서 그것을 사회적 환경에 대한 보살핌과 생태의식으로 확장하거나 그와 결합하여 밀고 나간 작업도 있다. 그리고 이들 외에 삶의 외로움과 그리움을 노래하되 김수영처럼 가족사와 사회적 삶을 이와 연관시키기도 하고 황인숙처럼 연민이 아닌 자기모멸을 시의 자산으로 삼아 지적인 추구를 하기도 한다. 혹은 이 지적인 추구가 더 강화되어 여성의 성욕과 배설 등 육체에 대한 생생한 체험을 드러내면서 문자의 의미를 새롭게 묻는 이선영 같은 시인도 있다. 여기에 여성시인 가운데서는 이채롭게도 역사의 현장에 대한 기억과 느낌을 시에 담는 최영숙 같은 시인도 있어서 90년대의 여성시는 다양한 경향의 시인들이 공존하면서 여성이라는 주제를 90년대의 새로운 화두로 올려놓았다.

최영미의 『서른, 잔치는 끝났다』는 솔직하고 감각적인 언어로 시대의 허위의식과 여성에 대한 편견을 조롱하였으며, 여기에 도시문명에 대한 비판의식을 결합하려 하였다. 더욱 노골적인 성적 언어를 구사하여 금기를 깨고 남성지배사회의 폭력성에 분노와 항의를 담은 시는 신현림의 『세기말 블루스』에서 나왔다. "좌우지간 여자직장을 사표내자구 시발"에는 남성문화에 포위된 여성의 분노와 해방의 욕구가 적나라하게 표출되었다.

이들에 비하면 나희덕, 허수경, 김선우는 여성문제에 대해서 좀더 성찰적이면서 모성으로서의 여성성에 더 초점을 맞춘 시를 썼다. 그러나 이들의 시 세계가 서로 동일한 것은 아니다. 나희덕이 단정한 언어로 삶의 안타깝고 소중한 아름다움을 따뜻하게 수용하면서 남을 보듬고 배려하는 마음가짐으로 "당신이 힘드실까봐" "마음껏 향기로울 수도 없는" 자세(찬비 내리고)를 견지하고 있다면, 허수경은 아픈 상처를 안고 있는 서정적 자아가 세상에 대한 연민과 모성으로, 버림받고 한 많은 사람들을 마치 나이든 누이처럼 떠안고자 하였고, 김선우는 역사 속의 모성에 대한 의식과 모든 것의 어머니인 자연을 결합하면서 우주적인 인식 속에 여성성을 놓고자 하는 모색을 보여주었다.


## 5. 2000년대 문학의 모색

2000년은 한 세기가 바뀌는 상징적인 의미를 가지는 연도이지만 이 새로운 세기의 모습이 온전히 드러나기까지는 더 시간이 필요할 것이다. 그리고 국내적으로 보면 크게 보아 87년 시민혁명 이후의 추세가 지속되고 있고 그런 점에서 아직까지는 새로운 국면이라기보다 90년대의 연속이라고 이해하는 것이 좀더 일반적이다. 그렇지만 90년대 이후 가속되고 있는 지구화가 이 연대에 와서 더 실감나게 우리 사회나 개인의 삶에 개입해 들어오고 있고, 미국과의 자유무역협정을 둘러싼 논란에서 보듯 신자유주의적 흐름에 맞서는 싸움과 환경문제에 대한 새로운 인식이 요구되는 시대로 접어들고 있다. 문학에서도 이러한 새로운 연대의 변화들이 감촉되기도 하고, 그에 따른 모색이 이루어지고 있다. 기성작가들의 새로운 시도를 통해서, 또 새롭게 등장한 작가와 시인들의 시험에 의해서 2000년대 나름의 문학지형이 형성되고 있는 듯 보인다.

2000년대의 문학적 성취 가운데 무엇보다 먼저 꼽아야 할 것은 황석영의 복귀와 성공이다. 황석영은 입북 사건으로 오랫동안 망명생활을 하다가 1993년 귀국하여 실형을 선고받고 복역하였다. 1998년 석방된 그는 이후 『오래된 정원』 『손님』 등의 역작들을 연이어 발표하여 국내외 평단의 관심을 받았다. 『오래된 정원』에서는 사랑 이야기를 근간으로 하면서 사회 변화의 의미를 탐구하고 삶의 인식과 변혁의 전망을 두루 종합해내는 여전한 필력을 보여주었고, 『손님』에서는 이데올로기의 갈등으로 빚어진 민족적 비극의 현장을 섬뜩할 만큼 사실적인 필치로 그려내면서 역사의 실체에 접근하는 동시에 그것을 해원의 굿으로 풀어내고자 하였다. 민족문제에서 눈을 돌리지 않되 망명의 체험을 통해 그의 소설은 바깥세계와의 교섭과 소통에 열려 있고, 그런 점에서 지구화 시대에 대한 의미 있는 문학적 도전이라고 할 만하다.

황석영의 복귀와 아울러 몇몇 중견작가들의 변모도 2000년대의 문학에 풍성함을 더하였다. 소설가 박범신은 대중작가로서의 명성을 뒤로하고 절치부심 작가로서의 생명을 건 고투 끝에 1996년 「흰소가 끄는 수레」를 발표하면서 본격 소설가로 새롭게 탄생한다. 그 이후, 이 연대에 들어와 『더러운 책상』 『나마스테』 등의 장편소설로 그 작업을 이어나갔고, 90년대에 『빗살무늬토기의 추억』으로 소설가로 등단한 문필가 김훈은 최근 『강산무진』이라는 단단한 성취를 담은 단편소설집을 출간함으로써 이 시대의 대표 소설가 중 하나로 자리 잡았으며, 중견작가 최인석은 이전부터 시도하던 환상성과 사실성의 결합이라는 실험을 몰고 나가면서 작품집 『구렁이들의 집』과 장편소설 『이상한 나라에서 온 스파이』와 같은 걸출한 문학적 성과를 내는 데 성공하였다.

중견원로작가들의 이같은 분발과도 유사한 맥락에서 90년대의 대표적인 작가로 떠올랐던 몇몇 소설가들이 이 연대에 와서 의미 있는 변모를 보이거나, 아니면 폭발적인 작품 활동을 함으로써 이 시대의 중심 작가로 부상하기도 하였다. 은희경이 전자의 경우라면, 배수아가 후자이며, 김영하는 어느 정도는 양쪽 모두에 해당하는 변화를 겪고 있는 경우다. 은희경은 『비밀과 거짓말』에서 지역과 가족의 역사를 통해 산업화의 한 양상을 복원해내는 정통적인 소설수법을 구사하여 아이러니와 능청스러움과 시니시즘으로 당대적 삶의 공허를 풍자하던 90년대의 문학 활동으로부터의 일정한 변모를 보였다. 물론 이러한 진지함이 이 작가에게 없었던 것은 아니나, 90년대 소설의 가벼움과 탈정치성이라는 명제에 대한 90년대 작가 자신의 반격이라는 점에서 흥미롭다. 김영하의 경우에도 『검은 꽃』과 『빛의 제국』이라는 두 작품을 통해 사실주의 수법을 대폭 차용하고 민족문제를 정면으로 공략한 역작을 통해 새로운 면모를 보여주는 동시에 일거에 당대의 대표작가로 떠오르게 되었다. 그것이 역사적 진실과 사회적 실체를 제대로 반영하는 리얼리즘 소설인가는 논란의 여지가 있고 특히 후자는 그러하지만, 그의 변모는 2000년대 소설의 풍향을 말해주는 점에서 의미심장하다.

무엇보다도 이 연대에 비중 있는 작가로 성장한 작가는 배수아라고 할 수 있다. 90년대의 세기말적 정서를 시적 이미지로 환기하는 것에 능하던 이 작가는 이 연대에 들어와서 『동물원 킨트』 『에세이스트의 책상』 『독학자』 등의 장편소설과 작품집 『훌』 등을 집중적으로 산출하면서 삶에 대한 명상을 주된 내용으로 하는 에세이 풍 소설 세계를 펼쳐 지적 성찰의 깊이를 보여주는 작가로 거듭났다. 이 가운데 『에세이스트의 책상』은 주체와 타자의 관계와 성별과 민족의 문제 등을 복합적으로 사유한 소설로, 그리고 『훌』의 경우는 소외와 삶의 황폐성이라는 모더니즘의 주제를 정서 차원에서 지성 차원으로 심화시켜나가는 작품들을 선보였다.

민중적인 삶의 양상에 관심을 기울여온 작가들 가운데 일부는 세계화의 진행과 더불어 우리 사회에 하위자로 등장하기 시작한 이주노동자나 해외동포의 문제들을 소설 속으로 끌어들여 형상화하기 시작했는데 방현석, 정도상, 전성태는 그 대표적인 경우이다. 방현석은 「존재의 형식」과 「랍스터를 먹는 시간」과 같은 작품에서 베트남과 한국 사이의 착잡한 관계와 갈등을 리얼하게 재현하면서 상호소통과 화해의 전망을 제시하려고 하였고, 정도상은 「소소, 눈사람이 되다」와 같은 작품에서 중국에 불법체류하게 된 탈북자의 신산한 삶을 동족애와 연민으로 바라보고 고발하였다. 한편 전성태도 「국경을 넘는 일」과 「코리언 솔져」 등의 문제작을 통해서 일본이나 몽골 등 아시아의 타자들과의 교섭에서 생겨나는 곤혹스러움을 한국 사회의 문제들을 투영하는 거울로 삼고자 하는 시도를 보였다.

2000년대에 새로 등장한 작가들도 이미 자기 목소리를 가질 정도로 뚜렷한 성과를 보인 경우가 적지 않은데, 이들 가운데서 특히 주목되는 작가는 김애란, 이명랑, 천운영, 김연수, 박민규, 이기호, 편혜영, 강영숙, 유재현 등이다. 김애란은 「달려라, 아비」「나는 편의점에 간다」「스카이 콩콩」과 같은 수작들에서 젊은 세대다운 감수성과 깊이 있는 인간 이해를 겸비하여 요즘 소설로는 드물게도 전통적인 의미의 교양적 감동을 주는 세계를 창조해내었다. 이명랑은 『삼오식당』과 『나의 이복형제들』에서 시장에 뿌리박고 살아가는 하층민들의 삶을 생동하는 문체로 포착해내고 여기에 해학과 재치를 동원하여 구원의 비전을 살려 놓았다. 「바늘」로 주목받은 천운영은 사회적으로 주변에 속하는 사람들의 비틀린 의식과 기괴함을 그리면서도 삶의 현장의 실감을 살려내는 어려운 일에 성공하였다. 김연수는 역사와 현실, 필연과 우연, 허구와 진실의 경계를 넘나드는 상상력을 발휘하면서 이 연대의 이야기꾼으로 떠올랐다. 『나는 유령작가입니다』에 수록된 「쉽게 끝나지 않을 것 같은, 농담」 「뿌녕쉬」 「이등박문을, 쏘지 못하다」 등에서 역사적 사실과 허구의 문제를 파고 들어가 쉽게 물리칠 수 없는 사색을 전한다. 『삼미 슈퍼스타즈의 마지막 팬클럽』에서 재치 있고 활달한 입담을 마음껏 구사하면서 등장한 박민규는 기발한 착상과 환상의 도입을 통해서 독자의 지적 반응을 유도하는 작가로, 「카스테라」와 「그렇습니까? 기린입니다」와 같은 뛰어난 단편을 통해 2000년대의 기대주로 떠올랐다. 재기 있게 이야기를 끌어가기로는 『최순덕 성령충만기』와 『갈팡질팡하다가 내 이럴 줄 알았지』의 이기호를 빼놓을 수 없는데, 가벼운 듯하면서 나름대로의 운산이 숨어 있는 필치로 서민들의 애환을 유머러스하게 묘사하는 힘을 가졌다. 편혜영의 『아오이가든』은 문명의 이면에 깔린 죽음과 부패와 악취를 까발리는 유형의 소설로 2000년대적인 모더니즘의 한 극단을 탐색하고 있으며, 환상도 현실도 아닌 중간지대를 무대로 벌어지는 강영숙의 소설공간에는 『날마다 축제』가 그러하듯이 의외일 정도로 묘사의 구체성이 뒷받침됨으로써 생생한 현실감이 생겨난다. 그의 장편소설 『리나』는 탈북소녀의 행로를 그린 독특한 문제작으로 이산이 확산되는 세계화 시대의 서사시라고 불릴 만하다. 마지막으로 유재현의 『시하눅빌 스토리』는 무대를 캄보디아로 옮겨 전통적인 사실주의의 기율로 그 사회를 형상화해낸 수작으로 세계화 시대의 한국 문학의 영역이 확장되고 있다는 증좌로 주목된다. 이외에도 「거기, 당신?」의 윤성희, 「코끼리」의 김재영, 「루이뷔똥」의 김윤영, 「나는 날개를 달아줄 수 없다」의 김지우, 「낭만적 사랑과 사회」의 정이현 등이 있지만 이들의 시도들이 어떤 성과를 이루어나갈지는 앞으로 지켜보아야 할 것이다.

2000년대 시의 성취에 대해서는 이 연대에 나온 주목할 만한 시집들에 대해서 짧게 거론하는 것으로 대신하겠다. 눈에 띄는 시집들로는 김신용의 『환상통』, 이재무의 『위대한 식사』『푸른 고집』, 고형렬의 『밤 미시령』, 장석남의 『미소는, 어디로 가시려는가』, 최정례의 『레바논 감정』, 허수경의 『청동의 시간 감자의 시간』, 나희덕의 『어두워진다는 것』, 김선우의 『도화 아래 잠들다』, 문태준의 『가재미』, 손택수의 『목련 전차』, 안현미의 『곰곰』, 이용한의 『안녕, 후두둑 씨』 등을 거론할 수 있다. 새로운 시인들의 작업 가운데 특히 이 연대에 들어와 논란이 된 것은 황병승의 『여장남자 시코쿠』와 김민정의 『날으는 고슴도치 아가씨』와 같은 난해시 유형의 시들이 있다.

김신용의 『환상통』은 그 소재에서나 시적 긴장에서나 최근의 시적 성취 가운데 특히 주목할 만한 시집이다. 노숙자나 행려병자 이주노동자 등 기층민의 참담한 삶을 그것대로 그리면서 이를 인간사에 대한 일반적인 성찰과 결합시킨다. 「고사목」 같은 시에서 고사목을 노숙자와 병치시키기도 하여 자연에 사회적 상상력을 접목시키는 수법이라든가 인습적인 서정을 거부하고 단호한 비판을 시언어로 선택하는 그의 태도는 2000년대에도 민중시의 가능성이 열려 있음을 예증한다. 이재무의 두 시집 가운데 『위대한 식사』는 농촌 현실에 대한 묘사와 결합하여 자연환경으로 관심의 폭을 넓혀가는 시집이며 『푸른 고집』은 민중의 기억을 가지고 일상의 삶을 사는 소시민을 그리되 비애가 아닌 뚝심으로 자신의 소시민성을 넘어서고자 하는 '고집'이 살아 있는 시집이다.

고형렬, 장석남, 문태준, 손택수는 모두 전통적인 의미의 서정시인이라고 분류해도 좋을 것인데, 각자의 자리는 조금씩 다르다. 고형렬의 『밤 미시령』은 서정적 상상력이 엄정한 도덕적 자세와 삶에 대한 결연한 태도로 이어지고 있는 시집으로, 「하늘에 떠 있는 수많은 돌」에서 땅에 깔린 돌들을 가슴의 불로 치환하고 다시 이것을 별로 치환하는 웅혼한 상상력도 보여주고 있다. 장석남의 시집도 고형렬처럼 자연과의 교감을 노래하되, 여기에는 자연과의 거리에 대한 의식이 있어서 「겨울 저녁에」 같은 시에서는 "이 어스름을 나는 다 가질 수가 없어서/ 깨진 물동이처럼 무너져 통곡이라도 하고 싶은데"라고 노래하였다. 또 이 거리감 때문에 장석남은 자연과 교감하며 자신의 삶과 이웃에 대한 인식이나 사랑과 맺어진 따뜻한 공감의 태도를 보여주는 『가재미』의 문태준과는 구별된다. 그런가 하면 손택수의 『목련 전차』는 자연의 존재를 삶의 태도와 유관한 윤리와 결단의 차원에서 노래하며, 조화만이 아니라 그 속의 부조화와 공포까지도 포함한다는 점에서 이들 모두와 구별된다. "해마다 봄이면 벚나무들이/ 이 땅의 실업률을 잠시/ 낮추어 줍니다"(벚나무 실업률) 같은 시행처럼 자연물을 사회문제와 결합하여 형상화해낸 경우도 있다. 서민이나 민중의 생활의 애환을 애정을 가지고 그려낸 시들이 많이 담겨 있는 점에서 손택수는 2000년대 민중시의 한 방식을 보여준다 하겠다.

　　여성시인들 가운데 허수경, 나희덕, 김선우는 90년대의 성과를 이어가는 시집들을 냈고, 다만 허수경의 경우에는 여성성을 세계와 인간의 관계에서 중요한 가치로 내세우기는 마찬가지이나, 문명과 전쟁과 역사의 지층을 탐사하는 지적인 면이 더 두드러져서 시의 난해성은 높아졌지만 사회적인 울림은 더 커진 듯 보인다. 한편 최정례의 『레바논 감정」에도 감정의 과잉을 막고 지적인 거리를 두고자 하는 자세가 돋보인다.

　마지막으로 황병승과 김민정, 그리고 안현미와 이용한 등 2000년대에 들어와서 새롭게 주목받고 있는 네 명의 신진시인들에 대한 언급으로 글을 마치도록 하겠다. 황병승과 김민정은 시의 문법을 폭력적으로 해체하고 과감하고 신성모독적인 언어를 구사하여 충격을 주는 수법을 사용한다는 점에서 유사하다. 황병승의 『여장남자 시코쿠』는 모더니즘의 실험성이 강한 난해시의 유형들로, 성별과 노소와 민족의 경계를 넘어서는 다성적인 목소리들이 혼란스럽게 분출하고 기존질서를 전복하고 정체성을 해체하고자 하는 의도가 드러난다. 김민정의 『날으는 고슴도치 아가씨』는 도착적 상상력이라고 할 만큼 엽기성이 두드러지며, 합리적인 설명이 불가능한 혼란스런 문맥과 과격한 비유, 그리고 비속어의 남발로 거의 시 형식 자체를 폭파하고자 하는 욕망조차 엿보인다. 그럼에도 「나는야 폴짝」이나 「댁의 엄마는 안녕하십니까」 「마지막 舌戰」 등의 시들 속에 오이디푸스적인 여성억압체계를 전복하고자 하는 도전의식이 강하게 느껴진다. 이들에 비하면 재치 있는 말장난과 기지를 사용하여 여성문제를 다루거나 민중의 생활 현장에 대한 관심을 보여준 안현미의 『곰곰』은 오히려 얌전한 편이고, 일상적인 소시민의 삶을 살아가는 중년 남성의 자의식과 좌절된 희망을 리얼하게 그려낸 『안녕 후두둑 씨』의 상식과는 대척에 선다. 젊은 시인들 사이의 이러한 상반되거나 다른 방향의 시적 시도들은 이 새로운 연대의 심층을 읽어내고자 하는 다양한 모색들의 일부로서 이해되어야 할 것이다.

# 문학 번역의 이해

1판 1쇄 인쇄 2007년 4월 15일
　　　　발행 2007년 4월 25일

지 은 이 한국문학번역원
기획진행 주정업, 김혜수
책임편집 김동근, 최지영
디 자 인 강민정, 이호석

발 행 인 주정관
발 행 처 북스토리
주　　 소 서울 마포구 서교동 465-19 진희빌딩 102호
대표전화 332-5281
팩시밀리 332-5283
출판등록 1999년 8월 18일 (제22-1610호)

홈페이지 www.book-story.com
이 메 일 bookstory@naver.com

ISBN 978-89-89675-74-7　93700